博物館のアルケオロジー

落伍・追放・従属・未発・植民地

犬塚康博

図書出版みぎわ

〈学芸員〉は〈キュレーター〉ではなかった!!

特別展「新博物館態勢　満洲国の博物館が戦後日本に伝えていること」の出品資料をめぐる、おもしろい話題をひとつ——。

会場の末尾に、*Bill for Museum Law* というB四判のパンフレットがある。直訳すれば『博物館法案』。博物館法（昭和二十六年十二月一日法律第二八五号）の案文英訳である。この何の変哲もない十六枚の藁半紙に、興味深い記述があった。それは学芸員の語の英訳が、アート・オフィシャル art official となっていることである。和訳すれば、学芸の公務員。なぜ、これがおもしろいのか。それは、学芸員の語が、俗にキュレーター curator と英訳され、特にアメリカの博物館のキュレーターと比較される現状があるからである。実際、名刺の英文に、そう刷り込む日本の学芸員は多い。しかし、日本博物館学の父たる棚橋源太郎氏が、「我が国で学芸官の名称がはじめて使用されたのは大正十年頃御茶水時代の東京教育博物館が昇格して、文部大臣直轄各部の一となり、自然科学に関する博物館としての東京博物館官制が制定実施された際であつて、その職制の所の学芸官は独逸語のWissenschaftliche Beamte を直訳使用したものであ」り、また「仏蘭西語のペルソネールシアンテフイク及び独逸語のヴヰツセンシヤフトリツヒ、ベアムテを科学の博物館にも美術館にも共通するように訳したものである」とも記していたように、本来、学芸員＝キュレーターではなかった。そして、学芸員とキュレーターとを関係づけて見るようになるのは、戦後か、早くても一九四〇年頃の東京科学博物館（現在の国立科学博物館）周辺でのことだったろうと、私は推測してきた。それは、同館が長らくドイツ型を志向し、日中戦争下、文部省が科学政策に積極的になって以降、アメリカ型へと転換したからである。そして、戦後の博物館は、おおむねアメリカ型を選んだ。しかし、このパンフレットは、博物館法案の頃もなお、学芸員＝キュレーターではなかったことを教えている。アート・オフィシャルは、ヴィセンシャフトリヒ・ベアムテの英訳のようだ。

　ところで、このパンフレットに編著・発行者名はない。しかし、木場一夫氏の蔵書類の中に含まれていたという事実から、法案作成者に近いところから発せられたものと考えている。木場氏は、一九四三年から一九五二年まで文部省に在籍し、この間、戦後の博物館理論の基礎を示した書を著し、会合は一度も開かれなかったと言われるが、博物館法審議会の臨時委員も委嘱された人物だからである。蛇足ながら、英語による博物館法の「きちんと整備された全文訳がないのが残念である」という、国立民族学博物館の森田恒之氏の最近の公言から推して、このパンフレット、博物館業界人の間ではすでに忘れ去られたものらしい。

アート・オフィシャル。この美しい語に出逢って、即座に思い浮かんだのはここまでで、それから調べは進んでいない。詳しい検討は、展覧会後におこなうことになるが、単なる語句の比較を超えて、学芸員とは何か〉というテーマに至るとき、学芸員の職務に関する「①コレクターでもなく、②専門研究者でもなく、③教育者でもない、それらを目的をもって計画的に統一し、実施する組織者としての内容が求められている」という、博物館研究者伊藤寿朗氏の主体的提起に戻る必要のあることを予感している。

日本の博物館およびその周辺の人たちは、キュレーターの本場アメリカと比べる時、彼の地への憧れを語り、日本の現状を嘆く。欧米の博物館をモデルにして発達してきたという、日本の博物館の経緯は紛れもない事実だが、現状の比較論は、紙一重の差でスノビズムに堕していることが多い。流言飛語の世界にも密通する、無知や誤解から来すものと言えなくもないが、彼、彼女たちの願望の現れなのだと、好意的な解釈もできる。キュレーターでありたいのだろう。キュレーターとは、エデュケーターなどとともに、合理的に分業されたアメリカの博物館の職務区分で、「博物館の所蔵品に関連する特定の学問分野の専門家」（新田秀樹氏）、いわゆる〈研究者〉である。博物館は「研究者のコロニーのためだけにあるのではない」という、伊藤寿朗氏の警句も想起しておこう。もちろん、用語の解釈が、思潮とともに変わることは了解済みである。しかし、歴史は踏まえられなければならない。ちなみに、わが展覧会の主役、満洲国国立中央博物館は、もとよりアメリカ型。学芸官の英訳もキュレーターだった。

このようなことを考えなくても実務はできる!?左様、狗もまた、自分がなぜ狗なのかを考えなくても、走ることはできるのだった。

付記
このエッセイが本書の淵源であること、および文中で「展覧会後におこなう」とした「詳しい検討」については、「あとがき」の三六六頁をご覧下さい。

博物館のアルケオロジー——落伍・追放・従属・未発・植民地

目次

Ⅳ　植民地

273

表紙とカバーに使用した図

表　矢部竜のスケッチ（Endo, Riuji, and Shikama, Tokio, "Mesozoic Reptilian Fauna in the Jehol Mountainland, Manchoukuo", *Bulletin of the Central National Museum of Manchoukuo* 3, 1942, Pl. V）

裏　東洋吻嘴竜のスケッチ（*Ibid.*, Pl. II）

I

落伍

反商品の教育主義——博物館の自意識に関する考察

はじめに

文部省の『常置教育的観覧施設状況』は、冒頭の「常置の教育的観覧施設梗概」で次のように書く。

道庁府県郡市等の経営に係れる商品陳列館、物産館等全国に亘りて約三十八の多きに達し主として管内の物産及商品見本等を陳列せり然れとも此等は現状のまゝにては教育上に資する処余り多からされは暫く本調査中より省きて掲載せさることゝせり[1]

「現状のまゝにては教育上に資する処余り多からさ」るとする理由は何であろうか。説明はない。そして、「商品陳列館、物産館等」が排除され、施設が一覧されてゆく。しかし同書には、商品や物産を扱う「商品陳列館、物産館等」的な施設が含まれている。詳細はのちに見るが、「内外国商品見本[2]」を対象とする農商務省商品陳列館が、その最たるものであることは多言を要しない。文部省の不徹底さが見て取れる。排除は、商品陳列館や物産館をあきらかに名乗る施設に対しておこなわれたようである。

文部省のこうした振る舞いは、これがはじめてでなかった。明治初期の文部省の年報を追跡した椎名仙卓は、文部省が一度は一覧に掲げた博物館を、それが勧業の博物館であることを理由にしてのちに削除してゆくケースのあったことを紹介している。[3] このときも、文部省は揺れていた。「商品陳列館、物産館等」の名をもつ施設はまだ登場していないが、産業振興を目的とする博物館は各地に設けられており、これらをリストから削除しながら、教育の博物館を模索する過程が、明治初期の文部省にあったのである。

くだって昭和前期に文部省は、博物館の一覧をほぼ毎年刊行した。まず、一九二九年の状況を記録した『常置観覧施設一覧』が、商品陳列所等を「商品ノ陳列ヲ主トスルモノ」[4] と別立てにして記載する。しかし、一九三〇年から一九四二年までの『教育的観覧施設一覧』[5] では、商品陳列所等を記載しなかった。やはり、文部省に揺らぎが見られるが、「商品ノ陳列ヲ主トスルモノ」は「教育」から排除されたのである。

このような態度は、文部省にとどまらない。しかも、戦後におよぶ。『日本博物館沿革要覧』の「まえがき」は、行文中「戦前の商品陳列所」に次の注を付した。

商品陳列所については、展示資料が商品であるという特有の性格を考慮して、この要覧ではひとつのジャンルをなす「商品陳列所類」としてまとめて掲載した。[6]

「展示資料が商品であるという特有の性格」とは何であろうか。説明ぬきで、差別が遂行されるのである。明治のはじめからこのかた、勧業の博物館や「商品陳列館、物産館等」は、文部省等から差別、排除される役割をになわされて、博物館の世界に動員されてきた。本章は、博物館の文脈におけるそれらの表象を検討し、そこから反照される文部省の自意識の何たるかを探ろうとするものである。なお、この種の施設の名称はさまざまなため、以下、商品陳列所、物産陳列所と便宜的に称する。

一　『常置教育的観覧施設状況』の検討

一　防長教育博物館

最初に、『常置教育的観覧施設状況』を検討したい。作業の主旨は、「商品陳列館、物産館等」の排除を宣言した結果の何たるかを確かめることにあるが、結論めくと、商品、物産のテーマおよび資料を排除しきれないようすを見てゆくことになる。

一九〇八年の皇太子（のちの大正天皇）の山口県行啓を記念し、一九一二年、山口県教育会によって設けられたのが防長教育博物館である。「防長教育博物館は防長の維新史料及内外の教育品、教育参考品、教育図書等を蒐集陳列して教育の普及に資するを以て目的とす[7]」と規則第一条が定義するように、教育をテーマとする博物館であった。同第二条で、全十五項にわたって規定された同館の陳列品は、第一条を反映したものとなっているが、十三番目の一項のみ「主なる県内産物[8]」として、維新と教育に直接関係しないカテゴリとなっている。

一九一四年、県から通俗教育資金を交付されると、同館は通俗教育巡回博物館を開始する。これは、「通俗教育参考資料を備へ郡市又は郡市教育団体の要求に依り貸出をなす」事業で、「一、社会教育に関する参考資料」「二、軍事教育に関する参考資料」「三、理化学応用諸機械実験資料」「四、産業奨励に関する参考資料」「五、家庭教育に関する参考資料[9]」を通俗教育参考品（または巡回博物館用陳列品）とした。このうち「産業奨励に関する参考資料」は、「貿易品各種標本、蚕発生順序標本、蚕体解剖模型、各種絹糸製品、全国各地絹織物標本、交織物標本、綿織物標本、人造絹糸製造順序、マッチ製造順序標本、ゴム製造順序標本、和洋紙製造順序標本、陶器製造順序標本等」[10]で、貿易に関連する産業を奨励対象としていたことがわかる。

防長教育博物館は、制度のうえでは教育を標榜する博物館であったが、陳列品の実際は、維新や教育以外のものの割合を多くしていた（図参照）。まず、通常の陳列品では、もっとも多かったのが山口県高等商業学校出品物で、全体の二四パーセントを占めている。一九〇七年に同校は、防長教育会の寄附金に基づき商品陳列室を設けていた[11]。この経験を背景にした出品であったと思われ、それらは商業に関係する資料であったことが推測される。ほかに地方改良資料、山口県農会出品物、県下各種製作品も産業の資料とみなせ、あわせると四四パーセントとなる。巡回博物館用陳列品では、産業奨励参考資料が三二パーセントを占めており、社会教育参考資料の四〇パーセントに次いでいる。教育の専門博物館とは言え、三分の一から二分の一に近い割合で産業の資料を有しており、産業のテーマは隠然として存したことがうかがえる。

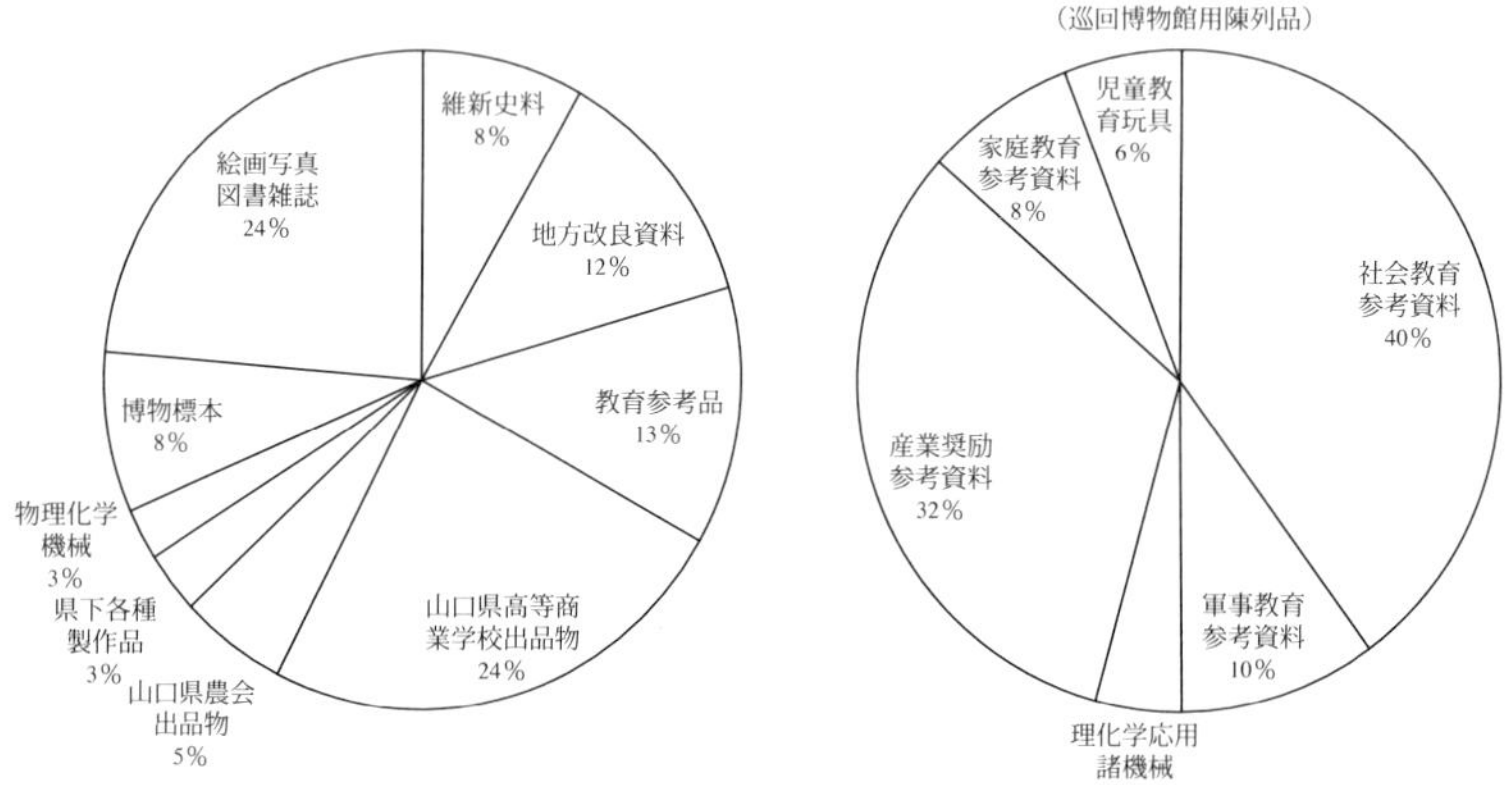

図　防長教育博物館陳列品構成比

二　他の教育博物館、植民地の博物館

同様のケースは、ほかにも見られる。一九〇三年に開館した奈良県の高市郡教育博物館は、同館規則第一条で「本館は教育に関する資料を蒐集し之を保存して公衆の縦覧に供す」[12]として、教育の博物館であることを明示している。加えて同第三条は、「本館に図書館物産陳列所並に園芸場を附設す其規則は別に定むる所に依る」[13]とし、一九〇九年に附属物産陳列所を落成している。同館全体の陳列品は、「貿易品、内外国物産各種標品及化学工芸品製造順序標本等」八四五点、「地理及衛生に関する模型各種」三六点、「図表写真類」一〇二点で[14]、産業に関する資料が多い。一九一五年度経費は、総額一二七九・八〇円のうち陳列館分が約四六〇円で、図書館、物産陳列所分が約八一九・八〇円を数える。物産陳列所の制度的位置づけは附帯事業だが、それ以上の割合を占めていた。

大正天皇の大典記念事業として一九一五年十一月二十日に開館し、同年十二月五日に開館式をおこなったのが、岡山市教育会による岡山通俗教育館である。規則第一条は、「本館は自然科学及ひ之か応用に関する卑近なる器械標品模型絵画及ひ写真の類を陳列して公衆の観覧試用に供し教育産業の発達に資するを以て目的とす」[15]として、「教育産業の発達に資する」ことを明記していた。陳列品は、「一、天産物に関するもの／二、重要商品に関するもの／三、理科学及ひ其の応用に関するもの／四、通俗衛生に関するもの／五、天文地学に関するもの」[16]と規則第二条で定義されたが、実際は「重要商品に関するもの」が全体の三分の一以上を占めていた。防長教育博物館の山口県教育会と同様に岡山市教育会も、教育のテーマと陳列品だけで博物館を構成したわけではなかったのである。

植民地の博物館では、一九〇八年に開館した台湾総督府民政部殖産局附属博物館が、「本島産物は一切を網羅し尚輸入貿易品蕃人種族の生活状態及其の日用品並に本島の歴史的物件を蒐集陳列して之を衆庶に観覧

せしめ以て学術技芸並に産業上の研究参考に資する」[17]として、その所管からも明白なように、産業振興をテーマにする博物館であった。

一九一五年に開館した朝鮮総督府博物館は、同年に開催された始政五年紀念朝鮮物産共進会の建物を転用して、本館（旧美術館）、審勢館、交通館（旧鉄道館）その他から構成された。このうち審勢館が、「各道の統計、産物及模型」[18]を陳列して、産業をあらわしていた。

三　学校附設の博物館

学校関係では、愛知県の私立明倫中学校附属博物館が、規則の一で「本館は博物、地理、歴史及産業に関する有益なる標本模型、機械、図等を蒐集し本校の教弁に備へ兼ねて公衆の縦覧に供して斯学の普及発達に資するものとす」[19]と書く。この博物館は、一八九一年に設けられた私立の名古屋教育博物館が、一九〇一年に尾張徳川家の屋敷地に移転したものであり、学校に附属することに特別の意味を有してはいない。

これと違い、学校に附設されて開始された施設を見ると、テーマは、教育、産業、日露戦争などで、施設によって、テーマは単一であったり複合したりする。各地域の社会的、歴史的な体験の差異によるのであろう。その上で、多くの施設が、産業系の陳列品を有していた。

福井県の上郷青年会通俗博物館が、「御大典奉祝紀念事業として大正四年六月より之れか計画を為し大正四年十二月十一日より三日間農産物品評会を開催し同月十三日品評会賞与式を兼ね本舘開館式を挙行し」[20]ていることは興味深い。さらに、附帯事業として「地方実業の改良発展を計る目的の下に十一月末若くは十二月初旬に於て農産品評会を開催す」[21]とある。上郷尋常小学校内に設けられた同館は、上郷青年会の管理にかかるものであり、学校教育にとどまらない性格を帯びていた。

このほかの学校附設の施設も、校長が管理者であっても、青年会、教育会、有志者、篤志者など地域の集団が設置主体となっており、狭義の学校教育をこえる機能への期待が産業系陳列品としてあらわれていたと考えられる。これは、自治民育すなわち地方改良運動の影響と言ってよい。知三尋常高等小学校附設（通俗博物館（福井県）の陳列品に掲げられた「改良の器具類　各地の物産及商品見本類」「改良農具の見本類」「地方改良の輸出米俵縄筵草鞋類」「当地方の稲蔬菜類（青物は腐敗せさるもの）」[22]には、このことが明瞭に認められる。

学校に通俗博物館を設けること自体が、「教化ノ中心」であった。博物館を、青年会、教育会、有志者、篤志者などがつくりあげるところもしかり。「教育と産業の伸張は、地方改良運動がめざす究極の目標であったが、とくに道徳と経済の調和のとれた発展こそが理想とされていた」[23]のであり、この種の施設における産業と教育の併存は至当のことだったのである。[24]

二　明治・大正期の博物館と文部省

一　一八八〇年代前半の博物館

ここで参考までに、明治維新以後、一八八〇年代前半までの状況を一瞥しておこう。この時期に設立された公立の博物館等は、約三〇施設が知られている（表参照）。概して産業を中心テーマにするものが一八施設、同じく教育を中心テーマとするものが六施設、両テーマ複合のあきらかなものが一施設、その他のみが二施設である。このほかに、文部省の統計で当初とりあげられながら、産業をテーマにするものであったことから、のちに統計から削除された、石川県の金沢博物館、京都府の博物場、広島県の博物館、福岡県の福

表　一八八〇年代前半までに設立された公立博物館等一覧

	初期名称（設立年）	テーマ 教育	産業	その他
（北海道）	開拓使博物場（一八七一年）＊		○	
	札幌農学校博物場（一八七六年）			○
	仮博物場（一八七八年）＊		○	
秋田県	勧業博物館（一八七七年）＊		○	
山形県	勧業博物館（一八七九年）		○	
東京府	博物館（一八七二年）＊			○
	博物館（一八七五年）＊	○		
	北海道物産縦覧所（一八七五年）		○	
	東京大学理学部博物場（一八八〇年）	○		
神奈川県	〔神奈川県物産陳列場〕（一八八〇年）		○	
新潟県	新潟博物館（一八七九年）＊		○	
石川県	金沢博物館（一八七六年）＊	△	○	
長野県	勧業博物場（一八八四年）		○	
愛知県	工芸博物館（一八七八年）＊		○	
滋賀県	博物館（一八八一年）	○		
京都府	博物場（一八七五年）＊	△	○	
大阪府	大坂博物場（一八七四年）＊	○	○	○
	府立教育博物館（一八七八年）	○		
	府立勧工場（一八七九年）		○	
奈良県	寧楽博物館（一八七六年）			
和歌山県	和歌山集産所（一八七九年）		○	
島根県	教育博物館（一八七九年）	○		
	島根県勧業展覧場（一八八〇年）		○	
岡山県	物産縦覧所（一八七九年）		○	
広島県	博物館（一八七八年）	△	○	
徳島県	物産蒐集所（一八八一年）		○	
愛媛県	物産陳列場（一八七九年）		○	
福岡県	福岡博物館（一八七八年）＊	△	○	
長崎県	長崎博物館（一八七九年）＊		○	
大分県	第二勧業場（一八七六年）		○	
鹿児島県	鹿児島教育博物館（一八七九年）	○		
	興業館（一八八三年）		○	

△は文部省の統計に記載されたのち、勧業の博物館であることを理由に統計から除外された施設。＊印は椎名仙卓『日本博物館発達史』、雄山閣出版株式会社、一九八八年、二一二頁に掲げられた施設。神奈川県物産陳列場の〔　〕は設立主体不明の意味。

岡博物館の四施設がある。これらを含めると産業をテーマとする施設は二三施設となり、全体の七〇パーセントを超える。

教育の博物館は、東京大学理学部博物場は言うにおよばず、島根県の教育博物館が松江中学、滋賀県の博物館が滋賀県師範学校に設けられており、のちの分類で言う学校博物館あるいは教育参考館に相当する。存続期間は短い。滋賀県の博物館は一八八一年にのみ記録され、鹿児島県教育博物館は二年で終焉し、所蔵品は鹿児島師範学校に移管されている。府立教育博物館も四年ほどであった。安定して継続した教育博物館は博物館（のちの東京博物館、東京教育博物館）のみで、システムとしての教育の博物館は不在と言うに等しかったのである。

一方、産業の博物館も、長期の存続を確認できるものは多くない。しかし、以降各地で設立が相次いでゆく物産陳列所、商品陳列所などにおいて、その継続性を認めることができる。ちなみに、一九三三年の時点で商品陳列所は、それ以前の産業系の博物館を、みずからの前史に位置づけていた[25]。

教育と産業の博物館は、かたや中央に孤立する東京博物館、かたや全国の道府県市町村におよぶ物産陳列所、商品陳列所という分布の構図をえがいてゆく。新設の教育の博物館も、教育のテーマのみで立つことはまれで、産業のテーマと複合していたのである。

ここにあらわれているのは、博物館に関する文部省の空洞性と言ってよい。このことは、次項で見るとおり、『常置教育的観覧施設状況』にも認めることができる。

二　文部省の空洞性

『常置教育的観覧施設状況』に掲載された、一部を除く学校の施設のようすは、いささか奇妙であった。

伊藤寿朗が、「小・中等教育機関立が、百二十八館中三十一・五館と約四分の一を占めるのが、本書の大きな特徴である」とはじめ、「長野県と福井県の項で、小学校内の博物館がそれぞれ十二、三十三館も並んで」おり、「特に福井県の場合は、すべてが大正天皇の御大典記念として一九一五（大正四）年に設立されている」[26]と指摘したとおりである。その大正天皇即位の大典記念に、本章は注目したい。

即位の礼は一九一五年十一月十日におこなわれた。翌一九一六年の博物館の現況を記したのが『常置教育的観覧施設状況』である。このタイミングには、同書が大典を機に編纂されたのではないかと思わせるものがある。そして、四六施設が直接に大典記念を、六施設が何らかのかたちで大正天皇との有縁を記し、それらは全一三〇施設中四〇パーセントを占めていた。大典記念事業は、大正改元以降に計画、実施されることを考慮すると、一九一二年以降に開館したものまで含めることが可能であり、その数はさらに増すであろう。この事実も右の予測を支持する。

惟うに、大正の大典を契機として文部省は、みずからの支配のおよぶ博物館を可視化し、統計上も増やそうとしたのではないだろうか。おりしも、一九一三年に文部省の機構改革がおこなわれ、図書館と博物館は、専門学務局から通俗教育を所管する普通学務局第三課に移管されたところであった。こののちさらに、一九一八年の臨時教育会議答申、一九一九年の普通学務局第四課新設とそれによる通俗教育の所管、一九二一年、通俗教育の語の社会教育の語への変更、一九二四年、第四課の社会教育課への変更、一九二九年、同課の社会教育局昇格へと続いてゆく。これよりふりかえれば、一九一三年の制度改革は、新しい体制の初期形と言いうるものであった。かかる状況下で編まれた『常置教育的観覧施設状況』は、あらたな博物館政策を模索する成果であり、それゆえのようすだったと考えられるのである。

「自然科学及其応用に関する通俗教育を目的と」する通俗教育館と「教育従業者に対する参考品の陳列

所」である教育博物館とからなる東京教育博物館と、[27]「学校備附の器械標本模型絵画等を陳列す[28]」る敷地面積五坪の面谷簡易博物館（福井県）や同六坪の下庄村通俗博物陳列室（同前）を、同じ「常置教育的観覧施設」としてならべるのが、このときの文部省の現実であった。「来観人員」の項目も、面谷簡易博物館は「開館後日猶浅く未た来観人員を挙くるの程度に達せす[29]」と記し、下庄村通俗博物陳列室は「開館以来日尚浅く僅に計画の端緒を開きたるに過きされは来観人員を挙くるの程度に達せす[30]」とする。そのような二館を動員するところにまで、一貫するのであった。

『常置教育的観覧施設状況』が、行政的に功を奏したのかはわからない。しかし、昭和天皇の大典記念を標榜して、一九二八年に博物館事業促進会が設立され、博物館事業の振興がはかられていった事情に、同書への応答が読み取れるのではないだろうか。博物館事業促進会を設立してゆく手法は、一九二〇年一月に生活改善同盟会を設立してゆくそれに似ており[31]、通俗教育、社会教育、社会教化は、外郭団体を介しておこなうことが、このとき学習されたように思われるのである。これが首肯されるならば、生活改善同盟会は、文部省普通学務局第四課（一九二四年以降は同局社会教育課）と棚橋源太郎にとって、博物館事業促進会に向けた恰好の予行演習となっていたに違いない。『常置教育的観覧施設状況』の奇妙さと、それを出来させた博物館政策の不安定は、この過程で払拭されてゆくのであった。

三　物産陳列所論、商品陳列所論の検討

一　物産陳列所と普通博物館

さて、商品陳列所および物産陳列所を検討する際、参照しなければならない戦後の研究に、椎名仙卓の

『日本博物館発達史』の一章がある。ここで示された、「物産陳列所を博物館施設と考えない人もいる」が「一種の〝産業を主体とした博物館〟としてとらえることができる」[32]という意見は、本章の冒頭で見た文部省の態度に異を唱えているかのように見える。これが導き出されたゆえんの分析を通じて、商品陳列所や物産陳列所にかかわる際の問題点を確認できるのではないか。このような課題意識のもと、本節では椎名の理路を追跡したい。

椎名は、「物産陳列所は、これまで説いてきたように普通博物館とは本質的に異なっている」[33]と書く。差異の一つは、神奈川県物産陳列場を紹介するなかで説明される。「当時（一八八〇年頃——引用者注）の普通博物館が、珍品奇品や学術上価値の高い物品を収集・保存し、陳列公開して、物品を永久に保存しようとする機能が強かった」[34]と言い、物産陳列場が「陳列品が商品見本の性格を帯びており、物品を長く保存しておくという機能をもった施設ではなかった」[35]と言うあいだにある差異である。

また、物産陳列所は、「物品そのものが貴重品で学術的価値の高い一点しかないものというよりも、普通のどこにでもある日常生活と深いかかわりのあるありふれた物品であったことにもよるであろうが、身近にある人をひきつける施設になっている」ことを掲げ、「ここに物産陳列所の存在価値があり、普通博物館との大きな違いがみられるのである」[36]と強調した。先の、「珍品奇品や学術上価値の高い物品を収集・保存し、陳列公開」する普通博物館に対応する。

以上から、物産陳列所と普通博物館の差異は、資料の永久保存と、人をひきつける親近性の二項でとらえられていたことがわかる。

物産陳列所と普通博物館は、次のようにも言われていた。

わが国の観覧施設を所蔵している資料を中心にして系譜を考えたときに、一つは、産業の発達を目的として設立された施設と、他は社会教育を主目的にした施設とがある。前者はここで記した物産陳列所がそれに相当し、後者は教育機関的な傾向を帯びた普通博物館がそれに属するであろう。ただ、注目すべきことは、明治初年に西洋の近代的な博物館思想の導入によって中央・地方を問わず普通博物館が誕生したが、これらの普通博物館は明治20年代になると、廃止されたり、勧業を目的とした施設に変質したりして、衰退の道をたどるのである。(37)

前段は、物産陳列所が産業、普通博物館が教育の範疇にあることを言う。物産陳列所については、別に「地域社会の産業の発達を促すために、その地域の自然物や特産物などを展示公開した施設(38)」と、目的、機能ともに定義されていたことと齟齬しない。

一方、普通博物館に言い及んだ「教育機関的な傾向を帯びた普通博物館」という記述からは、「教育」が目的なのか機能なのか定かでない。一八八〇年頃の博物館について、「地域社会の殖産興業政策のために創設されたり、あるいは地域の学校教育と深いかかわりをもって発達している(39)」と椎名は書いていたが、ここでも殖産興業は目的として明示的でありながら、教育の位置はあいまいであった。行論の途上で椎名が例示した中央の二館、地方の十館は先の表に含まれているが、これらについては先に「システムとしての教育の博物館は不在と言うに等しかった」と評したとおりである。「教育機関的な傾向を帯びた」あるいは「地域の学校教育と深いかかわりをもって発達している」との言い方からは、椎名も、一八八〇年頃の博物館に目的としての教育を明言できなかったように感じられる。

こうしたようすからして、「地域社会の殖産興業政策のため」という目的にこそ、この時期の博物館の確かな趨勢を認めるべきと考える。このことは、椎名の言う明治二十年代の普通博物館の動向が、「勧業を目的とした施設に変質したりして、衰退の道をたどるの」ではなく、もとよりあった趨勢の進化、純化として理解することを私たちにうながす。したがって、「このようなときに、物産陳列所が台頭し、普通博物館にかわる新たな観覧施設として栄えるようになった」と言い、「普通博物館から物産陳列所へと移行した施設もみられるので、極端な表現をすれば、物産陳列所が社会教育施設としての普通博物館を駆逐して発展したということにもなろう」[40]と言うのも妥当しない。駆逐する対象である普通博物館など、地方にはないに等しかったのではないのか。これが、普通博物館に関する第一の疑問である。

なお、「社会教育施設としての普通博物館」は、明治二十年代には存在しない。わが国の通俗博物館つまり社会教育の博物館は、東京教育博物館内に通俗教育館が開館する一九一二年まで待たなければならない。架空の「社会教育施設としての普通博物館」ゆえに、その駆逐をも語り得たのであろう。

二　物産陳列所と商品陳列所、博物場

物産陳列所に関する椎名仙卓の語りは、つぎに商品陳列所を対照する。

しかし、物産陳列所の方は、大正期に入るとしだいに観覧施設としての機能を失い商業促進のための研修所的な傾向を帯びるが、普通博物館の方は、物産陳列所に駆逐されたといっても、物産陳列所が衰退し始めると、逆に再び芽をふき出し、第一次世界大戦後急速に発達することとなるのである。[41]

ここで言う「商業促進のための研修所的な傾向」は、物産陳列所が農商務省のシステムとしての商品陳列

所に編成されてゆくことを意味している。「物産陳列所から商品陳列館へ[42]」と題し、大正期前半の「物産陳列所と商品陳列館の共存共栄[43]」と書くところに、両者を別のものと前提する態度が認められる。しかしこの差異は、椎名が思うほどに確たるものではない。重層的なのである。

一九二〇年の道府県市立商品陳列所規程によって、商品陳列所と名称変更した物産陳列所は多かったが、「物産」を冠する名称に再変更する施設が少なからずあった。秋田県物産館、埼玉県物産紹介所、新潟県物産紹介所、岐阜県物産販売斡旋所、滋賀県物産販売斡旋所（同附属物産陳列場[44]）、徳島県物産斡旋所[45]などである。

さらに、前後の消息は不明ながら、「物産」の名を持つ施設は、一九三〇年代以降も認められる。一九三二年には、北海道物産館、新庄物産陳列所、米沢物産陳列所、置賜物産館、酒田町物産陳列館、高田物産陳列館、石川県山中町立物産陳列所、甲府市物産陳列館のほか、植民地朝鮮や同台湾に多数ある[46]。一九三三年には、弘前物産陳列館、若松市物産陳列館、有田物産陳列館[47]、一九四九年にも八戸物産陳列所があった[48]。

このように物産陳列所、商品陳列所は、「あれかこれか」の二者択一でないのは無論のこと、「あれからこれへ」という発展史観のもとにも置くことのできない、同一の範疇における「あれもこれも」と見るべきものとしてある。

これより先に、「明治20年前後に設置された物産陳列所には、まだ明治初期の博物場的な雰囲気が温存されていた[49]」と椎名が書いていたのも、それが失われてゆく事態、すなわち商品陳列所の存在が一方で予定されていたからであった。物産陳列所の後史が商品陳列所であれば、前史に置かれたのが博物場である。博物場について椎名は、「物品を陳列するのみでなく、生産したり改良を図るという面についても知識をあたえる施設として受け止めることができる[50]」としている。その博物場的な、「明治20年前後に設置された物産陳列所は、施設により多少設置目的が異なっており、その概念は一定ではない。しかし明治30年代後半になると、その頃設置された施設はどこも同じような目的で設置され運営されるようになる」[51]と言う。「どこも同じような」とされた「その目的とするところは、地域産業の改善発達のために、その地域に産するすぐれた物品を陳列することが主体であって、加えて参考品として内外国の物品を陳列した施設ということになろう」[52]と説明した。

以上の行論は、図式的に次の三項に整理できる。

①明治二十年頃の物産陳列所：施設により多少設置目的が異なり、明治初期の博物場的な雰囲気が温存される。

②明治三十年代後半の物産陳列所：どこも同じような目的で、陳列することを主体とする。

③大正期の物産陳列所：観覧施設としての機能を失い、商業促進のための研修所的な傾向を帯びる。商品陳列所へ。

①②の時期には駆逐され、③で復活すると言われたのが普通博物館である。その意味で普通博物館は、三項の外部にあったことになる。そして、物産陳列所、商品陳列所の図式的に明瞭な三項に比べて、普通博物館は漠としているのである。

三　普通博物館という幻想

また、椎名仙卓の物産陳列所論には、現代の博物館と比較する場面が見られた。

一つは、「今日の博物館施設が不特定多数の観覧者を対象とする社会教育施設であるのに対し、物産陳列所も、一般公衆のための観覧施設ではあるが、そのなかでもある目的をもった特定の観覧者に焦点をあてているということになるであろう[53]」とした箇所である。「特定の観覧者にとっては誠に至便な解説であった[54]」とも言うように、ここでの力点は「特定の観覧者」にあり、不特定多数ではなかった。しかし、結語で不特定多数にシフトする。曰く、「したがってこの物産陳列所を博物館施設と考えない人もいる。しかし、不特定多数の人に観覧させることを目的としているかぎり、今日的な感覚では、やはり博物館施設と見做さなければならないであろう[55]」と。本節冒頭に掲げた「一種の〝産業を主体とした博物館〟としてとらえることができるのである」は、これに続くものであった。

なぜ、「今日的な感覚」がここで動員されるのであろうか。「今日的な感覚」でなければ、物産陳列所を博物館とみなすことはできなかったのか。普通博物館、博物場、商品陳列所など、同時代の施設と比較してきたにもかかわらず、そこから逸して「今日的な感覚」が用いられてゆく論証は、唐突であり、短絡的であった。

もう一つが、「現代の博物館は」「一度収集し整理した資料は、原則として永久に保存するものとなっている」が、「物産陳列所で取り扱う資料は、それが必ずしも永久に保存されることを意味せず、ここにも物産陳列所と今日の博物館との資料の取り扱い方について、大きな相違を認めることができるのである[56]」とするくだりである。この構造は、先述した、物産陳列所と普通博物館との第一の差異と同じである。

そしてこれが、明治初期の普通博物館と現代の博物館とが通じていることの示唆として機能する。普通博物館は、現代の博物館に支持されて、その位置を確かにするのである。すでに見てきたように、普通博物館は、物産陳列所に比してとらえどころのないものであった。加えて、一八七五年以降の地方の博物館の状況を、文部省の記録に追った際、椎名は、「文部省年報に記載された博物館が、いわゆる教育博物館と称される範疇に属する専門博物館[57]」であるとも書いていた。ここで対象となった博物館は、前掲引用文で「中央・地方を問わず」「誕生した」普通博物館のうちの地方のものと等しい。椎名が普通博物館に託したのは、教育だったと見てよい。これが鍵である。しかし、物産陳列所に産業の目的は明示できても、普通博物館に教育の目的は明示できなかった。それが、すべてである。ここに、架空の「社会教育施設としての普通博物館」を登場させてしまうゆえんもあった。

普通博物館のあいまいさとは、文部省が商品陳列所等を排除した先に求めようとした教育の博物館の空虚さ、すなわち文部省自身の空洞性だったと言える。

これは、大正期に克服されてゆく。しかし、物産陳列所が衰退して普通博物館、教育の博物館が発達したのではない。この時期、文部省の社会教育制度が確立してゆくのにともなう事態であった。日露戦争後の内務省による地方改良運動と文部省の通俗教育、これに続く第一次世界大戦後の民力涵養運動および社会教育、生活改善運動が、教育の博物館の制度的揺籃なのである。

四　一九三〇年代の物産陳列所論、商品陳列所論

椎名仙卓の所論は、「この種の物産陳列所について、博物館界で論究されたものは皆無[58]」として開始されたが、物産陳列所、商品陳列所を博物館とみなす所論が、同時代にあった。しかもそれは、わが国に誕生したばかりではあったが、歴とした博物館研究としておこなわれていたのである。

一九三二年、日本博物館協会による『全国博物館案内』が、物産陳列所、商品陳列所をとりあげる。「我が国の商業博物館は、多くは府県の経営に属し、商品陳列所、物産商工奨励館、貿易館等、その名称は一様で

はないが、要するに地方の産業奨励の目的で設立されたもので、商品の見本及び参考材料の陳列貸出し、或は産業関係印刷物の蒐集刊行講演会の開催等、博物館としての普通の事業の外、更に商品取引の紹介、商品の試売、鑑定、販路の拡張等に向つて大に力を用ゐてゐる」と概説し、「全国に亘つて幾十の商業博物館を有することは、欧米の諸国にも殆んどその例を見ないところで、本邦博物館界の特色の一つに数へなければならぬ[59]」と評価した。

一九二八年に博物館事業促進会が誕生して以降、同会では商品陳列所批判と商品陳列所改造論がさかんにおこなわれた[60]。それが一段落したと思われる時点で刊行されたのが同書である。ここには、日本博物館協会にとって、組織内の機関誌ではない、はじめての一般書であることによる政治的判断もあったであろう。

一九三四年には、名古屋高等商業学校教授の小原亀太郎が「商業博物館を尋ねて」を『博物館研究』に寄せている。小原は、商品学の立場からする商品陳列所の現状分析をおこない、陳列的でも教育的でもない「商取引に資する[61]」商業博物館を求めるとともに、教育的商業博物館の場合の原則論を示した。博物館の資料を研究する分科学として、自然史博物館には植物学やな動物学、歴史博物館には歴史学や考古学があるように、商業博物館や商品陳列所の資料、すなわち商品を研究する分科学に自然科学的商品学[62]が公然と登場し、博物館論を展開したのである。高等商業学校などでは、附属の商品陳列所に関するこの種の議論があったであろうが、それが博物館界に披露されたのは、正式にはこれがはじめてだったのかもしれない。

同じ年、日本博物館協会常務理事の大渡忠太郎による「わが博物館の再検討（承前）」が発表される。産業博物館と商業博物館とを分離して、次のように記した。

（九）産業博物館　四八

地方の産業を見せるための施設は各地に物産館、勧業館、拓殖館、物産陳列所、物産陳列館などの名で設けられてゐるのが二十二館ある、その他、商工奨励館といふのが七つあるが、是等は必ずしも産業品を陳列してゐるとは限らぬ様であるから、その内の若干は削らねばならぬかも知れぬ。（略）[63]

（一〇）商業博物館　四二

産業博物館の一種とも考へ得られるものであるが、産業そのものを展示するのではなくて、製品を商業の対象とし、その商品としての種類等級、代用品、偽交品等（本誌三月号、小原亀太郎氏論文参照）を陳列すべきであつて見れば別に商業博物館なる題目の下に取扱ふが穏当であらう。わが国、各地には昭和四年商工省令第三号によつて規程せられたる商品陳列所が三十五もあるが、それらは「商品ノ展示」即ち博物館本来の使命を果すほかに、規程による「商品及商取引ニ関スル調査」を行ふことになつてゐる。そのために商品陳列所は博物館とは違ふやうに考へる人もあるやうであるが、その主要なる使命が商品の展示である以上、前陳の通り立派な商業博物館に相違ないではないか。[64]

物産陳列所は、産業博物館に分類されている。交通、農業、水産、工業など部門別に具体例の記述が続き、大渡の希望が一般的に述べられてゆく。ところが、商業博物館の項の後段「そのために」以降は穏やかでない。商品陳列所を博物館とみなさない意見や、その改造論は継続したようであり、この状況を反映した発言と思われる。小原の商業博物館論は、博物館界で理解されなかったのであろうか。

いずれにしても、物産陳列所を博物館であるとするのに、「今日的な感覚」を椎名が持ち出すまでもなかったのである。

四　博物館の自意識

一　反商品の教育主義

以上、博物館研究における物産陳列所論、商品陳列所論が、少なくとも一九三〇年代前半と一九七〇年代後半、断続的におこなわれてきたことを見てきた。続いて、半世紀近く隔てたこれらを検討し、本章の主題である博物館の自意識のありかを確認したい。

『全国博物館案内』と大渡忠太郎の所論は、商品陳列所が博物館の機能と博物館以外の機能を有することを指摘する点において共通する。さらに大渡は、そのうち博物館の機能を根拠に、この施設を商業博物館とみなした。これに比べると、「不特定多数の人に観覧させることを目的としている」ことを根拠に、物産陳列所を博物館とみなした椎名仙卓の所論は、博物館研究的でない。この論理は、博物館以外の施設や催事にも適用可能であり、博覧会も映画も博物館になってしまう、無分別きわまりないものである。この点で、一九三〇年代の商業博物館論は原則的であった。

また大渡は、小原亀太郎の所論に依拠して、商業博物館を産業博物館から分離させる。椎名は、「産業の振興」の物産陳列所と、「商品の販売促進」の商品陳列所として、両者を分離した。大渡の分離は、商業博物館の固有性を明示し、その発展を約すものだったと言える。しかし、椎名の分離は、「産業の振興」の物産陳列所に「今日的な感覚」を付加して「産業を主体とした博物館」をうたうが、「商品の販売促進」の商品陳列所には「今日的な感覚」を付加せず、「商品を主体とした博物館」を言うことにはならなかった。商品陳列所は宙づりにされたのである。なぜ、商品陳列所に「今日的な感覚」を用いなかったのであろうか。

商品陳列所は、「不特定多数の人に観覧させることを目的としてい」なかったのか。であるならば、そのことが論証されなければならないが、それはおこなわれていない。なぜ、この論理を可能としたのか。

ここで想起されるのが、本章冒頭に見た文部省等の言説である。繰り返すと、一九一七年、文部省の「物産及商品見本等」「は現状のまゝにては教育上に資する処余り多からされは」であり、一九二九年、同省の「商品ノ陳列ヲ主トスルモノ」、一九八一年、倉内史郎の「展示資料が商品であるという特有の性格」であった。商品陳列所を差別化し、その理由を論証しないスタイルにおいて共通する。

これらに共有された「商品」の語が、キイ・ワードとなる。文部省がこの語を忌諱することそれ自体が象徴的行為であり、「教育上に資する処余り多からされは」とは、端的に教育的でないことの意であった。「商品」のキイ・ワードは、反照的に「教育」の語もキイ・ワードとする。教育は、椎名の普通博物館の鍵でもあった。物産陳列所が博物館とみなされたのは、明治二十年頃のそれに明治初期の普通博物館の雰囲気を椎名が感じ取っていたためである。そのことが、「今日的な感覚」を登場させもした。しかし商品陳列所は、「商品」のキイ・ワードを直接にもったためであろう。椎名から忌諱されるのであった。

かくして、博物館の自意識たる「教育」は、「商品」への反対として構築されてきたと総括することができる。本章は、これを「反商品の教育主義（教養主義——以下略す）」と名指すものである。

二　永久保存という幻想

反商品の教育主義の表象が、椎名仙卓の言う普通博物館と現代の博物館であった。物産陳列所とのあいだに抽出された差異に、資料の永久保存の存否があったが、これもまた反商品の教育主義に関与することが予測される。この点について触れておきたい。

資料の永久保存は、博物館を汎通して言いうる原則ではない。制度的には、博物館法第二条が「「博物館」とは、歴史、芸術、民俗、産業、自然科学等に関する資料を収集し、保管（育成を含む。以下同じ。）し、展示して教育的配慮の下に一般公衆の利用に供し（略）」と書き、同法第三条第一項が「実物、標本、模写、模型、文献、図表、写真、フィルム、レコード等の博物館資料を豊富に収集し、保管し、及び展示すること」と博物館の事業を定義するのにあきらかなように、永久の含意はない。学芸員の定義も、「博物館資料の収集、保管、展示及び調査研究その他これと関連する事業についての専門的事項をつかさどる」として、同然である。

現実をながめると、資料の永久保存を言いうる施設としては、寺社の宝物館など古美術の博物館が第一にあがる。近・現代美術館では、永久保存を否定するテキスト、コンテキストの作品があり、永久保存は絶対的でない。動植物園水族館の場合、永久保存は原則となりようがない。資料の誕生から死亡までの「育成」があるだけである。標本館などではあり得たとしても、動植物園水族館では中心的施設でない。

これより進んで、標本の地位の程度により、科学博物館における永久保存のありようが変わってくる。自然史の科学博物館は永久保存度が強く、応用の科学博物館では弱くなる。理工系の科学博物館の展示資料は、端的にスクラップ・アンド・ビルドなのである。(65)

これら制度および現実の示すところは、扱う資料や意図により、博物館における資料の保管は、永久保存から廃棄までの変数をもつということであり、博物館と永久保存とを同一視することは幻想と言うよりほかない。物産陳列所、商品陳列所、商業博物館も、おのが好むところにしたがい資料の扱い方を決するのであり、寺社の宝物館のごとき永久保存が、部分的にならいざ知らず、全的に強いられる理由はない。物産陳列所、商品陳列所、商業博物館の意図は、資料の販売を含むということである。

資料の永久保存のいかんをもって、博物館の当否が決せられることはない。椎名も、これを根拠にしてはいなかった。でなければ、販売をおこなう物産陳列所を、博物館ととらえることはできなかっただろう。商品陳列所が博物館とみなされない理由は、どこにもないのである。

以上、一九三〇年代前半の博物館研究の水準を継承し、椎名仙卓の作業も踏まえて本章は、商品陳列所を商業博物館と位置づける。これを端緒にして、「反商品の教育主義」批判、すなわち「商品」に反対しない博物館の自意識構築は約されると考える。

注

(1) 文部省普通学務局『常置教育的観覧施設状況』、文部省、一九一七年(伊藤寿朗監修『博物館基本文献集』第一〇巻、株式会社大空社、一九九一年)、一頁。なお、本章における引用は、旧字体から新字体への改変、ルビの削除にとどめ、かなづかい、拗促音、句読点、地名、誤脱字などは原文のままとした。年号表記は基本的に西暦年を用いたが、行論の都合から元号を使用した箇所もある。人名の敬称は省略した。地名は基本的に当時のものを用いた。人名の旧字体、新字体は統一していない。

(2) 同書、二頁。

(3) 椎名仙卓『日本博物館発達史』、雄山閣出版株式会社、一九八八年、四一-五八頁、参照。

(4) 文部省普通学務局『常置観覧施設一覧』、(一九三〇年)(伊藤寿朗監修『博物館基本文献集』第九巻、株式会社大空社、一九九〇年)、九頁。

(5) 文部省社会教育局『教育的観覧施設一覧』、(一九三一年)(伊藤寿朗監修『博物館基本文献集』第九巻、以下同じ)、同『教育的観覧施設一覧』、(一九三二年)、同『教育的観覧施設一覧』、(一九三三年)、同『教育的観覧施設一覧』、(一九三四年)、同『教育的観覧施設一覧』、(一九三五年)、同『教育的観覧施設一覧』、文部省、一九三六年、同『教育的観覧施設一覧』、文部省、一九三七年、同『教育的観覧施設一覧』、文部省、一九三八年、同『教育的観覧施設一覧』、文部省、一九三九年、同『教育的観覧施設一覧』、文部省、一九四〇年、同『教育的観覧施設一覧』、（一九四一年）、文部省教化局『教育的観覧施設一覧』、（一九四三年）、参照。

（6）倉内史郎「まえがき」倉内史郎・伊藤寿朗・小川剛・森田恒之編『日本博物館沿革要覧』（野間教育研究所紀要別冊）、財団法人野間教育研究所、一九八一年、一頁。

（7）文部省普通学務局『常置教育的観覧施設状況』、二八三頁。

（8）同書、二八四頁。

（9）同書、二八七頁。

（10）同書、二八七頁。

（11）山口高等商業学校編『山口高等商業学校沿革史』、山口高等商業学校、一九四〇年、五四二・五六四・六一四－六一七頁、参照。

（12）文部省普通学務局『常置教育的観覧施設状況』、一六五頁。

（13）同書、一六五頁。

（14）同書、一六四頁。

（15）同書、二六五頁。

（16）同書、二六五－二六六頁。

（17）同書、七一頁。

（18）同書、六四頁。

（19）同書、一七一頁。

（20）同書、二四三頁。

（21）同書、二四三頁。

（22）同書、二五二頁。

（23）笠松雅弘「「地方改良」と地域社会」福井県編『福井県史　通史編五　近現代一』、福井県、一九九四年、四七〇頁。

（24）産業と博物館をめぐる全般的な考察は、犬塚康博「産業と博物館と藤山一雄」『地域文化研究』第二五号、梅光学院大学地域文化研究所、二〇一〇年、一-八頁、参照。改稿して、「産業と博物館と藤山一雄」『藤山一雄の博物館芸術――満洲国国立中央博物館副館長の夢』、共同文化社、二〇一六年、に収録した。

(25) 商品陳列所聯合会『商品陳列所綜覧（第二回版）』、商品陳列所聯合会、一九三三年（伊藤寿朗監修『博物館基本文献集』第七巻、株式会社大空社、一九九〇年）、参照。

(26) 伊藤寿朗「第一〇巻『大正五年一二月常置教育的観覧施設状況』解説」伊藤寿朗監修『博物館基本文献集』別巻、株式会社大空社、一九九一年、二三二-二三三頁。

(27) 文部省普通学務局『常置教育的観覧施設状況』、三〇頁。

(28) 同書、二四五頁。

(29) 同書、二四五頁。

(30) 同書、二四七頁。

(31) 礒野さとみ・内田青蔵「文部省外郭団体「生活改善同盟会」の設立経緯と設立活動の中心人物――大正期・昭和初期に行われた住宅改良運動の史的研究――」『生活学論叢』二号、日本生活学会、一九九七年、三九-四六頁、参照。

(32) 椎名仙卓、前掲書、二三三頁。なお、同書第五章「物産陳列所の使命と推移」（二一一-二二四頁）は、同「所謂〝物産陳列所〟に就いて」『博物館研究』第一四巻第六号、日本博物館協会、一九七九年、七-一四頁、を初出とするが、これを加筆・修正した『日本博物館発達史』収録稿を本章は用いた。ただし、発表時期を問う場合は、初出の一九七九年によった。

(33) 同書、二三三頁。

(34) 同書、二一二頁。

(35) 同書、二一二頁。

(36) 同書、二一七-二一八頁。

(37) 同書、二一三頁。

(38) 同書、二一一頁。

(39) 同書、二一二頁。

(40) 同書、二三三頁。
(41) 同書、二三三頁。
(42) 同書、二一八頁。
(43) 同書、二二二頁。
(44) 商品陳列所聯合会、前掲書、参照。
(45) 倉内史郎・伊藤寿朗・小川剛・森田恒之編、前掲書、三六二―三六三頁、参照。
(46) 日本博物館協会編『全国博物館案内』、刀江書院、一九三二年、参照。
(47) 商品陳列所聯合会、前掲書、参照。
(48) 倉内史郎・伊藤寿朗・小川剛・森田恒之編、前掲書、三八・三五〇―三五一頁、参照。
(49) 椎名仙卓、前掲書、二一九頁。
(50) 同書、二一三頁。
(51) 同書、二一四頁。
(52) 同書、二一五頁。
(53) 同書、二一五頁。
(54) 同書、二一七頁。
(55) 同書、二二三頁。
(56) 同書、二一八頁。
(57) 同書、五五頁。
(58) 同書、二一一頁。
(59) 日本博物館協会編、前掲書、五頁。
(60) 犬塚康博「商品陳列所改造論」千葉大学文学部日本文化学会編『千葉大学日本文化論叢』第一一号、千葉大学文学部日本文化学会、二〇一〇、九三―一〇六頁、参照。改稿して、本書の「商品陳列所改造論」に収録した。
(61) 小原亀太郎「商業博物館を尋ねて」『博物館研究』第七巻第三号、日本博物館協会、一九三四年、三頁。

(62) 斎藤要「日本における自然科学的商品学の黎明期――小樽高等商業学校と小原亀太郎先生を中心に――」鮫島和子・白川智洋編『日本商品学会北海道部会20年史』、日本商品学会北海道部会、一九八五年、九‐二〇頁、参照。

(63) 大渡忠太郎「わが博物館の再検討（承前）」『博物館研究』第七巻第六号、日本博物館協会、一九三四年、四頁。

(64) 同論文、五頁。

(65) 一九八〇‐一九九〇年代、複数回訪問した名古屋市科学館で、館員の説明をともなうバック・ヤード見学等によって得た知見に基づく。

図表説明

図　防長教育博物館陳列品構成比

文部省普通学務局『常置教育的観覧施設状況』、文部省、一九一七年、一八一‐一八九頁（伊藤寿朗監修『博物館基本文献集』第一〇巻、株式会社大空社、一九九一年）、に基づき筆者作成。

表　一八八〇年代前半までに設立された公立博物館等一覧

倉内史郎・伊藤寿朗・小川剛・森田恒之編『日本博物館沿革要覧』、財団法人野間教育研究所、一九八一年、椎名仙卓『日本博物館発達史』、雄山閣出版株式会社、一九八八年、岡山市役所編『岡山市史』第六、岡山市役所、一九三八年、四四八六・四六〇〇頁、佐藤節「殖産興業（しょくさんこうぎょう）／明治前期のムラおこし」渡辺澄夫編『大分歴史事典』、大分放送、一九九〇年、http://www.e-obs.com/heo/heodata/n336.htm（二〇〇九年六月三十日閲覧）、に基づき筆者作成。

商品陳列所改造論

はじめに

一九二八年三月に設立された博物館事業促進会（以下、促進会と称する）は、初年度事業の一つの「調査」に、「一、博物館令に関する件／二、本邦に建設すべき博物館の種類規模及其配置に関する案／三、既設の陳列館、展覧所等を拡張充実して博物館に改造する案[1]」の三項を挙げた。第一項は、同会が改称・改組して日本博物館協会となって以降も、一九五一年の博物館法制定まで続けられてゆく中心課題である。第二項の重要性は別稿[2]で詳述した。第三項も、他の二項とともに掲げられて、重要課題であることが予測されたが、文面は一般論の様相を呈していた。しかし、こののち促進会の機関誌『博物館研究』等で展開された議論によって、「既設の陳列館」は商品陳列所を指していたことがわかるのである。

商品陳列所とは、「一　商品ノ見本及参考品ノ陳列展覧／二　商品ノ試売／三　商品ニ関スル各種ノ調査／四　商取引ニ関スル各種ノ紹介／五　図書其ノ他刊行物ノ発行蒐集及展覧／六　其ノ他商品ノ改良及販路拡張ニ必要ナル事項[3]」を業務とする施設のことを言う。

本章は、『博物館研究』に見られる商品陳列所改造論（以下、改造論と称することもある）を検討する。

これを通じて、商品陳列所改造論を生んだ博物館とは何であったのかを論証しようとするものである。なお、商品陳列所改造論と呼びうるものは、別にあったことが知られるが[4]、これは商品陳列所の内部でおこなわれた議論であるため、今回の検討から除外した。

一 商品陳列所改造論

商品陳列所改造論は、一九二八年から一九三〇年頃にかけて集中的に見られる。その最初が、「商業博物館問題」と題する記事である。「産業博物館の一種である商業博物館」「は、海外に於ても之れを独立の一館にして居る処は余り多くはない」ため、「本邦に於ても独立の商業博物館としては海外貿易等の関係の多い極めて少数枢要の土地に限つて設置すべきものと思ふ[5]」と前提して、次のように書いた。

本邦には商品陳列所、物産館等の名称の下に、全国に亘つて四十有余の商業博物館類似のものを有して居るが、其の多くは地方に産出する商品見本を陳列即売する勧工場のやうな観を呈して居て、教育機関としての博物館又は真の意味に於ける商業博物館の働をして居るものは甚だ少いやうである。斯の種陳列所の改造利用に就ては、目下本会調査委員会で研究調査中であるから、遠からず本会としての意見が発表されることゝ思ふ[6]。

初年度の事業を決定した一九二八年四月九日の促進会理事会以来、『博物館研究』誌上で約一年ぶりの言及となる。決定してから即座に調査、検討が開始され、四ヶ月後には文部大臣宛に建議された「本邦に建設すべき博物館の種類規模及其配置に関する案」と比べると、進み具合は緩慢である。
この記事における、商品陳列所、物産館等への評価は、次の四点にまとめられる。

① 「商業博物館類似のもの」とされている。
② 「地方に産出する商品見本を陳列即売する勧工場」のようである。
③ 「教育機関としての博物館」の働きをしていない。
④ 「真の意味に於ける商業博物館」の働きをしていない。

①の「商業博物館類似のもの」と、④の「真の意味に於ける商業博物館」でないこととは対応している。そして、商品陳列所、物産館等が、商業博物館との関係で見られている点が注意される。③の「教育機関としての博物館」は、④の「真の意味に於ける商業博物館」と同意であろうが、具体的に語られていない。

②の勧工場の例示は、正札販売、座売りからの転換などの肯定性と、粗悪品販売の否定性など、複数の意味が想像されて定かでない。肯定的な意味合いではなさそうなものの、粗悪品のことまで言っているようにも思われず、直前の文章「陳列即売する」ことの例示と考えておきたい。

「商業博物館問題」の背景にあるのは、「陳列品を販売する勧工場＝商売＝非教育」と「陳列品を販売しない博物館＝教育」という二項であり、前者から後者への「改造」として理解できる。

二　棚橋源太郎の商品陳列所批判

この次に改造論があらわれるのは、一九二九年五月二十二・二十三日、促進会主催で開催された博物館並類似施設主任者協議会においてであった。この協議会は、博物館関係者のわが国最初の集会であり、現行の日本博物館協会全国大会の一回目に相当する。協議会の議題は、文部省諮問事項と協議事項とがあり、促進会が提出した協議事項二題のうち「地方博物館并類似施設ノ促進完成ニ関スル方案」において改造論が取りあげられた。

第一日目、促進会の中心人物で同会常務理事の棚橋源太郎が提案理由を説明する。中央‐地方、普通（総合）‐専門（科学産業、歴史考古学、美術工芸）による博物館外部システム論を説いたのち[7]、次のように述べた。

> それから今一つ各地の商品陳列所のことであるが、本日も商品陳列所の方が十名以上も列席されて居り、商工省から御出で下さつて居る方にも種々御意見もあると思ふが、この既設の陳列所の建物を基礎にして、之れを一層博物館的のものにする意味でその地方の科学産業に関するもの、或は歴史的資料美術品などをも陳列することにすれば、結局綜合的なローカルミユージヤムが此処に新たに一つ容易に出来ることになる。
>
> さうして其の綜合的の地方博物館に於て同時に、仕事の一として在来通り商品陳列所としても活動し其の機能を従来以上に発揮することにしたいと思ふ[8]。

この趣旨は、商品陳列所を、「綜合的なローカルミユージヤム」「綜合的の地方博物館」に改造することにある。上の発言の直前で棚橋は、「各府県には府県立博物館を造らなければならぬ。この博物館は科学美術歴史を含んだ総合的のものであらねばならぬ」[9]と強く言っていた。博物館外部システム論の最初となる一九二八年の「本邦ニ建設スヘキ博物館ノ種類及配置案」でも、道府県に公費による普通博物館（科学、美術、歴史）を最低一館設け、官公立博物館をもたない人口三万人以上の都市に、市費と道府県費からの補助とによる普通博物館一館を設けることを提言していた[10]。これらに、商品陳列所を流用しようとするのである。しかも、その眼目は「建物」にある。「建物を基礎にして」、陳列品の分野を拡大することが、商品陳列所を「一層博物館的のものにする意味」だと言う。

棚橋は続ける。

彼の有名な米国費府のコンマーシヤルミユージヤムではアメリカの商品の捌けて行く世界各地の土俗に関する参考品或は商品の原料、重要商品の製造工程などを陳列して公衆に見せるやうになつてゐる。また学校とも聯絡して、学級を引附け幻灯や活動写真を使つて説明案内をして遺憾なく博物館としての活動をしてゐるのである。日本では米国のやうに費府一ヶ所でなく幸ひ到る処に商品陳列所がありその建物があるから、それを利用すれば費府商業博物館のやうには出来はせぬか、地方博物館の完成充実に便宜ではないかと思ふのであります[11]。

費府、すなわちフィラデルフィアの商業博物館の例示は、商品陳列所問題を語る際の常套であった。上記で棚橋は、商品陳列所を利用した際のモデルに同館を掲げている。その展示、活動に対して「博物館としての活動」を明言するところに、先に具体的でなかった「教育機関としての博物館」の内容を追認できるだろう。そして、この行文にも、商品陳列所の「建物」への棚橋の固執が感じられるのである。

三　「改造」への反発

協議事項「地方博物館并類似施設ノ促進完成ニ関スル方案」は、出席者の意見を聴取したのち、成文化して政府に建議するという日程であった。これにしたがい、第一日目の棚橋源太郎による説明と質疑応答が終了すると、議長によって出席者から選ばれた委員が建議案を作成し、第二日目の検討となる。これが、改造案批判となって展開したのである。

まず、建議案を作成した委員の一人、科学工業博物館、長岡高等工業学校長の福田為造が、「この中で第二の商品陳列所の改造といふ文句が悪いかも知れない、何か適当な字句があれば変更したいと思ふ[12]」と言って、議論がはじまる。

これに続き、商工事務官の乗杉研寿が発言する。

自分は商工省の方から参つてゐるものであるが、この商品陳列所の改造といふことは、多少どうかと考へられる。商品陳列所は、商工省の規定によつて、商品の販路拡張其他といふことに目的が定められてある。只今も図書館の如きもつと博物館化しなければならぬと云ふ御意見があり、商品陳列所についても亦昨日山口さんのお話があつたが、この第二項の商品陳列所の改造と云ふ字句は少し穏かでないやうに思ふ。[13]

いずれも「改造」の語への異議である。討議に先だち、案文作成に関与した委員から異議が示されるというのも尋常でない。協議事項提出者および七名の委員会で、意見の相違がありながら、提出者つまり棚橋の意向に沿ってまとめられたのかもしれない。

異議に対して棚橋は、次のように抗弁する。

只今商工省の方の御意見があつたが、私は前からこの商品陳列所といふものが、日本にはなぜこんなにたくさんあるかと不思議に思つてゐた。アメリカにはフイラデルフイヤにたゞ一つのコンマーシヤルミユージヤムがあるきりであり、フランスには見当らぬし、ドイツにしてもブレーメンと外一二ヶ所しかないのに、日本には五十近い商品陳列所があるのである。これはむしろ変態的に発達したものではないかと私は考へて居る、それで海外諸国の振合ひや内国の事情から公平に見て海外貿易に関係のある大阪とか東京横浜とか云ふやうな大商業都市には今日よりも更に大きなものを設けて商業博物館とするやうにし、海外貿易に関係の少い他の府県の商品陳列所は何とか之れが改善の方法を講じて之れを産業博物館にするとか、府県立の地方博物館にまで拡張するとか産業上教育上今少し有効なものにすることがよくはないかと考へる。(14)

フィラデルフィア商業博物館がふたたび登場する。フランス、ドイツの事例も引用された。「これはむしろ変態的に発達したものではないかと私は考へて居る」という商品陳列所に対する棚橋の評価は、意外なもの言いである。さらに進んで棚橋は、海外貿易との関係の多寡によって、大商業都市に商業博物館を、府県の商品陳列所を産業博物館または府県立の地方博物館に改造する案を示す。棚橋の独壇場である。

しかし福田は、「いづれにしても、この改造と云ふ字句はたしかに不適当であるから、促進会の方で何とか妥当なものに変へて案文の作製、建議案提出の手続等然るべくやつて頂きたいと思ふ[15]」として、あくまで「改造」のことばに固執する。収録された議論は、ここで終わっている。

建議は、博物館の重要問題を審議する機関の設置を政府に求める内容となり、具体的な審議項目を掲げた。二日目、委員から提示された最初の建議案の文面は不明だが、協議会で可決されたのちの審議項目第二項は「商品陳列所ト博物館トノ関係[16]」となっている。「改造」の語はない。

可決された建議案の、文章化や提出日程等爾後の実務は促進会に一任され、一九二九年六月二十一日、博物館並類似施設主任者協議会代表の肩書きで促進会会長が、内閣総理大臣に宛てて「博物館並類似施設審議機関設置ニ関スル建議」を提出する。審議会が審議する事項の一つに「既設ノ商品陳列所及物産館ト将来建設スヘキ産業博物館及ヒ普通博物館トノ関係[17]」を掲げ、ここにも「改造」の語はない。協議会における「改造」の字句への反発に、棚橋もしたがうしかなかったようである。

四 「改造」から「拡張」へ

「改造」の語は退けられたが、商品陳列所改造論は継続してゆく。一記者による「科学産業の博物館問題」は、中央と地方への科学産業博物館の設置を強く求めるなかで、次のように述べた。

各府県に一つづゝ相当なもの（科学産業博物館のこと——引用者注）を設けて利用し易からしめなければならぬ。それには各府県の商品陳列所や、物産館の類を今少しく拡張して、科学産業の博物館にすることである。既にあれだけの博物館向きの建物を有つて居ることだから之れを土台にして進めば、左程困難なこととも思はれぬ。[18]

一記者は、棚橋源太郎の筆名である。「改造」の語は「拡張」に変わり、以後これが流通してゆく。商品陳列所等の産業博物館化は、これまでの主張のくりかえしであり、建物への関心は依然として強い。

次に促進会は、これまでに提出した建議を修正し、一九三〇年四月十八日に再建議する。先の「博物館並類似施設審議機関設置ニ関スル建議」は「博物館施設ノ充実完成ニ関スル建議」と改題されるが、当該項目は「既設ノ商品陳列所及ビ物産館ト将来建設スベキ産業博物館及ビ普通博物館トノ関係[19]」と踏襲された。

こののちも、商品陳列所への言及は散発的に見られる。一九三〇年五月、第一回全国工芸関係技術官会議で、工芸博物館問題が触れられなかったことに不満を述べ、さらに「殊に諸君が御経営になつてゐる各府県の商品陳列所は、今少し何んとか工芸品製造技術発達の上に貢献せしめるやうに、これを改善利用する必要はないだらうか[20]」と問う。

また、「相当規模の立派な建物を有つてゐるものが少くない」商品陳列所のなかから、「亦相当立派なものゝ一つである」秋田県物産館をとりあげ、「既にこれだけの設備が整つてゐるのであるから、少し手を加へたら」欧米の博物館「に劣らぬものにすることも難くはあるまい」とし、「従来の商品陳列所としての活動は勿論、それ以上更に地方民の啓発産業の発展に向つて、一層の貢献をすることが出来はしないだらうか[21]」とも言う。

いずれも棚橋によるものと思われるが、嫌味、愚痴、ぼやきの観すらある。

さて、一九三〇年の中頃、文部省は博物館振興策を決定し、その一つに「商工省農林省と聯絡をとり、全国の商品陳列所を利用し、以て博物館事業を助成すること[22]」を掲げた。棚橋ら促進会の運動が反映した恰好であるが、表現は柔らかくなっている。

一方、棚橋は、一九三〇年十一月に著書『眼に訴へる教育機関』を出し、自らの博物館論を展開した。同書の「商品陳列所物産館改造案」の節は、『博物館研究』に掲載してきた記事のリライトで、新規性はない。節のタイトルに「改造」の文字は残るが、本文中には見られず、「変態的に発達したものではないかと私は考へて居る」の文言もない。そして、直前の「本邦将来の地方博物館施設」の節で、「この商品陳列所とか物産館とか云ふものは、それぞれ一定の職能を有つてゐて、各府県商工業の発展の為め相当活動してゐる[23]」と書く。商品陳列所等の現状に対する棚橋の肯定的評価は、これまでになかったものとして注意される。これは、同書が、促進会の機関誌という内部的な刊行物でなく、一般向けの図書であることによる配慮かもしれないが、この頃から商品陳列所批判が見られなくなってゆくのも事実であった。

五　商品陳列所の肯定

一九三二年六月十八・十九日、促進会の後身である日本博物館協会は第四回全国博物館大会を開催し、文部省の諮問「博物館に関する法令制定に当り留意すべき事項如何」について討議した。ここで、愛知県商品陳列所主事の木子政之助が要望した十項目のうちの第九項に、「従来の陳列所または商工奨励館にありても、公衆に観覧せしむる以上、学校及び社会教育上に施設をなしつゝありと認むるものは博物館として認可し、職員の一部を博物館令による職員とし、恩給その他に利益を享けしむべし[24]」が見られる。これは、木子個人あるいは愛知県商品陳列所の要望と言うよりは、日本博物館協会が用意した素案だったのではないかと思われる。なぜなら木子は、この大会で答申案を作成する七名の特別委員のひとりに選ばれ、翌日提案する答申案にかかわってゆく。そして、十項目の要望のうちいくつかは答申案に反映されているからである。第九項を直接に引く文言は答申案に見られなかったが、「博物館令は文部省所管以外の他の博物館をも包括するやう立案すること」[25]に継承されたと考えられる。

木子の要望は、これまでの改造あるいは拡張とは趣旨を異にしている。改造論は、商品陳列所の現状を否定し、これを外から改造しようとするものであった。これに対し木子の所論は、商品陳列所の現状を肯定し、法の定義に即して博物館に取り込み、商品陳列所を博物館化しようとする。ここに、博物館と商品陳列所との新たな調整が認められるのである。

この傾向は、同年七月に刊行された『全国博物館案内』で定着する。

本邦の科学産業の博物館が、頗る不振の状態にあるに拘らず、独り商業博物館だけが非常な発達を遂げ、全国に亘つて五十有余の多きに達してゐることは、慥に特色の一つである。我が国の商業博物館は、多くは府県の経営に属し、商品陳列所、物産商工奨励館、貿易館等、その名称は一様ではないが、要するに地方の産業奨励の目的で設立されたもので、商品の見本及び参考材料の陳列貸出し、或は産業関係印刷物の蒐集刊行講演会の開催等、博物館としての普通の事業の外、更に商品取引の紹介、商品の試売、鑑定、販路の拡張等に向つて大に力を用ゐてゐる。これ等の博物館中には、相当の規模の建物を有し、且つこれが経営にも相当の費用を投じてゐるものも少くない。文明国中博物館施設の発達の最も後れてゐる本邦に於いて、かくの如く全国に亘つて幾十の商業博物館を有することは、欧米の諸国にも殆んどその例を見ないところで、本邦博物館界の特色の一つに数へなければならぬ。[26]

商品陳列所は、もはや「商業博物館類似のもの」でない。まさしく商業博物館である。「博物館としての普通の事業」を実施していることが認められ、それ以外の事業も否定されない。これは、当初に認められた、「陳列品を販売する勧工場＝商売＝非教育」と「陳列品を販売しない博物館＝教育」という二項の消失を意味する。そして、棚橋源太郎が「不思議」に思い、「変態的に発達したものではないか」と考えていたわが国における商品陳列所の多さは、「欧米の諸国にも殆んどその例を見ない」「本邦博物館界の特色の一つに数へなければならぬ」ものにまで「昇進」するのであった。改造論を強力に主張していた棚橋は、転向したのであろうか。にわかにはわからない。『全国博物館案内』が一般書であることによる、外交辞令と言えなくもない。

そして、「これ等の博物館中には、相当の規模の建物を有し、且つこれが経営にも相当の費用を投じてゐるものも少くない」の言及には、建物への固執だけでおこなわれたわけでないことも感じられる。つまり、物量において優勢な商品陳列所等を動員することによって、博物館を顕示する『全国博物館案内』の体裁を整えようとしたのではないかと思われるのである。

もちろん、これにて改造論が死滅したわけではない。一九三三年、文部省の社会教育政策を紹介した記事には、「現在の各府県物産陳列所を改良して「物産博物館」と」[27]する記述がある。一九三五年には、文部省社会教育官の中田俊造が商品陳列所に触れた。文部省所管の博物館に比べ、それらが整備されていること、予算規模が大きいこと等を指摘し、自らとの「雲泥の差」[28]を隠さない。しかし実際の運用に問題があると言い、「中央、地方の博物館、百貨店、商品陳列所、その他」「相互間の連絡を図ることが最も緊要である」[29]と一般的に結論する。改造論は影をひそめた恰好だが、商品陳列所に対する羨望はこれまでと変わっておらず、屈折したようすが感じられもする。両者の内容は異なるが、いずれも文部省の政策的言辞であり、棚橋や日本博物館協会が議論する段階は終わっていたのかもしれない。

そして、敗戦直後の一瞬、次のように登場した。

地方博物館を持たない府県にこれを建設せんとする場合、既設の府県立及び市立の商品陳列館・物産館等で戦災に罹らなかつたものがあれば、時節柄これを基礎に拡張することも亦捷径の一つと信ずる。即ち、先づこれを拡張して科学産業博物館とし、農事試験場・工業試験場等と相俟つて、一般科学知識の向上並に今後次第に発達すべき農村工業その他の地方的産業の改善指導に当らしめ、更に歴史・美術に関する資料を漸次追加して、終に綜合的の地方博物館として完成するやうにしたい[30]。

商品陳列所改造論は生き続けている。しかし、建物への固執だけのようである。当初の強引さも失われている。

六　山口貴雄の商品陳列所論

以上が、棚橋源太郎ならびに促進会、日本博物館協会による、商品陳列所改造論の概容である。これへの評価をおこなうまえに、この過程で併行してあらわれた、改造論以外の商品陳列所に関する所論を見ておきたい。

まず、愛知県商品陳列館館長、大阪府立商品陳列所所長を歴任し、促進会評議員であった山口貴雄のそれである。山口は、一九二九年五月の博物館並類似施設主任者協議会に出席し、第一日目の棚橋による「地方博物館并類似施設ノ促進完成ニ関スル方案」提案理由説明のあと、議長にうながされるかたちで、自己の体験談と意見を披露した。

そも〳〵私がミユージヤムに趣味を持つやうになつたのは、明治二十六年アメリカに渡つてシカゴのコンマーシヤルミウジヤムを見てからである。

館長ウイルソンは見本の蒐集に来て居たがそこで仕事をして居た私し（ママ）は、非常にウイルソン氏の世話になつた。館長は、田舎者の私をつかまへて教育と貿易と結び付いた博物館主義を力説せられ君が国に帰つたらそう云ふ仕事をやりたまへと励まされた、其の頃アメリカは貿易が不振であつたので、こう云ふことを云はれたものと思はれる[31]。

事実関係に混乱があるようだが、一八九三年のシカゴで、「館長ウイルソン」が「見本の蒐集に来て居た」となれば、山口が仕事をしに行った先はシカゴ万国博覧会とみなしてよい。ペンシルバニア大学の植物学教授ウィリアム・ウィルソンが、シカゴ万国博覧会の残余品を収集してできた博物館が、フィラデルフィア商業博物館であった[32]。ウィルソンが山口に説いた「教育と貿易と結び付いた博物館主義」が、ここでのキイ・ワードである。フィラデルフィア商業博物館の活発な教育活動は、棚橋もたびたび紹介し、わが国の博物館界ではよく知られた博物館であった[33]。

山口は続ける。

私の考へでは教育と陳列所の仕事とがどこまでも併立して行きたいと思つて居る。名古屋でも大阪でも陳列所を経営しながら社会教育的傾向を私は多分に持つて居た。
地方商品陳列所のやり方を見ると、教育と云ふものについて私と同じ考への方もあるが、概ね見本市的もしくぱ《ママ》展覧会的にかたむいて居る様だ。とにかく面白くして民衆をひきつけるやうな仕事をやつて行かなければならない事は当然の事であるが、教育部と云ふものをおいて小学校中学校と連絡を取り、博物館としての仕事をやつて行くのが効果的であるかと思ふ。つまり今の日本では、博物館と商品陳列所との結び付いたものがもつとも適当ではないかと考へる。[34]

「教育と陳列所の仕事」、「陳列所を経営しながら社会教育的傾向」、「教育」と「見本市的もしくぱ《ママ》展覧会的」、「面白くして民衆をひきつけるやうな仕事」と「教育部と云ふものをおいて小学校中学校と連絡を取り、博物館としての仕事」、「博物館と商品陳列所」と、見事に二項図式が繰り返され、行論を貫いている。

大阪府立商品陳列所所長だった頃に山口は、改革案を構想していた。このことを、一九二八年になって日本博物館協会が「同陳列所の現状に満足せず、之れをして理想的の商業博物館たらしむべく熱心に研究されて立案された大阪貿易奨励館建設案は、本邦将来の商業博物館施設上大に参考すべきものと思ふ」[35]と紹介している。山口の改革案によると、組織は、調査局、情報局、資料局、研究局、実務局、教育局、陳列局、庶務局の八局とされ、このうち教育局は、図書部（貿易課、商業課、工業課、発明課、工芸課、雑書課）、講習部（商品課、商業課、工業課、語学課）、講話部（商業課、工業課）、映画部（映写課、撮映課）の四部十四課とされていた。山口が在籍した一九二〇年頃の陳列所は、商務課、調査課、陳列課、図案課、図書課、総務課の六課であったため、[36]彼の構想における教育の位置づけの大きいことはあきらかである。

協議会での山口の役割は、棚橋の改造論への援助だったに違いない。発言も予定的だったのであろう。協議会開催が日程にのぼるかのぼらないかという時期の『博物館研究』に、山口の大阪貿易奨励館建設案を紹介したのも、これの伏線だったたと思われる。

農商務省に在籍して、シカゴ万国博覧会に関与し、この時、のちにフィラデルフィア商業博物館館長となるウィルソンにじかに接して、同館が誕生してゆく過程を体験した山口である。大正期には、愛知県商品陳列館と大阪府立商品陳列所の長を歴任した。それ以前、一八九六年開設の農商務省貿易品陳列館（一八九七年、農商務省商品陳列館に継承）にもかかわっていたのではないだろうか。一九一七年の講演で、「全国四十余箇所の陳列機関中その規模組織において勝れたる商品陳列所は農商務省商品陳列所及び愛知県並に大阪府立の三陳列所に過ぎず就中大阪商品陳列所は上記三陳列所中最も雄たるものなり[37]」と言っていた。三施設のうちの二つ、あるいは三つともに山口が関与したがゆえの、自賛的言及だったことが想像される。大阪府の商品陳列所を「最も雄たるもの」とするのは、講演時の山口の赴任先であることと、講演会主催者である大阪実業協会の地元に対する阿諛であろう。

それは措いても、農商務省の商品陳列所行政の、中央－地方のメイン・ストリームを歩んできた山口が、同時に博物館に対する理解をよくしていたことは、棚橋にとって心強かったはずである。かくして山口は、促進会の評議員に、そして最初の協議会に迎えられる。「ヒラデルヒヤの博物館などのやうに商品陳列と結合して地味に教化し得るやう進むことが大切であるかと思ふ[38]」と、その発言もしめくくられるのであった。

七　小原亀太郎の商品陳列所論

もう一つの商品陳列所論は、小樽高等商業学校、名古屋高等商業学校で教鞭を執った「日本の商品学、商品実験の泰斗[39]」たる小原亀太郎の「商業博物館を尋ねて」である。一九三四年に発表されたこの論文は、商業博物館、商品陳列所を現象的に分析した。

小原は、文化の「中心」と「周縁」と言いうる二項において商業博物館を分析し、「中心」すなわち欧米では、「わが商品陳列館式の商業博物館を既に清算して、教育的の商業博物館に転向させて来てゐるのである[40]」と言う。「周縁」たとえば植民地では、「定常なる設備として宣伝及び仲介機関たる商業博物館が設けられつゝある[41]」とする。

上記「転向」のゆえんは、次のとおりである。

実際この陳列館に足を踏み入れ、ガラス越しに色褪せた見本を眺め、これを基礎に取引を開始しようとする商人は、先づ交通が発達し、商取引の尖鋭化したる今日の文化国では極めて尠いことゝ考へられる。しからば商品陳列館の他の使命として考へられた商取引の紹介、調査等については必ずしも商品の陳列を必要としない。寧ろ商工会議所とか中央政府、府、県、市の各種機関の方がよき連絡と大きな便宜を有するものである。また商品その物の鑑定、検査に至つては工業、農業各種試験場にこれを委ねなければ、これを実施することが全く不可能なのである[42]。

これが、「わが陳列館がおみやげ販売所となり、貸展覧会場となりつゝある所以である[43]」とも言う。他方、「周縁」で設置が進む事態は、次のように説明される。

かゝる文化の中心から遠い地方の生産物は消費者の眼に親しくない。少くともその未加工の状態に於いては、店舗に存在しないのである。故に一たび商業視察者がその生産地に入らんとするときに於いては、予め実物標本について予備知識を得る必要があるし、また産出地に遠い取引業者にもその原料、産出状態、種類等の概念を実物について与へる必要がある。殊に一般需要者に新製品の宣伝を行ふ際の如きは、商品の展覧が最も有効なる方法である(44)。

総じて、「商人」「消費者」「商業視察者」「取引業者」「一般需要者」など、商業活動において博物館利用者をとらえ、そのプラグマチズムによって、商業博物館の変容の必然を説く。

しかし、小原の商業博物館-商品陳列所論が、教育的な商業博物館を求めることはない。ケルン商科大学の商業博物館について、「その内容の貧弱さとその陳列方法が全く教育的であることに失望を感ぜざるを得なかつた(45)」と書いていた。さらにアメリカで、フィラデルフィア商業博物館に「教育的のもの」を見、ナイアガラ商業博物館に「土産物を売る勧工場」を見て、つまり両方を見たがゆえに「商品陳列館視察の念をこゝに潔く放棄してしまつた(46)」という小原である。彼の求めた商業博物館は、あくまで「当業者の参考として商取引に資する(47)」それであった。

そして、「最後に教育機関としての商業博物館に一瞥を与へて見よう(48)」として論をまとめる。これは、日本博物館協会に対する社交辞令だったのであろう。モノにかかわる収集や分類、モノに由来して出来する他の産業博物館との差別化について、「筆者の常に唱道する消費の科学としての商品学が基調となるものであつて、工業、農業等の博物館は生産の立場からその展覧を行ひ、商業博物館は市場を出発点とする消費の立場からその陳列を計画しなければならない(49)」と、原則論を示した。

小原の所論は、改造論と断絶している。商品陳列所原則論あるいは原理主義商品陳列所論と言ってよいだろう。商品陳列所が、改造論から脱し、固有の論理を獲得してゆく転換点を、ここに認めることができるのである。

まとめ

棚橋源太郎は、地方博物館の恰好のインフラストラクチャーとして、商品陳列所を見ていた。全国の道府県、主要都市に展開する地理的な構造のみならず、建物自体の近代的な構造を、彼は垂涎した。建物の近代性とは、耐火建築の意である。そして、小原亀太郎が「元来商品陳列館が輪奐の美を尽した堂々たるビルディングを擁する必要は商品の陳列にあるのであらう[50]」と書いた、建物の意匠もあったに違いない。また、商品陳列所の建物は、庁舎によく転用されていた。この事実にあらわれる建物の特性が、もれなく棚橋をもとらえていたのである。

商品陳列所改造論とは、商品陳列所の完成した構造を奪取し、博物館システムを迅速かつ安価に構築しようとする、ご都合主義的な政策的リアリズムであった。この構造に博物館令を架せば、棚橋には完璧だったのであろう。

さらに、商品陳列所は、明治期の殖産興業政策の申し子たる産業系博物館の末裔であり、それだけでメタ・レベルであった。あるいは、メタ・レベルを経験した博物館であった。それも一九二〇年には、道府県市立商品陳列所規程というスタンダードを確立し、脱博物館化する[51]。類似する施設に、商品陳列所と博物館という二つのメタ・レベル、二つのスタンダードは必要ない。棚橋が意図するしないにかかわらず、改造論は二つのスタンダードの一方の解体を意味していたと考えられるのである。

商品陳列所の改造が発想されるゆえんは、博物館の内側にあった。一九三五年、文部省社会教育官の中田俊造が言った「雲泥の差」における、「泥」たる博物館が根拠である。明治初期以降、文部省の博物館のシステム、教育の博物館のシステムは脆弱であった。それゆえに商品陳列所等を差別、排除し、自己を保持してきたが[52]、改造論はこれの変奏だったのである。わが国の博物館は、商品陳列所を鏡像にして、近代化、主体形成をおこなってきたのであった。

さて、棚橋が当初は「変態的に発達した」と考え、のちに「本邦博物館界の特色の一つに数へなければならぬ」とした商品陳列所の多さのゆえんは、いまもあかされていない。そして、改造論をめぐる緒戦は博物館が敗北したが、戦後は博物館の独占となる。その間、およそ十年。何が起こっていたのであろうか。これらが次の課題である。

注

（1）「会務報告」『博物館研究』第一巻第一号、博物館事業促進会、一九二八年、一四頁。なお、本章における引用は、旧字体から新字体への改変、新聞記事のルビの削除にとどめ、かなづかい、拗促音、句読点、地名、誤脱字などは原文のままとした。年号表記はすべて西暦年でおこない、人名の敬称は省略した。地名は基本的に当時のものを用いた。人名の旧字体、新字体は統一していない。

（2）犬塚康博「博物館外部システム論」『千葉大学人文社会科学研究』第一九号、千葉大学大学院人文社会科学研究科、二〇〇九年、九一–一〇六頁、参照。改稿して、本書の「博物館外部システム論」に収録した。

（3）「農商務省令第四号」『官報』第二三一五号、印刷局、一九二〇年四月二十三日、五八九頁。

（4）「商品陳列所改善の急務／能動的に進取的に」『国民新聞』、一九二三年三月十一日、（「神戸大学 電子図書館システム -- 一次情報表示 --」（新聞記事文庫 博覧会及商品陳列所（4-079））http://www.lib.kobe-u.ac.jp/das/jsp/ja/ContentViewM.jsp?METAID=00841898&TYPE=HTML_FILE&POS=1（二〇〇九年八月十三日閲覧））、参照。

(5)「商業博物館問題」『博物館研究』第二巻第二号、博物館事業促進会、一九二九年、七頁。
(6)同論文、七頁。
(7)犬塚康博「博物館外部システム論」、九一-一〇六頁、参照。
(8)「本会主催博物館並類似施設主任者協議会議事録（第一日）」『博物館研究』第二巻第七号、博物館事業促進会、一九二九年、八頁。
(9)同論文、八頁。
(10)「博物館施設に関する建議」『博物館研究』第一巻第四号、博物館事業促進会、一九二八年、一-二頁、参照。
(11)「本会主催博物館並類似施設主任者協議会議事録（第一日）」、八-九頁。
(12)「本会主催博物館並類似施設主任者協議会議事録（承前）」『博物館研究』第二巻第八号、博物館事業促進会、一九二九年、七頁。
(13)同論文、七頁。
(14)同論文、七頁。
(15)同論文、七頁。
(16)「本会主催博物館并類似施設主任者協議会」『博物館研究』第二巻第六号、博物館事業促進会、一九二九年、一一頁。
(17)「博物館並類似施設審議機関設置ニ関スル建議」『博物館研究』第二巻第七号、一頁。
(18)一記者「科学産業の博物館問題」『博物館研究』第二巻第九号、博物館事業促進会、一九二九年、二頁。
(19)「博物館施設ノ充実完成ニ関スル建議」『博物館研究』第三巻第五号、博物館事業促進会、一九三〇年、二頁。
(20)記者「本邦最初の全国工芸関係技術官会議」『博物館研究』第三巻第九号、博物館事業促進会、一九三〇年、三-四頁。
(21)「秋田県物産館」同書、四-五頁。
(22)「文部省の博物館振興方策」『博物館研究』第三巻第一〇号、博物館事業促進会、一九三〇年、六頁。
(23)棚橋源太郎『眼に訴へる教育機関』、宝文館、一九三〇年、五七頁。
(24)「第四回全国博物館大会議事録」『博物館研究』第五巻第七号、日本博物館協会、一九三二年、三頁。

(25) 「文部省諮問に対する答申」『博物館研究』第五巻第六号、日本博物館協会、一九三二年、三頁。
(26) 日本博物館協会編『全国博物館案内』、刀江書院、一九三二年、五頁。
(27) 「社会教育振興策／「国民」・「産業」／二大博物館」『博物館研究』第六巻第八号、日本博物館協会、一九三三年、一一頁。
(28) 中田俊造「博物館の機能とその連絡」『博物館研究』第八巻第三号、日本博物館協会、一九三五年、五頁。
(29) 同論文、五頁。
(30) 『再建日本の博物館対策』、日本博物館協会、一九四五年、九頁。
(31) 「本会主催博物館並類似施設主任者協議会議事録（第一日）」、九頁。
(32) "History of the Site | Perelman Center for Advanced Medicine", http://www.pennmedicine.org/perelman/building/history.html（二〇〇九年十一月二十五日閲覧）、参照。
(33) 一記者「費府商業博物館」『博物館研究』第一巻第二号、博物館事業促進会、一九二八年、五-六頁、参照。
(34) 「本会主催博物館並類似施設主任者協議会議事録（第一日）」、九頁。
(35) 「大阪貿易奨励館計画」『博物館研究』第二巻第二号、七頁。
(36) 大阪府立商品陳列所編『回顧三十年』、大阪府立商品陳列所創立三十周年記念協賛会、一九二〇年、五〇-五一頁、参照。
(37) 「商品陳列機関／於大阪実業協会総会山口貴雄氏講演」『大阪毎日新聞』、一九一七年十二月十一日、（「神戸大学 電子図書館システム -- 一次情報表示 --」（新聞記事文庫 博覧会及商品陳列所（2-022）） http://www.lib.kobe-u.ac.jp/das/jsp/ja/ContentViewM.jsp?METAID=00841581&TYPE=HTML_FILE&POS=1（二〇〇九年八月十六日閲覧））。
(38) 「本会主催博物館並類似施設主任者協議会議事録（第一日）」、九頁。
(39) 堀田慎一郎『名古屋高等商業学校——新制名古屋大学の包括学校②——』（名大史ブックレット10）、名古屋大学大学文書資料室、二〇〇五年、二六頁。
(40) 小原亀太郎「商業博物館を尋ねて」『博物館研究』第七巻第三号、日本博物館協会、一九三四年、三頁。
(41) 同論文、四頁。

(42) 同論文、三頁。
(43) 同論文、三頁。
(44) 同論文、三頁。
(45) 同論文、三頁。
(46) 同論文、三頁。
(47) 同論文、三頁。
(48) 同論文、四頁。
(49) 同論文、四頁。
(50) 同論文、三頁。
(51) 犬塚康博「屹立する異貌の博物館」『学芸総合誌環』Vol.10、藤原書店、二〇〇二年、一二八‐一二九頁、参照。改稿して、「屹立する異貌の博物館」『藤山一雄の博物館芸術——満洲国国立中央博物館副館長の夢』、共同文化社、二〇一六年、に収録した。
(52) 同「反商品の教育主義——博物館の自意識に関する考察」『千葉大学人文社会科学研究』第二〇号、千葉大学大学院人文社会科学研究科、二〇一〇年、六九‐八四頁、参照。改稿して、本書の「反商品の教育主義——博物館の自意識に関する考察」に収録した。

博物館外部システム論

はじめに

博物館の理論と実践は、歴史・社会的所産である。歴史、社会の求めるところに応じてあらわれ、消える。人知れず、旧の理論、実践が、変奏され再演されていることもある。本章は、一九四〇年代以前には博物館の理論の中心にあり、一九五〇年代以降は閑却され、期せずして二〇〇八年の大阪府の博物館見直し問題で注意されることになった「博物館外部システム論」を検討するものである[1]。

博物館外部システム論とは、博物館の配置に関する理論のことを言い、一九二八年八月、博物館事業促進会が文部大臣にあてた「本邦ニ建設スヘキ博物館ノ種類及配置案」[2]（以下、「配置案」と称する）を嚆矢とする。

博物館事業促進会は、同年三月三十日に発起人会を開催し、会の規則と会長を定めた。そして十日後、四月九日の理事会で、初年度の事業計画を決定する。事業計画は、「調査」と「宣伝」の二項から成り立ち、前者を「一、博物館令に関する件／二、本邦に建設すべき博物館の種類規模及其配置に関する案／三、既設の陳列館、展覧所等を拡張充実して博物館に改造する案[3]」、後者を「機関誌の発行」「単行本の出版」「講演会、講習会の開催[4]」とした。このうち、「調査」の「二、本邦に建設すべき博物館の種類規模及其配置に関する案」の成果が、「配置案」である。

六月二十一日の第一回調査委員会は、「博物館令に関する件」と「本邦に施設すべき博物館の種類及配置案」を討議した[5]。事前配布の「配置案」原案は、委員会での意見を踏まえて修正され、再度の検討となる。七月二十三日の調査委員会で、「配置案」原案はさらなる修正意見を反映し、字句修正ののちに承認を得、これを文部大臣への建議とすることと主文を起草すること等があわせて決定された。翌二十四日、主文と「配置案」原案は、会長への報告、理事会での回議、字句修正を経て、八月九日、文部大臣への建議とあいなる。

このように「配置案」は、博物館事業促進会設立後、即座に調査項目の一つに掲げられ、以後三ヶ月に満たないあいだに原案がなり、検討が重ねられて、その二ヶ月弱ののちには建議にいたるという、慎重ながら矢継ぎ早の展開をした。わが国はじめての、「博物館」を冠する団体による、最初の対政府-文部省の博物館運動でもあった。

一　「本邦ニ建設スヘキ博物館ノ種類及配置案」

「配置案」の概要

「配置案」は、次のような内容であった（表一）。まず、中央博物館と地方博物館とに大別する。中央博物館は国営とし、科学博物館（博物、理化、産業）を東京と大阪に、美術博物館（美術、工芸）を東京、京都、奈良、京城に、歴史博物館（歴史、考古学）を東京、京都に配置するとした。地方博物館は、道府県、

表一 「本邦ニ建設スヘキ博物館ノ種類及配置案」の博物館外部システム

種類		配置
中央博物館〔国〕		
科学博物館（博物、理化及産業）		東京及大阪
（分館化モデル）	→博物学博物館（動、植、鉱、地質、人類学、土俗学及衛生等） →産業博物館（理化、天文、数学、運輸交通及各種製造工業） →農業博物館（農事、蚕業、畜産、水産、林業等） →商業博物館 →拓殖博物館 →運輸交通博物館等	
美術博物館（美術及工芸）		東京、京都、奈良及京城
（分館化モデル）	→美術ノ博物館（絵画、彫刻、建築） →工芸ノ博物館	
歴史博物館（歴史及考古学）		東京及京都
（分館化モデル）	→軍事博物館	
地方博物館		
科学、美術及歴史ノ資料ヲ包括セル普通博物館〔少クモ一箇〕		各道府県〔公費〕
総合的ノ普通博物館〔一箇〕		官公立博物館ヲ有セサル人口三万以上ノ都市〔市費／道府県費ヲ以テ幾分之レヲ補助スル〕
専門博物館	科学産業ノ博物館〔独立ノ一館〕 美術歴史ノ博物館〔独立ノ一館〕	名古屋、京都、神戸及京城ノ如キ人口三十万以上ヲ有スル都市
其ノ都市ノ発達並現状ヲ示ス為メノ特殊博物館〔独立ノ一館／又ハ他ノ博物館ノ一部門〕		国立博物館ノ設置セラルヽ如キ大都市〔当該都市〕
衛生博物館、公共学校博物館、児童博物館等ノ如キ特殊ノ目的ヲ有スル補充的博物館		大都市〔各都市〕
之レニ関聯セル参考資料ヲ保管陳列セル特殊ノ博物館		都鄙ヲ論セス特ニ著名ナル社寺、史跡、名勝等ノ存在セル場所〔国及地方団体、社寺、学会其ノ他ノ団体又ハ私人〕

都市、その他の三つのカテゴリに整理でき、道府県は公費による普通博物館（科学、美術、歴史）を最低一館設ける。官公立博物館をもたない人口三万人以上の都市は、市費と道府県費からの補助とによる普通博物館一館を設け、名古屋、京都、神戸、京城のような人口三十万人以上の都市は、普通博物館ではなく、科学、産業の専門博物館一館、美術、歴史の専門博物館一館であるべきとする。国立博物館を設置するような大都市では、その都市の歴史と現状をあつかう特殊博物館を、独立の一館または他の博物館の一部門として設ける必要を言い、大都市一般では衛生博物館、公共学校博物館、児童博物館等のような特殊の目的をもつ補充的博物館をも求める。いずれも、当該都市が経営する。

これらは都市の博物館だが、ほかに、都鄙を問わず著名な社寺、史跡、名勝等の地に、それと関連する特殊博物館設置の要を言う。その経営主体は、国、地方団体、社寺、学会、その他の団体、私人として、特定されない。

「配置案」の構造

「配置案」は、複数の構造から成り立っている。まず、中央と地方の構造である。そしてもう一つが、専門、特殊、補助、普通という博物館の種類の構造だが、基本的には専門と普通の二項であり、特殊、補助は専門に括られる。二つの構造を交差させて中央博物館の専門博物館群があり、中央‐東京のそれを合理化したのが道府県の普通博物館である。これをさらに合理化して、官公立博物館を設置しない人口三万人以上の都市の普通博物館が位置づく。市費に加えて道府県費の補助が規定されるのは、これゆえのことであろう。人口三十万人以上の都市の専門博物館も東京の縮小版と言え、国立博物館を設置するような大都市の特殊博物館や大都市一般の補充的博物館は、こうした東京‐専門博物館の補完と考えることができる。

「配置案」は、中央博物館の任務について、「中央機関トシテ地方ニ対シ蒐集品ノ貸出其ノ他ノ便宜ヲ計ルコト」[6]とする。「便宜ヲ計ル」の語で表現されているのは、中央の地方に対する指導の意と解してよい。道府県の博物館も、「管内ノ小博物館ニ対シ、常ニ種々ノ便宜ヲ与フルコト」[7]として、地方に中央‐地方の構造が内面化され、同様に指導が定義される。そして、中央における専門博物館の分館化モデルにあるように、普通博物館に対し、専門博物館が進化した位置にある。

このように、「配置案」の二つの構造は、中央優位と専門優位の質を備えた、総じて中央集権の構想であった。

二　博物館外部システム論の変遷

博物館外部システム論と棚橋源太郎

「配置案」の原案は、棚橋源太郎が作成したとみなせる。棚橋は、博物館事業促進会設立の中心人物で、設立後は常務理事として実務を担い、調査委員会の委員のひとりでもあった。加えて、博物館に関する棚橋の著作に「配置案」が引用され、さらに「配置案」に類似する所論、すなわち博物館外部システム論が継続してゆくことも、この想定の直接的な根拠となっている。この節では、棚橋の著作のなかの博物館外部システム論を眺めてゆくが、直接に棚橋の筆名がなくとも、彼の著作であることが別の文献[8]で明示されている『郷土博物館建設に関する調査』『再建日本の博物館対策』『地方博物館建設の指針』『観光外客と博物館並に同種施設の整備充実』「博物館動植物園法」と、「配置案」のように棚橋が関与していると思われるものもあわせて見てゆきたい。

まず、一九三〇年に刊行された棚橋源太郎の『眼に訴へる教育機関』が、「配置案」の全文を引用した。「配置案」は政策的所論であったため、博物館の種類と配置が当初から混合されていたが、理論書である本書では、博物館の種類への言及が独立して精緻におこなわれている。「博物館はその内容に依つて、之れを普通博物館（General museum）と専門博物館（Special museum）との二種類に大別することが出来」「専門博物館は大体これを歴史科学及美術の博物館の三つに分けて見ることが出来る」[9]と、棚橋は分類する。これが基本である。そして、「関係区域に依る博物館の種類」に「中央博物館・地方博物館・大学博物館・学校博物館」[10]を掲げる。この二つが「配置案」の根拠である。

博物館の配置については、「更に之れを一国博物館施設の全般から見て、其の種類に応じ適当に、之れを全国に配置することが極めて重要な問題である」[11]と指摘して、外国例を列挙したのち中央博物館配置の複数性を言うだけで、そのほかは「配置案」にゆだねた。棚橋にとって「配置案」は完成度の高いものであったようだ。

次に一九三二年の棚橋源太郎の『郷土博物館』は、当時流行の郷土教育運動に応じた博物館論を展開した。序で「郷土博物館は主として地方に設置される」[12]と書き、前の書で「普通博物館には、蒐集品の範囲を郷土に限つた所謂郷土博物館、観覧者を児童のみに限つた児童博物館の如きものもある」[13]としていたことをあわせれば、同書の博物館外部システム論は、普通博物館かつ地方博物館に関するものとなる（表二）。「配置案」が中央優位と専門優位のもとでの中央集権であったのに対し、「郷土博物館本来の性質から見ても、市町村はその設置区域として最も意義があり、当を得たものであらねばならぬ」[14]、また「郷土博物館は原則としては、各町村にそれぞれ設置さるべきである」[15]として、地方行政の基礎単位から立論する。しかし、先の中央集権を否定するものではない。『眼に訴へる教育機関』を「箇々の問題に就いて、詳細を尽すことの出来なかつたことを常に遺憾とし、早晩その不備を補ひたいと思つてゐた[16]」とし、これを補完するのが『郷土博物館』だったからである。設置場所の人口規模と対象地域の広狭を考慮して、町村博物館、地方博物館、都市博物館の三段階で定義されている。これの十年後の『郷土博物館建設に関する調査』も、同じ構造で郷土博物館のシステムを定義する[17]（表三）。

表二　棚橋源太郎『郷土博物館』の博物館外部システム

種類	配置
町村博物館	（原則）各町村／（現実）資力に富んだ有力な町村／（代用）小学校の郷土資料室
地方博物館	（設置の地域）府県以下の適当な地域／人口二三十万以下の小都市
都市博物館	少くとも人口五六十万以上を有し、その都市の為めに、郷土博物館を特設し得る場合のもの

表三　日本博物館協会編『郷土博物館建設に関する調査』の博物館外部システム

種類	配置
小都市郷土博物館	町村／人口一万程度の小都市
中都市郷土博物館	道庁、県庁所在地等の如き人口数万以上の中都市／原則として県立、道庁立の地方博物館／市の郷土博物館は独立の一館としないで地方博物館の一部を充てる
大都市郷土博物館	独立の一館として特設

博物館外部システム論と博物館法

以上が一九四五年以前の所論である。戦後最初の博物館外部システム論は、一九四五年十一月に刊行された『再建日本の博物館対策』において示された。同書は、「今や敗戦の原因に省みて、教育方法の根本的樹直しを断行するの時機に際し、我が学界教育界に要望しなければならない一事[18]」として、博物館を提案する。博物館外部システム論は、国立中央博物館、地方博物館、郷土博物館、学校博物館という構造になっている（表四）。言及の程度から中央博物館、地方博物館が基本であり、これに郷土博物館と学校博物館が付加されたことはあきらかである。中央博物館の構造は「配置案」と変わらないが、「配置案」では理論モデルの

表四　『再建日本の博物館対策』の博物館外部システム

種類	配置
帝国国立中央博物館	首府の存在する大都市
国立中央科学博物館　←東京科学博物館	
国立中央美術館　←帝室博物館、現代美術博物館〔東京都〕	
国立中央歴史博物館　←国史館、帝室博物館及び各帝国大学その他に保存されてゐる日本文化史料及び考古学資料	
特殊博物館（軍事・衛生・通信・交通・演劇等）	帝都
地方博物館	府県庁の所在地等
科学産業博物館と歴史美術博物館〔二館／それぞれ独立〕	従来の六大都市級の相当規模の大きな中都市
科学・歴史及び美術に関する資料を一緒にした綜合博物館〔一館〕	その他の中小都市
郷土博物館	町村及び小都市
学校博物館	大学・専門学校及びその他の学校

表五 「本邦博物館、動物園及び水族館施設に関する方針案」の博物館外部システム

種類		配置
中央科学博物館〔国営〕		
	博物学博物館	東京、大阪
	理工学博物館	東京、大阪
中央歴史博物館（考古学、文化史及び国史の綜合博物館）〔国営〕		東京、京阪地方
中央美術博物館〔国営〕		
	古美術博営《ママ》館（古い工芸品を分属）	東京又は奈良
	近代美術博物館（新しい工芸品を分属）	東京
中央動物園（動物の蕃殖場、動物病院、動物標本館、研究室、図書館、講堂を附設）〔国営〕		東京
中央植物園（植物標本館、植物学研究所、園芸講習所、植物相談所、種苗園、図書館、講堂を附設）〔国営〕		東京
中央水族館（水産研究室、魚類孵化場、図書館、講堂を附設）〔国営、特設の一館〕		東京
地方博物館、地方動物園、地方植物園、地方水族館		中小都市
	科学博物館（博物学、理工学、産業）と歴史美術博物館（歴史考古学・古美術・近代美術及び工芸）〔二館〕〔府県立又は市立〕	中都市（中央機関所在地を除く）
	地方動物園、地方植物園、地方水族館〔府県又は市の管理下〕	
	人文科学及び自然科学諸分科の綜合博物博《ママ》〔府県立又は市立〕	小都市
	公立の動物園、植物園、水族館を設置することが出来る	
郷土博物館		各都市及び町村
	特設するか又は地方博物館に附設する	都市
	〔町村立又は学校組合立〕	町村（地方事務所々在地程度の都邑）
博物館、動物園、植物園、水族館		大学専門学校等
博物館、動物園、植物園、水族館〔財団及び私人〕		

様相を呈していたのに比べ、現存の国立博物館を実体として視るようになっている。地方博物館は、「配置案」の凝縮である。郷土博物館と学校博物館は、一九三二年の『郷土博物館』と一九四二年の『郷土博物館建設に関する調査』、一九四三年の『大学専門学校等に於ける現存設備の博物館的公開利用の提唱』[19]など、「配置案」以降の成果の導入と考えられる。

次は、日本博物館協会による「本邦博物館、動物園及び水族館施設に関する方針案」である（表五）。「博物館並類似施設に関する法律案要綱」とともに、「かねて決定の事業計画に基づき[20]」おこなわれた調査研究の結果だが、「かねて決定の事業計画」の指示するところが定かでない。あるいは、先述の初年度事業計画までさかのぼるのだろうか。調査委員を決めて審議し、一九四六年九月九日、日本博物館協会から文部大臣に申達される展開からは、「配置案」の戦後版と言いうる。中央、地方ともに、動物園、植物園、水族館を

表六　日本博物館協会編『地方博物館建設の指針』の博物館外部システム

種類		配置
地方博物館		
	科学博物館と歴史美術博物館（二館）	名古屋神戸横浜／人口二三十万以上の中都市
	総合的博物館	中都市以下の県庁所在地／人口五六万乃至二十万程度までの小都市
郷土博物館		地方事務所々在地程度以上の小都市
専門博物館（種類は省略）		中都市以上
偉人記念博物館、観光地博物館		小都市や人口の更に少い小都邑
大衆向の地方博物館		社寺／主要なる温泉場、遊覧地、避暑避寒地

表七　日本博物館協会編『観光外客と博物館並に同種施設の整備充実』の博物館外部システム

種類			配置
国立中央博物館			
	国立博物館（上野公園）		東京
	国立中央科学博物館（理工学）	←東京科学博物館	
	国立中央科学博物館（博物学）		
	国立中央動植物園	←東大理学部附属の植物園（小石川）	
		←恩賜上野動物園（上野公園）	
	国立中央水族館	←東大理学部附属の水族館（三崎）	
	日本古美術の国立中央博物館	←国立博物館奈良分館	奈良
	国立の一大中央科学博物館（博物学及び理工学／産業方面資料の蒐集に重きをおく）	←電気科学館	大阪
地方博物館			
	科学博物館（科学・産業の資料）と美術博物館（美術・考古学・史学・民俗学等の資料）〔二館〕		名古屋・横浜・神戸／人口約二十万以上の大中都市
	自然科学及び人文科学諸分科綜合の、地方博物館〔各一館〕		人口数万ないし約二十万以下の小都市
郷土博物館〔一館〕			各府県の地方事務所所在地程度以上の各小都市
古社寺、家庭的博物館			

定義するが、基本的な構造は「配置案」と齟齬しない。全十二項のうち七項を中央、三項を地方、一項を郷土にあて、大学専門学校等と財団・私立とで一項とする。中央の定義を詳しくしたのは、中央による地方ほかへの指導を前提したことによるためかもしれない[21]。

一九四七年の『地方博物館建設の指針』は、「配置案」を踏襲して地方博物館のシステムを定義する（表六）。注意されるのは、観光地博物館ほかが加わることである[22]。『観光外客と博物館並に同種施設の整備充実』では、古社寺と家庭的博物館への言及があるほかは、中央‐地方‐郷土の構造を用いている[23]（表七）。一九四九年、中学生の読者を対象にして刊行された棚橋源太郎の『博物館』は、平易な文体に比して叙述に混乱があるためわかりにくいが、基本となる中央‐地方‐郷土に加えて、学校、観光地、公園の博物館の必要

表八　棚橋源太郎『博物館』の博物館外部システム

種類			配置
中央博物館			
国立古美術博物館		←国立博物館	
国立中央自然科学博物館			
	国立中央理工学博物館	←東京科学博物館	
	国立中央博物学博物館	←東京科学博物館	
国立中央歴史博物館			東京、京都
現代美術博物館			東京
工芸博物館			
中央人類学博物館			東京
民俗園			東京の中心から余り遠くない交通の便利な高台で、東京湾を見おろして、

		ながめのよい所
	海洋博物館	東京、瀬戸内海国立公園の適当な所（厳島・別府・高松など）
	水族館	
	国立農業博物館	
	中央衛生博物館	東京、大阪〔各1館〕
地方博物館		県の中央／府県庁のある所
	一種の総合的博物館	
	歴史美術博物館〔一館〕	名古屋・横浜・神戸・福岡・岡山・仙台・金沢のような中都市
	科学産業博物館〔一館〕	
郷土博物館		地方事務所や昔の郡役所が置かれてあったくらいの小都市
学校博物館		
	大学専門学校博物館	
	中等学校附属博物館（総合博物館）〔一館〕	（地方）博物物《ママ》から四、五里以上も離れている学校
	小学校附設の博物館（生徒専用）	
	児童博物館、児童室	東京・大阪から長崎・金沢までぐらいの大・中都市
	農業博物館	大学の農学部や農林専門学校の所在地ぐらい
観光地博物館		
	（中央博物館と重複）	東京や京阪地方
	函館市立博物館、横浜市博物館、別府市博物館、市立長崎博物館	
公園博物館		
	自然観察の細道、路傍博物館および観望所	国立公園、箱根公園博物館、富士山岳博物館、日光公園博物館

表九　「博物館動植物園法」の博物館外部システム

種類		配置
国立博物館動植物園〔国〕		
	歴史博物館、人類学博物館、古美術博物館、現代美術博物館、工芸博物館、博物学博物館、理工学博物館、中央動物園、中央植物園／必要に応じて、各種の専門的博物館動植物園	首都及び特に必要と認められる都市
	中央博物館動植物園　歴史博物館、美術博物館、博物学博物館、理工学博物館〔各一館〕／動物園、植物園〔各一園〕（例外規定省略）	
都道府県立博物館動植物園〔都道府県〕		
	歴史、美術、科学及び産業の諸部門を併せた、総合博物館〔一館〕	当該地方の中心的都市、または特に必要と認められる土地
	歴史及び美術の博物館と、科学及び産業の博物館〔二館〕	東京都のほか、五大市及びこれに準ずる大都市をもつ道府県
	国立博物館と種別を異にする博物館〔一館〕	国立博物館を地域内に設置する都道府県
	必要に応じて、各種の博物館または動植物園	
	中央博物館動植物園　〔各一園〕（例外規定省略）	
市町村立博物館動植物園〔市町村〕		
	博物館動植物園	市及び人口一万以上の町村、並に町村組合／人口一万に達しない町村であっても、観光、遊覧、社寺参詣等のため、多数の観覧者が集まる土地
私立博物館動植物園〔法人及び私人〕		
	博物館動植物園	

表十　棚橋源太郎『博物館学綱要』の博物館外部システム

種類	配置
（中央博物館）	
国立科学博物館	
博物学博物館〔一館〕	東京（国立科学博物館の分離拡張）、大阪
理工学博物館〔一館〕	東京（国立科学博物館の分離拡張）、大阪（応用科学の博物館として産業方面に重きをおく）
国立歴史博物館	東京、京都（恩賜京都博物館を拡大充実する）
国立美術博物館	
古美術博物館（古い工芸品を分属）〔一館〕	東京（国立博物館）、奈良（国立博物館分館を拡大充実）
近代美術博物館（新しい工芸品を分属）〔一館〕	東京
地方博物館	
科学博物館と歴史美術博物館〔二館〕	中央博物館の建設予定地以外の大都市及び中都市
人文自然諸科学の綜合的博物館〔一館〕	小都市
特殊の博物館（右記二項を補足する）	特に必要と認められる都市（大小を問わない）
郷土博物館	
〔一館〕	（理想）各町村
府県の大小により十館から二十館くらゐ	（実際）府県の地方事務所や、旧郡役所の所在地程度以上の小都邑にその附近数ヶ町村を含む地域を対象に、共同的に利用出来るやう建設する
地方博物館の二三室を以てこれに充てる	中都市
相当大規模な独立の郷土博物館、謂はゆる都市博物館	大都市

観光地博物館		
歴史・科学・美術の国立博物館	主要観光都市（東京・大阪・京都・奈良）	
人類学の中央博物館 民俗園も附設	東京／東京湾を眼下に見おろす高台	
公園博物館	大都市以外の全国主要観光地	日光・箱根・雲仙・阿蘇など
山岳博物館		富士の山麓、松本市など
海洋博物館湘		湘南の江ノ島、瀬戸内海の高松・玉野・厳島など
温泉博物館		別府市
開港史博物館など		長崎市

表十一　「博物館、動物園及び植物園法草案」ならびに修正案の博物館外部システム

種類	配置
国立博物館等	
国立美術博物館	東京都
国立奈良美術博物館	奈良市
国立近代美術館	東京都
国立科学博物館	東京都
国立自然教育園	東京都
（修正案の追加）歴史博物館、古美術博物館、近代美術博物館、人類学博物館、博物学博物館、科学産業博物館、動物園及び植物園等	（修正案の追加）首都及び特に必要と認められる都市
公立及び私立博物館	

表十二　棚橋源太郎『博物館教育』の博物館外部システム

種　類	配　置
地方的博物館	
公立中央博物館〔一館〕	各都道府県
科学産業博物館と歴史美術博物館〔二館〕	国立博物館の存在しない大都市
歴史美術及び科学を一緒にした綜合博物館〔一館〕（例外規定省略）	その他の都道府県立博物館や、小中都市郡区町村立の博物館
公立の観光博物館	重要な観光地
私設の博物館美術館〔民間篤志の個人や団体〕	
大学博物館	各地の大学
国立の博物館	
古美術博物館・博物学博物館（生物学地学に関する各部門の外、農林・畜産・水産に関する各部門）・理工学博物館・近代美術博物館・工芸博物館・歴史博物館（文化人類学・考古学・文化史・民族学・日本民俗学等の部門／民俗園を附設）〔各一館〕	東京と京阪地方
国立の海洋学博物館（水族館を併置）〔一館〕	適当な土地

を説く[24]（表八）。

さて、一九五〇年になると博物館法制定に向けた動きがあらわれてくる。この年の一月あるいは春頃に、棚橋源太郎は法の原案として「博物館動植物園法」を示し、全八章八十九条のうち二章二十六条分を外部システム論にあてた。ここにおいて、博物館事業促進会初年度の事業計画における二項「一、博物館令に関する件／二、本邦に建設すべき博物館の種類規模及其配置に関する案」が、戦後の「博物館並類似施設に関する法律案要綱」と「本邦博物館、動物園及び水族館施設に関する方針案」の二項を経て、はじめて一体化したのである。内容は、設置者別の分類によって従前の構造を再編している[25]（表九）。

棚橋の『博物館学綱要』は、中央‐地方‐郷土‐観光地という構造を示した[26]（表十）。同年十一月の、博物館関係者による「博物館、動物園及び植物園法草案」とその修正案は、大略同名で同じ系譜にあると思われる「博物館動植物園法」に比べると、外部システム論は簡素になっている[27]（表十一）。

一九五一年、文部省内での博物館法案作成では、外部システム論は不在となり、同年十二月の制定法へといたる。一九五三年の棚橋の『博物館教育』は、法制定後も外部システム論を継続させている[28]。しかし、地方と国立の二項となり、中央と郷土の概念が後退あるいは欠失してゆく印象がある（表十二）。

以上、博物館外部システム論は、一九二八年にはじまり、一九五一年の博物館法制定によって事実上終焉するのであった。

三　博物館外部システム論の評価

博物館外部システム論の意義と特徴

博物館外部システム論の意義は、博物館を一定の構造のもとに置こうとした点にある。言い方を変えれば、一定の構造のもとにあるべきものとして、博物館を定義したということである。

特徴は、その構造の動的なことにあった。一九二八年以降、博物館外部システム論は部分改変がおこなわれている。まず、地方博物館と重複しながら郷土博物館が定義された。しかし、一九三〇年代の郷土教育ブームが去り、さらに戦後になると次第に消えてゆく。

また先述のとおり、一九四七年の『地方博物館建設の指針』に観光地博物館が登場し、以後継続する。このときは偉人記念博物館とともに「小都市や人口の更に少い小都邑にも、これを建設してよい否寧ろその建設が望ましい特殊専門の博物館[29]」の一例だったが、やがて「人口一万に達しない町村であっても、観光、遊覧、社寺参詣等のため、多数の観覧者が集まる土地については」「博物館動植物園を設置経営することができる[30]」と言い、「なほまた博物館の種類配置は、単に国内民衆の啓発教育上への利用のみに止まらず、同時に観光事業の点からも考慮する必要がある[31]」として、独立した位置を占めてゆく。さらには、中央博物館や地方博物館の性格づけに観光のファクターが加わるようになり、その最たる成果が、同年後半の『観光外客と博物館並に同種施設の整備充実』であった。

変更がおこなわれただけではない。原則を固守する姿勢も動的に見せている。一九三〇年、第二十四回全国図書館大会で、図書館に郷土博物館的施設を奨励する建議案が可決された際、「記者」の筆名で棚橋源太郎は、「図書館に博物館を附設することは本則でないから、変則的一時的の施設として賛意を表する」、および「他日地方博物館なり、郷土博物館なりが出来るまでの過渡期に於ける便法としてこれを容認歓迎する[32]」と、複雑な態度で応じた。

さらに、昭和十八年度文部省予算に大東亜博物館創設準備諸費が計上され、一九四二年十一月新設の同省科学局がその事務を所管するようになってから、大東亜博物館と博物館外部システム論上の中央博物館とが、「性格、殊にその蒐集品の内容に於いて、自然両者間に若干重複の嫌ひなしとしない[33]」と、棚橋源太郎は問うている。そして、前者は「特殊の任務」、後者は「定まつた使命」をもち、「相侵すところのあるべき筈はなく、寧ろ両者互に相協力補充して一層その効果を大にし、それぞれの特色を発揮せしめる利益があらう」[34]と調停するのである。結論は凡庸だが、これをあえて書きつけなければならない理由が、棚橋自身、あるいはその周辺にあったのではないだろうか。「一国の博物館には中央の各種博物館、地方博物館、郷土博物館等があるが、その体系の中枢をなすものは、中央博物館であらねばならない[35]」というのが、博物館外部システム論のこの時期の原則であった。これに照らすと大東亜博物館は、「特殊」すなわち変則であり、それと原則との調停だったと考えられる。

戦後の博物館外部システム論

このように、一九四〇年代以前の四半世紀弱にわたり、更新を重ねてきた博物館外部システム論だが、博物館法に盛りこまれることはなかった。この事態について伊藤寿朗は、「一方で博物館関係者の案は、博物館個有《ママ》の理念を想定し、その実現のため法的拘束を求めるがゆえに、設置名称にまでいたる強い規制と中央博物館のモデル化等による法それ自体の力による援助を強く望むが、他方、教育行政の中央集権化を否定され、しかも国民の自己教育活動をこそ主体とし、行政の任務をそのための環境醸成に自己限定され、個別博物館による自主的自治的活動による振興を建前とした社会教育法制下では法それ自体による振興など望むべくもない[36]」と書いている。社会教育法に対する評価の状況主義は措いても、博物館外部システム論が「法それ自体の力による援助を強く望む」中央集権的なものであったことは明白である。博物館令制定問題とともに「配置案」はあり続け、戦後の「博物館動植物園法」では法と配置案の一体化も果たしていた。棚橋源太郎が、「郷土博物館の建設に就ては、博物館令を以て取締るべきものだらう[37]」と書いていたように、博物館は法で取り締まるべきものだったのである。

歴史、社会の求めるところに応じ、動的に更新してきた博物館外部システム論も、ついに当の歴史、社会の更新の大きさに応えきれずに死滅する。否、死滅することで最後の更新を果たしたと言えるかもしれない。そして、わが国の博物館の理論からも外部システム論は消滅してゆく。

一九五六年に発表された鶴田総一郎の博物館論は、博物館を〈機能〉と〈形態〉によって分析し、機能を「でき上る過程（原因）」、形態を「成果（結果）」[38]として、機能が原因、形態が結果というラマルクの「用不用説」的な進化論で博物館を定義した。機能は、「収集」「整理保管」「研究」「教育普及」の要素において説明され、それら相互の関係性が強調された[39]。形態は、「① もの（博物館資料）／② 場所（常設公開のための土地と建物）／③ 働き（①、②を実際に動かす目的とそれらが活動している状態）[40]」を博物館の構成要素とした。こうした鶴田の博物館論は、博物館の内包を説くものであり、博物館の内部に向かうことになった。「博物館固有の課題と方法を、理念型としての内的機能の構造化として定立する[41]」ものと、伊藤寿朗が評価したとおりである。したがって、国都道府県市町村を横断しておこなわれる博物館の配置問題は、鶴田の博物館論の中心とはならなかった。もちろん鶴田も、博物館の個体論、集団論、その延長としての対行政論に言及することを忘れてはいない。しかし、それは決意表明にとどまり、のちに本人が認めるように、まったく不充分なものに終わってしまっていた。

伊藤寿朗はどうか。彼の共編著書『博物館概論』では、小島弘義が大阪市の専門博物館群にネットワークを認め、また向坂鋼二による浜松市の博物館群をめぐるネットワークを紹介したが[42]、それにとどまった。伊藤自身も、システム論を論じてはいない。しかし、中央志向型博物館、地域志向型博物館、観光志向型博物館[43]という戦略的博物館分類には、棚橋の戦後の外部システム論への応答が感じられる。これが首肯されるならば、次のように言いうる。棚橋においては「差異の博物館化」（歴史・社会の差異による博物館の政治・地理的デザイン、手段としての差異）であったそれが、伊藤においては「博物館の差異化」（個別博物館の志向性の差異による博物館相互の差異化＝業界内競争、目的としての差異）の記号に化したと。これもまた、戦後博物館の理論的内向性の一端と言えるだろう。

このように、博物館外部システム論の排除と、博物館内部システム論の独占が、戦後博物館の理論的風景であった。

四　博物館外部システム論と二十一世紀

道州制と博物館外部システム論

二〇〇八年二月、大阪府知事に就任した橋下徹は、四月に『財政再建プログラム試案』を発表した。その「公の施設の方向性」で、「廃止・他施設に集約化」するものとして弥生文化博物館を、「他施設との集約化」をするものとして近つ飛鳥博物館を、「市へ移管又は移転・集約化」するものとして泉北考古資料館を、「市との共同運営等による有効活用」するものとして狭山池博物館を掲げる。[44] この見直しは驚きをもって迎えられ、反対運動がおこなわれた。そののち、同年六月に出された『「大阪維新」プログラム（案）／財政再建プログラム（案）』は、弥生文化博物館と近つ飛鳥博物館を「地元関係自治体等との協働、連携強化」をするものとし、泉北考古資料館を「廃止・市へ移管」、狭山池博物館を「市との共同運営等による有効活用」をおこなうとしたのである。[45]

この見直しについて小林義孝は、「当初は、大阪府の財政問題を前提に橋下知事の文化や文化財についての無理解に起因したもの、と安易に考えていました。しかしその把握はまったく甘かったと思います」と省みたうえで、「「道州制」への志向が大きく働いているようにみえます」とつなぎ、「関西州の「顔」になりえるものはさて置き、弥生文化博物館など中規模の博物館施設は基礎自治体に移管されるか、廃止か。もし道州制が実現したならばその方向しか、ありえないのではないかと思います[46]」と展望している。

そして、鶴田総一郎の博物館論に照らし博物館の問題として見るとき、見直しに機能論のないことがあきらかである。

道州制の問題と博物館の問題は、次のように整序される。見直しは、府‐州の機能の問題から来す、府‐州の形態の問題である。したがって、府‐州の形態の問題のもと、それの反映として博物館の形態の問題――府立の廃止または市町村立への移管――があらわれているのであり、もとより博物館の機能は関係のないことに気づく。かくして見直しは、鶴田の博物館論における形態の三要素のメタ・レベル、すなわちメタ博物館的問題と言うことができる。

これは、博物館外部システム論である。博物館外部システム論とは、メタ・レベルから個々の博物館の配置を指示するものであった。かつてメタ・レベルに、棚橋源太郎が立ち、博物館事業促進会、日本博物館協会を介して文部省‐博物館令が彼に重なっていた。そして大阪府の博物館見直しは、橋下徹が博物館のメタ・レベルに立ち、府立博物館四館の配置を指示するのである。

戦後日本の博物館論は内向した。先に引用したように、状況主義的には「教育行政の中央集権化を否定され、しかも国民の自己教育活動をこそ主体とし、行政の任務をそのための環境醸成に自己限定され、個別博物館による自主的自治的活動による振興を建前とした社会教育法制下」の博物館法であり、これに依拠する戦後日本の博物館論であったことは幾度繰り返してもよい。内向性においてこそ発展しえた戦後博物館は、最大限に賞賛されなければならない。それを外部から揺るがしたのが、大阪府の博物館見直しであった。それが、「文化や文化財についての無理解」、すなわち後退のごとく見えたのも無理はない。博物館研究は、博物館法以降閑却された博物館外部システム論の復興として、この事態を見るのである。

府立四館の歴史的前提

博物館外部システム論は、中央集権的であった。大阪府の博物館見直し問題も中央集権的と言いうる。つまり、現在の日本を複数の小国に分かつかのごとき道州制の、初発に求められる道州内部の中央集権であり、その博物館的表現であった。一九三〇年に棚橋源太郎は、「日本は勿論聯邦組織ではなく、統一のある完全な国家を成してゐる[47]」と書いて行論したが、道州制下の博物館外部システム論は、はじめてこれを離れて「聯邦組織」を前提することになる。博物館システムの大幅な変更は不可避だが、その前途は杳として知れない。歴史的に、大正期にはほぼすべての道府県に設けられ、地域産業の市場を国内外に拡大しようとした商品陳列所や物産陳列館などの経験が、道州立博物館の性格を暗示する。博物館システム的には、現行の国立（中央）博物館に準じてゆくであろうし、道州立にはならない博物館の選別が先行することも容易に想像できる。これはすでにはじまっている。

ところで、大阪府立の博物館等には、明治期の大坂博物場（のちの公立大坂博物場、府立大阪博物場）、公立大坂博物場に合併された府立教育博物館や府立勧工場、明治中期以降の大阪府立商品陳列所（のちの大阪府立貿易館）があった。これらは、該期国家の主要政策を反映した産業系博物館、教育系博物館であるが、産業系博物館が一九二〇年の道府県市立商品陳列所規程を契機に脱博物館化して[48]以降、棚橋源太郎が定義するところの普通博物館、専門博物館（歴史・科学・美術）を、大阪府は設けていない。もちろん、産業博物館として建設促進され[49]、一九二九年に開館した大阪工業奨励館を忘れてはいないが、寡聞にして設立以降博物館としてあつかわれたことを知らないのである。

この事態を「配置案」に照らすとき、中央博物館を設けるべき大都市大阪をかかえていること、その大阪市が早くから専門博物館を充実させていたことなどに、「科学、美術及歴史ノ資料ヲ包括セル普通博物館」たる府立博物館を困難にさせる条件があったのかもしれない。さらに、「配置案」ほかの博物館外部システム論自体にも、国立中央博物館や市町村立地方博物館に比べ、道府県立地方博物館の定義、存在を希薄にするものがあったことは否めない。

これが、府立四館の歴史的前提である。そしてそれらは、六月案において、いずれも府立であり続けることが前提されていない。つまり、州立博物館に昇格することは約されていないのである。博物館に関する大阪府政の史的空洞こそが、府立四館宙づりの理由のように思える。

博物館外部システム論の復興は、棚橋にならい「学芸員の養成に就ては、博物館法を以て取締るべきものだらう」と言いうる二〇〇九年の博物館状況[50]とも大いに通じている。しかし一方で現在は、「大阪ミュージアム構想」の「大阪ミュージアム学芸員」[51]をはじめ各地の博物館での市民学芸員のような、かつて文部省に嫌がられた[52]学芸員のサブカルチャー化の進む時代でもある。無論、博物館の現実と歴史は、博物館を統制したりシステム化することの虚構性を示唆し続ける。この示唆は、関西州立泉北考古資料館、関西州立弥生文化博物館、関西州立近つ飛鳥博物館、関西州立狭山池博物館であっても何ら問題ないことを告げるだろう。であるならば、それに応じる、大阪府に未発の博物館外部システム論を、虚構としてのみ構築することは、試みられてよいはずである。

博物館外部システム論は、博物館-反博物館を生き、ふたたび博物館を生かされようとしている。一度目は悲劇だった。二度目は茶番となるであろうか。

注

(1) 本章は、二〇〇九年三月二十日に大阪の文化財と博物館を考える会の主催で開催された「大阪の文化財と博物館を考える集い・Ⅳ／市民はどのような博物館を求めているのか」でおこなった報告「博物館はどのような存在であったのか――博物館史の立場から――」をもとに起稿したものである。講演録は、本書の「博物館史からる見る橋下府政の博物館論」に収録した。文中の引用は、旧字体から新字体への改変、新聞記事のルビの削除にとどめ、かなづかい、拗促音、句読点、地名、誤脱字などは原文のままとした。年号表記はすべて西暦年でおこない、人名の敬称は省略した。地名は基本的に当時のものを用いた。人名の旧字体、新字体は統一していない。これに準じて、文中の表は原文を使用するようにつとめたが、徹底してはいない。種類と配置に関する情報のみ抽出したほか、博物館設置について「すべき」とする義務の場合と「できる」とする可能の場合があるが区別しなかった。表中の〔 〕は館園の数と設置・経営主体の表示に用い、( ) は注記に用いた。

(2) 「博物館施設に関する建議」『博物館研究』第一巻第四号、博物館事業促進会、一九二八年、一―二頁、参照。

(3) 「会務報告」『博物館研究』第一巻第一号、博物館事業促進会、一九二八年、一四頁。

(4) 同論文、一四―一五頁。

(5) 「会務報告」『博物館研究』第一巻第三号、博物館事業促進会、一九二八年、一五頁、参照。

(6) 「博物館施設に関する建議」、一頁。

(7) 同論文、二頁。

(8) 「棚橋源太郎先生主要著作目録（単行本）」『Mouseion』5、立教大学博物館学講座、一九六〇年、ⅱ頁、「幻しの棚橋法案全文収録／博物館法制定20周年記念」『博物館問題研究会会報』No.4、博物館問題研究会設立準備委員会、一九七一年、二九頁、参照。

(9) 棚橋源太郎『眼に訴へる教育機関』、宝文館、一九三〇年、三二頁。

(10) 同書、三五頁。

(11) 同書、四〇頁。

(12) 同『郷土博物館』、刀江書院、一九三二年、(序) 一頁。

（13）同『眼に訴へる教育機関』、三四頁。
（14）同『郷土博物館』、一五五頁。
（15）同書、一五九頁。
（16）同書、（序）二頁。
（17）日本博物館協会編『郷土博物館建設に関する調査』、日本博物館協会、一九四二年、参照。
（18）『再建日本の博物館対策』、日本博物館協会、一九四五年、一頁。
（19）日本博物館協会編『大学専門学校等に於ける現存設備の博物館的公開利用の提唱』、日本博物館協会、一九四三年、参照。
（20）「本会調査会」『博物館研究』復興第一巻第一号、四頁。
（21）「本邦博物館、動物園及び水族館施設に関する方針案」『博物館研究』復興第一巻第一号、日本博物館協会、一九四六年、四-五頁、参照。
（22）日本博物館協会編『地方博物館建設の指針』、日本博物館協会、一九四七年、参照。
（23）同編『観光外客と博物館並に同種施設の整備充実』、日本博物館協会、一九四七年、参照。
（24）棚橋源太郎『博物館』（社会科文庫）、三省堂、一九四九年、参照。
（25）「博物館動植物園法」『博物館問題研究会会報』No.四、二九-四三頁。
（26）同『博物館学綱要』、理想社、一九五〇年、参照。
（27）「〔A-三〕博物館、動物園及び植物園法草案（二五、一一、二二）」『社会教育法制研究資料』XIV、日本社会教育学会社会教育法制研究会、一九七二年、二一-二四頁、「〔A-四〕博物館、動物園及び植物園法草案修正案」『社会教育法制研究資料』XIV、二五-二七頁、参照。
（28）棚橋源太郎『博物館教育』、創元社、一九五三年、参照。
（29）日本博物館協会編『地方博物館建設の指針』、六頁。
（30）「博物館動植物園法」、三六-三七頁。
（31）棚橋源太郎『博物館学綱要』、六八頁。

(32) 記者「日本図書館協会の建議に対する吾人の態度」『博物館研究』第三巻第九号、博物館事業促進会、一九三〇年、二頁。
(33) 棚橋源太郎「近く建設されるべき大東亜博物館の性格」『博物館研究』第一六巻第八号、日本博物館協会、一九四三年、三頁。
(34) 同論文、三頁。
(35) 同論文、二頁。
(36) 伊藤寿朗「博物館法の成立とその時代――博物館法成立過程の研究――」『博物館学雑誌』第一巻第一号、全日本博物館学会、一九七五年、三八頁。
(37) 棚橋源太郎『郷土博物館』、一八三頁。
(38) 鶴田総一郎「博物館学総論」日本博物館協会編『博物館学入門』、理想社、一九五六年、二二頁。
(39) 同論文、二二‐四一頁。
(40) 同論文、二一頁。
(41) 伊藤寿朗「日本博物館発達史」伊藤寿朗・森田恒之編『博物館概論』、株式会社学苑社、一九八一年（三版、一九七八年初版）、一六九頁。
(42) 小島弘義「博物館の建築」伊藤寿朗・森田恒之編、前掲書、三九八頁、参照。
(43) 伊藤寿朗「博物館の概念」伊藤寿朗・森田恒之編、前掲書、一一頁、参照。
(44) 大阪府改革プロジェクトチーム『財政再建プログラム試案』、二〇〇八年四月、五八頁、参照。
(45) 同『「大阪維新」プログラム（案）／財政再建プログラム（案）』、大阪府、二〇〇八年六月、財七四頁、参照。
(46) 小林義孝「弥生文化博物館を守れ！――大阪府の博物館と文化財の現状、そして――」『みんなで二十一世紀の未来をひらく教育のつどい　教育研究全国集会二〇〇九（レポート集）』、みんなで二十一世紀の未来をひらく教育のつどい　教育研究全国集会二〇〇九実行委員会、二〇〇九年、四〇四頁。
(47) 棚橋源太郎『眼に訴へる教育機関』、四三頁。
(48) 犬塚康博「屹立する異貌の博物館」『学芸総合誌　環』Vol.10、藤原書店、二〇〇二年、二二八‐二二九頁、参照。

改稿して、「屹立する異貌の博物館」『藤山一雄の博物館芸術——満洲国国立中央博物館副館長の夢』、共同文化社、二〇一六年、に収録した。

(49)「大阪産業博物館建設促進運動」『博物館研究』第一巻第六号、博物館事業促進会、一九二八年、一〇頁、参照。

(50)これからの博物館の在り方に関する検討協力者会議（榎本徹・小林真理・佐々木亨・佐々木秀彦・菅原教夫・鷹野光行・高安礼士・中川志郎・名児耶明・水嶋英治）『学芸員養成の充実方策について／「これからの博物館の在り方に関する検討協力者会議」第二次報告書／（報告）』、生涯学習政策局社会教育課、二〇〇九年、「博物館法施行規則の一部を改正する省令」（文部科学省令第二十二号）『官報』号外第93号、二〇〇九年四月三十日、六-一一頁、参照。

(51)大阪府「大阪ミュージアム構想」http://www.osaka-museum.jp/index.php（二〇〇九年五月十九日閲覧）。

(52)広瀬鎮氏のご教示による。

図表説明

表一　「本邦ニ建設スヘキ博物館ノ種類及配置案」の博物館外部システム
「博物館施設に関する建議」『博物館研究』第一巻第四号、博物館事業促進会、一九二八年、一-二頁、に基づき筆者作成。

表二　棚橋源太郎『郷土博物館』の博物館外部システム
棚橋源太郎『郷土博物館』、刀江書院、一九三二年、一五五-二二三頁、に基づき筆者作成。

表三　日本博物館協会編『郷土博物館建設に関する調査』の博物館外部システム
日本博物館協会編『郷土博物館建設に関する調査』、日本博物館協会、一九四二年、三-四頁、に基づき筆者作成。

表四　『再建日本の博物館対策』の博物館外部システム
『再建日本の博物館対策』、日本博物館協会、一九四五年、七-一〇頁、に基づき筆者作成。

表五　「本邦博物館、動物園及び水族館施設に関する方針案」の博物館外部システム
「本邦博物館、動物園及び水族館施設に関する方針案」『博物館研究』復興第一巻第一号、日本博物館協会、一九四六

年、四‐五頁、に基づき筆者作成。
表六　日本博物館協会編『地方博物館建設の指針』の博物館外部システム
日本博物館協会編『地方博物館建設の指針』、日本博物館協会、一九四七年、三‐七頁、に基づき筆者作成。
表七　日本博物館協会編『観光外客と博物館並に同種施設の整備充実』の博物館外部システム
日本博物館協会編『観光外客と博物館並に同種施設の整備充実』、日本博物館協会、一九四七年、六‐一〇頁、に基づき筆者作成。
表八　棚橋源太郎『博物館』の博物館外部システム
棚橋源太郎『博物館』（社会科文庫）、三省堂、一九四九年、一六八‐一二一頁、に基づき筆者作成。
表九　「博物館動植物園法」の博物館外部システム
「博物館動植物園法」『博物館問題研究会会報』No.4、博物館問題研究会設立準備委員会、一九七一年、三四‐三七頁、に基づき筆者作成。
表十　棚橋源太郎『博物館学綱要』の博物館外部システム
棚橋源太郎『博物館学綱要』、理想社、一九五〇年、六八‐七一頁、に基づき筆者作成。
表十一　「博物館、動物園及び植物園法草案」ならびに修正案の博物館外部システム
「〔A‐三〕博物館、動物園及び植物園法草案（二五、一一、二二）」『社会教育法制研究資料』XIV、日本社会教育学会社会教育法制研究会、一九七二年、二二‐二三頁、「〔A‐四〕博物館、動物園及び植物園法草案　修正案」『社会教育法制研究資料』XIV、二六頁、に基づき筆者作成。
表十二　棚橋源太郎『博物館教育』の博物館外部システム
棚橋源太郎『博物館教育』、創元社、一九五三年、三八‐三九頁、に基づき筆者作成。

博物館史から見る橋下府政の博物館論

はじめに

こんにちは。犬塚康博と申します。どうぞよろしくお願いいたします。

久しぶりに大阪へやってまいりました。学生のとき、前の大阪文化財センターの発掘調査でアルバイトをしていました。就職してからは、仕事の関係でよく来ていましたが、最近はすっかり遠のいてしまいました。

きょうは、博物館の歴史に関するお話をさせてもらいます。チラシにございますが、「従来の博物館のあり方を〝攻撃〟から守るこれまでの運動から、さらに今後の博物館のあり方を模索する必要があります」とのことです。この「今後の博物館のあり方を模索する必要」という点において、参照することのできる博物館の過去例を話すように求められた、と理解してここにまいりました。橋下府政のもと、博物館をめぐって起きている事態はいったい何なのか。どのように理解することができるのか。これを、博物館の何があらわれているのか、博物館の何が実現されようとしているのか、という「橋下府政の博物館論」として見てゆきたいと思います。

橋下府政の博物館論は、博物館の未来を少なからず左右するのではないか、そう思わせるものがあります。ただし、それが何であるのか、ただいまただちに断じることはできない、そういう憾みがあります。そこで、きょうの集会のチラシの冒頭に書かれてあります「橋下府政の〝大阪府解体から関西州へ〟という目論見」という問題意識、これを鍵にして、博物館というものが、この地点までやってきた方向をふりかえりたいと思います。それを通じて、博物館のゆくすえを論証する手がかりが得られればと考えます。

一　戦後日本の博物館論

わが国の博物館は、戦後、爆発的に増えました。その結果である現状については、ひとことで言いあらわせないものがあります。そこでここでは、戦後博物館を、その理論において眺めてみようと思います。

戦後博物館の理論は、一九五六年に鶴田総一郎という人がつくりました。博物館の全国的団体である日本博物館協会が編集して『博物館学入門』という図書が一九五六年に刊行されますが、理論の部分を鶴田が執筆しました。国立科学博物館の自然教育園にいらした方です。そして一九七八年に、博物館研究者の伊藤寿朗が、鶴田の理論を機能主義博物館論と呼び、「以降の博物館理論のあり方をほぼ今日にいたるまで規定することとなった[1]」と評しました。

機能主義博物館論とはなにか。鶴田は、博物館を〈機能〉と〈形態〉によって分析します。〈機能〉のことを「でき上る過程（原因）」と言い、〈形態〉のことを「成果（結果）」「結果論的分析[2]」と言いました。動物生態学出身の鶴田でしたから、機能が原因、形態が結果、という、ラマルクの「用不用説」的な進化論、生物学的なアナロジーで博物館を定義したわけです。ここに、機能主義と呼ばれるゆえんがありました。〈機能〉は、「収集」「整理保管」「研究」「教育普及」の要素にわたって説明され、相互の関係が強調されます。[3]〈形態〉は、「① もの（博物館資料）／② 場所（常設公開のための土地と建物）／③ 働き（①、②を実際に動かす目的とそれらが活動している状態）」[4]を博物館の構成要素としました。現在の博物館は、鶴田の理論を意識しなくても、博物館資料の収集・保管、資料の調査・研究、資料の公開・教育という三つの機能をかかえ、それに見合った形態をもち、程度の差はありますが、社会に立っていることになります。

ここで早速、橋下府政の博物館論を、鶴田の博物館論に照らしてみたいと思います。ふたつのことが注意されます。ひとつは、橋下府政の博物館論には機能論がないということです。その論は、「博物館はなにをなすべきか」ではなく、「博物館はどうあるべきか」にあります。そのドラスチックなあらわれが、府立弥生文化博物館に対する「死」の宣告でした。

ふたつめ。橋下府政の博物館論が、鶴田の博物館論の〈機能〉でなかったとすると、〈形態〉に関する論だったのか、という疑問が生まれます。わたくしは、そうだったと考えます。ただし、そのように考えるためには、鶴田博物館論の不充分さを前提とし、鶴田博物館論を補ってやらなければなりません。道州制の問題に引き寄せて言うと、橋下府政の博物館論は、府立博物館の廃止、あるいは市町村立への変更としてあらわれています。〈機能〉の問題ではなく、端的に〈形態〉の問題です。博物館の〈機能〉から〈形態〉が語られているのではなく、まず〈形態〉が語られる。その先はない。機能主義にも届いていません。

では、鶴田博物館論の〈形態〉のどこに、どうかかわってくるのか。結論を申しますと、「② 場所（常設公開のための土地と建物）」の延長線上でかかわってくると考えます。実は、鶴田博物館論とは、伊藤寿朗が「理念型としての内的機能の構造化」と言ったように、博物館の内包を言うものでした。博物館の外延ではありません。したがって、たとえば行政との関係であるところの、国立か、都道府県立か、市町村立か、私立か、そういった問題は、鶴田の博物館論の中心ではありませんでした。もちろん、博物館個々の論、集団の論、その延長としての対行政論に言及はしています。しかし、それは決意表明にとどまり、のちに本人が認めるようにまったく不充分に終わっていました。一九五六年のことです。ただいまの流行語を用いると、鶴田の博物館論は内向きの博物館論だったと言うことができるかもしれません。そこに、外から突いてきたのが橋下府政の博物館論だった、というように理解することもできるでしょう。

さて、その橋下府政の博物館論は、まったく新しい博物館論、あるいは荒唐無稽な博物館論なのか。博物館の外側を主題にした博物館論は、過去になかったのか、という問題にゆきあたります。概念としては、鶴田も博物館網、博物館のネットワークということは言っていました。さらに、大阪市の専門博物館群にネットワークを認め得るとした論や、向坂鋼二が浜松市の博物館群について言っていたネットワーク論が一九七〇年代後半に知られていますが[5]、せまい範囲での立論でもあり、ただいまの関心事である道州制には届かない憾みがあります。

これらはいずれも戦後のもので、一九五一年制定の博物館法以降のものです。実は、それ以前に、国、都道府県、市町村を貫いておこなわれた、博物館のシステム論とでも言うべきものがありました。これを紹介したいと思います。

二　博物館のシステム論

いまから約八十年前の一九二八年、博物館事業促進会という団体が、文部大臣に宛てて「博物館施設に関する建議[6]」をおこないました。博物館事業促進会とは、その年の三月に設立されたばかりの、わが国ではじめての博物館関係者の団体です。名前や法人格は変わっていますが、日本博物館協会の前身です。この会の

表　「本邦ニ建設スヘキ博物館ノ種類及配置案」の博物館システムのモデル

中央博物館

経営	任務	種類	建設地
国	一国ノ学芸教育及産業等ノ発達ニ資スルタメ、出来ルダケ全国的性質ヲ具ヘ、且ツ中央機関トシテ地方ニ対シ蒐集品ノ貸出其ノ他ノ便ヲ計ルコト	科学博物館（博物、理化及産業）	東京及大阪
		美術博物館（美術及工芸）	東京、京都、奈良及京城
		歴史博物館（歴史及考古学）	東京及京都

（中央博物館分館化のモデル）

- 科学博物館
  - →博物学博物館（動、植、鉱、地質、人類学、土俗学及衛生等）
  - →産業博物館（理化、天文、数学、運輸交通及各種製造工業）
    - →農業博物館（農事、蚕業、畜産、水産、林業等）
    - →商業博物館
    - →拓殖博物館
    - →運輸交通博物館等
- 美術館
  - →美術ノ博物館（絵画、彫刻、建築）
  - →工芸ノ博物館
- 歴史博物館
  - →軍事博物館

地方博物館

	単位	維持	内容		設置
①	各道府県	公費	科学、美術及歴史ノ資料ヲ包括セル普通博物館		少クモ一箇
②	官公立博物館ヲ有セサル人口三万以上ノ都市	市費 道府県費ヲ以テ幾分之レヲ補助スル	総合的ノ普通博物館		一箇
③	名古屋、京都、神戸及京城ノ如キ人口三十万以上ヲ有スル都市		専門博物館	科学産業ノ博物館	独立ノ一館
				美術歴史ノ博物館	独立ノ一館
④	国立博物館ノ設置セラルヽ如キ大都市	当該都市	其ノ都市ノ発達並現状ヲ示ス為メノ特殊博物館		独立ノ一館又ハ他ノ博物館ノ一部門
⑤	大都市	各都市	衛生博物館、公共学校博物館、児童博物館等ノ如キ特殊ノ目的ヲ有スル補充的博物館		
⑥	都鄙ヲ論セス特ニ著名ナル社寺、史跡、名勝等ノ存在セル場所	国及地方団体、社寺、学会其ノ他ノ団体又ハ私人	之レニ関聯セル参考資料ヲ保管陳列セル特殊ノ博物館		

設置の趣旨は、簡単に言いますと、日本での博物館事業は不振である。しかし、昭和の御大典記念事業として各地で計画がおこっている。この機に、博物館の法律の制定を進め、博物館設置のモデルを提起し、博物館の健全な発達を目指そう、というものでした。博物館事業促進会自体、即位記念の一環として設立され、機運に乗じようとしたわけです。設立から半年もしないでおこなわれたのがこの建議で、「本邦ニ建設スヘキ博物館ノ種類及配置案」を示しました。これを整理したのが表です。

博物館事業を振興するための、博物館の政治的、地理的な構造を提起したものと言えます。複数の構造がクロスしています。まず、中央と地方の構造です。地方は、中央博物館、特に東京を合理化したものが地方の①で、中央と①の代替が②です。ゆえにここには県費補助が定義されます。③は東京の縮小版、④と⑤は中央の補完版となり、次第に規模を減じ、周縁に向かってゆきます。

もうひとつの構造が、博物館の専門・特殊と普通という構造です。専門と特殊という別のことばが使われていますが、ほかの文献を参照すると同じものとみなしてよいと思われます。

中央が地方を指導します。分館化のモデルにありますように、普通博物館に対して、専門博物館が進化した位置にあります。中央集権であり、専門優位のシステムです。ここでは、これが妥当かどうかを検討するのではなく、八十年前にはじめて、公然とあらわれた、博物館関係者の構想のあったことを確認したいと思います。

建議の署名は会長の平山成信男爵ですが、このモデルをつくったのは棚橋源太郎という人であったと考えて間違いありません。棚橋は、博物館事業促進会を設立した中心人物です。岐阜県出身で、博物館に関する著作を多く著しました。日本の博物館の父とも言われる人です。この棚橋の著作に、このシステム論とほぼ同じものが登場しているため、そのように考えられます。システム論は、少なくとも一九五三年の彼の著作まで登場しています。

システム論は、彼の著作だけでなく、博物館法をつくる過程でもあらわれました。一九四六年の日本博物館協会による「博物館並類似施設に関する法律案要綱」と「本邦博物館、動物園及び水族館施設に関する方針案」、棚橋の署名のある「博物館動植物園法」という法案でも、システム論が規定されていました。しかし、一九五一年、実際に制定された博物館法には採用されず、この時点で事実上終焉します。システム論は、一九四〇年代以前のものであったことになります。

なぜ、戦後の博物館法に採用されなかったかについて、一九七八年に伊藤寿朗は、次のように言っています。端折ってみますと、「博物館関係者の案は」「法それ自体の力による援助を強く望むが」「教育行政の中央集権化を否定され、しかも国民の自己教育活動をこそ主体とし、行政の任務をそのための環境醸成に自己限定され、個別博物館による自主的自治的活動による振興を建前とした社会教育法制下では法それ自体による振興など望むべくもない(7)」と書きました。ノー・サポート、ノー・コントロールが、社会教育法の趣旨だったわけです。

伊藤が言うように、棚橋のシステム論は、「法それ自体の力による援助を強く望む」ものであり、ひとこと、中央集権的です。戦前は博物館令、戦後は博物館法という法律に、このシステムを明記して、博物館事業の振興をはかろうとしました。これに照らすと、橋下府政の博物館論は、「法それ自体の力」ではありませんが、自己の下にある博物館に対し棚橋的であり、集権的です。いいえ、府知事それ自身が、「法それ自体の力」に通じる制度である、ということを忘れてはならないでしょう。

今後、道州制へ向かおうとする状況において、博物館は、棚橋の考えたようなシステム化を、みずからのこととしてゆかなければならないのであろうか、という問題があらわれてきます。それは、橋下府政ではドラスチックに集権的にやってきましたが、下から積み上げてゆくかのように、捏造してゆくことになるのでしょうか。システム化は、博物館法にはなかったことですから、脱戦後的、さらには二十一世紀的、ということにもなるのでしょうか。いろいろ浮かんできますが、もうしばらく現実の博物館のようすにかかわってみたいと思います。棚橋が、なぜシステム化を主張したのか、が手がかりです。

三　博物館の現実

一九三〇年に棚橋源太郎は、「本邦に於ける斯種施設（博物館のこと――引用者注）に関する刻下の情勢を視るに、未だ一定方針の拠るべきものがなく、殆ど五里霧中に彷徨するの観がある」[8]と言っていました。その二十年後、一九五〇年には、「我が国の博物館事業は漸く近年に至つて発足したばかりで、まだ参考に資するに足るほどの実績を有たない」[9]と書いています。要するに棚橋は、一九四〇年代以前のわが国の博物館の現実をよしとしていませんでした。ですから、博物館事業の不振、そして振興のための政策、という展開になります。

良くも悪くも、これが博物館の現実でした。棚橋は、この状態をよいものとしてみなさなかった。しかし、戦後、棚橋のシステム論は採用されませんでしたから、棚橋にとってよろしくない現実は、さらに進行してあるのが現在である、ということになります。

たとえば、さきほどの建議に照らすと、都道府県立では、科学系と歴史系による総合博物館をもつところもあればないところもある、歴史博物館と美術館という専門博物館を備えるところが揃ってきているかのようにみえますが、そうでないところもちゃんとある。これは、都市計画の分野などで無計画、無秩序を言う、スプロール化です。構造化が進んでいる図書館や公民館、社会教育センターなどに比べると、博物館の構造は希薄です。自治体によって状況は異なりますが、私が勤めていた名古屋市では、各区にひとつずつ図書館があり、さらに中央図書館があるという構造化をよくしていました。博物館はそうではありませんから、「いまもなおシステム論が必要なのだ」という議論が成立する一方、「システム論の成り立たない範疇が博物館である」ということの証明が、ここにあるのではないかとも考えられるのです。あらためて言うまでもなく、そもそも博物館は、私立のものがたいへん多いです。本日の中井正弘先生のお話にも、「市民が自ら創る」博物館というのがありました。このことも、ほかの社会教育の施設とは異なります。

現実の教えるところは、博物館をシステム化、統制することは、虚構なのではないかということです。システム論的な橋下府政の博物館論は、虚構としてのみ成立する、ということ。であれば、関西州立弥生文化博物館であっても、何の問題もないと言うべきだろうと思います。この場合の問題は、問題があるようにしている制度設計の側にあるとみなすことになりますが、これには博物館研究以外の知識を必要としますので、ここでは立ち入りません。

四　博物館の機能

さて、ここまでは博物館の〈形態〉に関してお話してまいりました。ひき続き、〈機能〉のお話をしたいと思います。と申しますのも、府立弥生文化博物館が「出かける博物館」という事業を開始した、というニュースに接しました。それによれば、「統廃合案が一時示されたが、積極的な館外活動を条件に当面の存続が決められていた」（「読売新聞」、二〇〇八年九月二十八日）とのことです。「出かける博物館」は、博物館の〈機能〉にかかわることがらです。公開・教育の機能。いわゆるミュージアム・エクステンション、博物館拡張ですね。〈形態〉の圧力が、〈機能〉の変更をもたらしたことになります。博物館だけの話ではなく、組織は危機に瀕すると外へ向かうという傾向があるようですが、これを聞いて想い起こしたのは、次のことです。

一九二九年に世界恐慌が起こります。アメリカの博物館は私立や財団など基本的に寄附で成立しているものが大部分であり、恐慌によって資金調達が困難となる事態が起きました。そこでアメリカの博物館は何をしたか。ミュージアム・エクステンションと称して、外へ出てゆきました。いままで博物館のサービスが届かなかったところへ出かけて事業をおこない、寄附を集めることをしたわけです。以下は実証の必要がありますが、寄附を集めると言いましても、出た先で入場料をとったり、寄附を集めたりすることの意ではなく、このような事業をおこなっているということを売りにして、富者から寄附を集めることだったのではないかと思われます。と申しますのは、世界恐慌後、ニュー・ディール政策が実施され、アメリカは福祉社会を指向しました。福祉社会とは、お金持ちにお金を出させ、そのお金を貧者にまわすというシステムの社会です。博物館においても、いままでなかった外での活動をおこない、それを理由にしてお金持ちから資金を出してもらおうとしたのではないかと考えられるのです。このようにアメリカのミュージアム・エクステンションは、経済的危機によるものでした。

また、戦争危機を契機にしたものもありました。満洲国の新京にあった中央博物館のケースです。日中戦争の開始によって資材や建物がなくなり、独自の建物で博物館をつくる予定だったのができなくなりました。そうすると貸ビルを借り、「庁舎なき博物館」を標榜して街頭に出て、まさに出かける博物館を、「博物館エキステンション」と名づけて大々的におこなったのです。もちろんこれは、アメリカのミュージアム・エクステンションを参考にしています。満洲国国立中央博物館は、戦争危機を契機にして外に出てゆきました。大阪府の出かける博物館も、こうした危機対応の一例であることが、過去例から照らし出されるでしょう。このように個々の博物館において、〈機能〉にかかわる努力が、「当面の」状況を切り開いてゆく、現実の担保になるのだろうと思います。その〈機能〉のお話を続けます。

博物館の機能は、内在的機能と外在的機能に整理できます。鶴田総一郎は、博物館の機能を「収集」「整理保管」「研究」「教育普及」の要素で説明しました。伊藤寿朗は、収集・保管、調査・研究、公開・教育の三機能を言います。研究者によって異同はありますが、いずれも博物館法第二条をもとにしています。第二条は、「この法律において「博物館」とは、歴史、芸術、民俗、産業、自然科学等に関する資料を収集し、保管（育成を含む。以下同じ。）し、展示して教育的配慮の下に一般公衆の利用に供し、その教養、調査研究、レクリエーション等に資するために必要な事業を行い、あわせてこれらの資料に関する調査研究をすることを目的とする機関」と定義しています。そしてこれらは、博物館に内在する機能です。いついかなる状況にあっても、この機能を有するものが博物館である、という意味での機能となります。

これに対し、博物館に外在する機能があります。博物館を外側から規定する機能のことで、法の構造を参照しますと、博物館法を規定するのが社会教育法、さらに社会教育法を規定するのは教育基本法ですから、教育が博物館の外在的な機能となります。つまり博物館は、内在的に教育の機能を有しながら、外側あるいはメタ・レベルにも教育を持つことになります。そのため、教育が絶対視される、あるいは優位にみられることがふつうです。慣れ親しんでいるわけですが、これは一九五一年以降の状況です。

それ以前、明治以降、わが国の博物館は、産業振興、教育振興、古器旧物保存つまり文化財保護という大きく三つのテーマの消長のうちに推移しました。ここで申したいのは、「博物館とは教育の施設、機関である」と書かれるばかりが博物館なのではないということ。「博物館とは教育の施設、機関である」というストック・フレーズによって隠された、あるいは排除された教育以外の外在的機能、およびその博物館があるということです。今回は、それを「産業」というテーマにしぼって見てみてゆきたいと思います。

五　産業と博物館

一九五一年に制定された博物館法は、その第一条において「博物館の設置及び運営に関して必要な事項を定め、その健全な発達を図り、もって国民の教育、学術及び文化の発展に寄与することを目的とする」として、博物館を「教育、学術及び文化」に位置づけました。以降、これが戦後の博物館に関する原則として観念されてゆきます。しかし、実はこれも歴史・社会的な所産に過ぎません。第一条のこの箇所は、法案の作成過程で「教育、学術及び文化の発展に寄与するとともにあわせて産業の振興に資する」としていた時期があり、最終的に「産業の振興に資する」を削除した経緯をもっているからです。

また、これより時期が遡りますが、明治期の殖産興業をテーマとする産業系博物館は、一九二〇年に農商務省の所管で制定された道府県市立商品陳列所規程という制度においてスタンダードを確立し、脱博物館化してゆくという事態がありました。[10] これによって、政策上の博物館のテーマは、教育振興と、古器旧物保存つまり文化財保護に偏ってゆくことになります。以上を踏まえつつ、産業と博物館の推移は次のように区分できます。

明治期：殖産興業政策下の博物館

大　正　期：産業系博物館の脱博物館化
昭和前期：博物館に継起する産業の主題化と専門化
昭和後期：産業の削除・隠蔽と企業博物館（〜平成）

脱博物館化した産業系博物館である商品陳列所とは、幕末の「物産」の延長であるところの「商品」に関して特化した博物館と言えます。産別的に脱博物館化したことになります。したがってこれとは異なる別の産業や、遅れて登場する新興の産業は、個別に、また単発的に博物館を活用する、そういう事態が相継いで起きてゆきます。たとえば、渋沢敬三の実業史博物館構想や、満洲国における藤山一雄の民俗博物館などがこれに該当します。今回は、そのひとつ大阪市立電気科学館の事例を見たいと思います。以下、電気科学館と略します。

電気科学館はこちらの地元の博物館ですから、みなさまも必ずや一度はいらっしゃったことがおありだと思います。いまの大阪市立科学館の前身で、かつては、日本のどこにもない、たいへんユニークな博物館であったということをお話したいと思います。

電気科学館は、一九三七年に開館します。が、何もないところから始まったわけではありません。大阪市は、大阪電灯株式会社を買収して一九二三年に電灯事業を市営化します。それ以降、一九二八年の電灯市営五周年記念大礼奉祝交通電気博覧会の開催、一九三〇年の電気普及館の開設、および日本で最初の普及係の設置、一九三一年の市電の店の開設、一九三三年の電灯市営十周年記念電気科学博覧会の開催など、たいへん積極的に「電気知識の普及と、電気利用の促進に努め[11]」ます。電気科学館は、電灯事業市営化十周年を記念する最大の事業であり、「電気普及館、市電の店の延長」たる「一大サービス施設[12]」として

階	区分	内容
16階		遙拝場、展望台
15階	防空塔	
14階	防空塔	灯火管制監視室
13階	防空塔	灯火管制司令室
12階	防空塔	
11階	防空塔	各種防空参考資料の陳列並に防空施設
10階	防空塔	
9階	防空塔	屋上遊歩場、市内眺望場、天体観測場
8階		事務室、電気室
7階		休憩室、売店
6階	天象館	プラネタリウムホール
5階	電気館	電気原理館、図書室（閲覧室、書庫）、研究室兼講堂
4階	電気館	電気照明館
3階	電気館	電力電熱館
2階	電気館	弱電無電館、来賓室、事務室、其の他附属室
1階		陳列所市電の店、飾窓、電気相談所、電気器具試験場、其他附属室
地階		一般食堂、電気機械室、付属工作室、其他附属室

図1　大阪市立電気科学館階層略図

計画されました。

ただし、即座に博物館として設計されてはいません。一九三三年の建築認可に用いられた際の当初の設計は、「地階食堂、一階市電の店並に市電乗客係事務所二階貸室、三階美容室、調理室等衛生施設、四階は大衆浴場とし、五階には大食堂を設け」「六階はスケートリンクを置く[13]」というものでした。ここに、市電の店はありますが、電気普及館の「延長」が見られません。しかし、一九三四年に起工した後、一九三五年に五階以下の設計を変更して電気館が設けられます。さらに同じ年、六階から八階をスケートリンクからプラネタリウムホールへと設計変更します。このように、着工後にもかかわらず大幅な設計変更を繰り返して、電気科学館はできあがってゆきました。その結果、以前の電気普及館が二階から五階の電気館（二階：弱電無電館、三階：

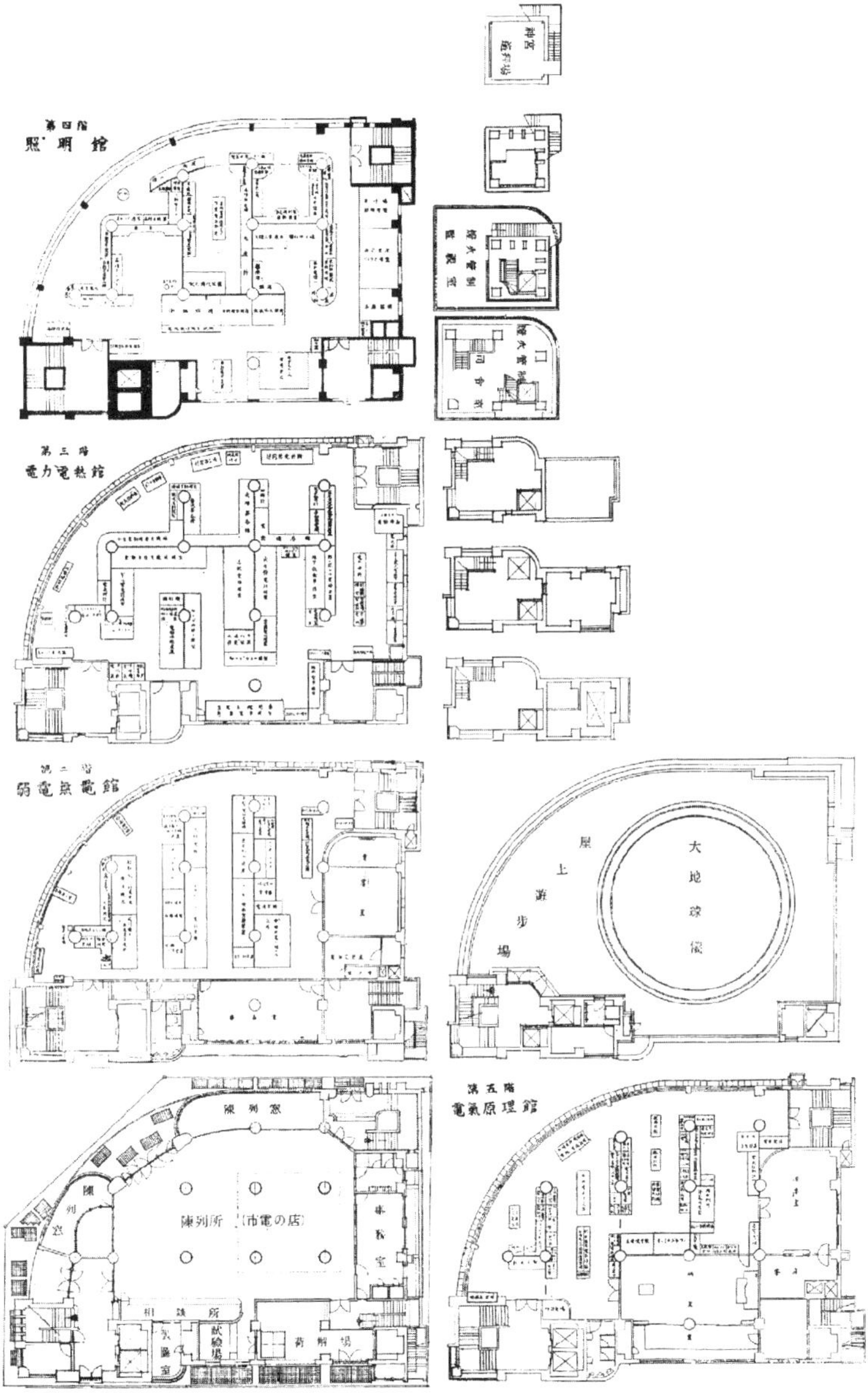

図２　大阪市立電気科学館平面図

電力電熱館、四階：照明館、五階：電気原理館）となります。同じく、市電の店が一階にはいります。そして、六階から九階屋上にかけて天象館が新設されました（図1）。

六　娯楽性と科学・教育性、産業振興

さて、電気科学館の設計変更してゆく事態に対して、大阪市立科学館の加藤賢一さんが、「娯楽志向から科学・教育施設へ変更した」[14]と書いていらっしゃいます。一見すると、時間的にはそのように見えますが、電気科学館が「電気普及館、市電の店の延長」としての「一大サービス施設」であったことを踏まえれば、当初設計と開館時の構成は、基本的に時間差以上のあとさきの関係、先後関係にはなかったのではないかということに想いいたります。つまり、当初設計の諸施設は「何れも遺憾なく電気を利用して電気応用の範を示して、電気利用の極致を実地に行くもの」[15]と位置づけられており、単なる娯楽の施設ではありませんでした。

察するに、当初設計の来館者モデルは、髪や肌を整え、入浴し、食事をし、屋内で氷上を滑る、などなど電気がもたらす最新の文化を享受し、市電の店で電気器具も買い求め、近代的かつ合理的な電化生活を送る大衆、となるでしょうか。電気科学館において、これら娯楽的な要素は「電気応用の範」かつ「電気利用の極致」であり、この点を除外してはあり得なかったわけです。同様に、開館した際の利用者モデルも、世界で二十五番目、東洋唯一のプラネタリウムを観て、電気館の展示で実験し、やはり一階の市電の店で電気器具を買い、近代的かつ合理的な電化生活を送る大衆、となるでしょう。実際プラネタリウムも、第一には「電気応用の最高極致」であり、天文は二の次のことでした。こうした点を踏まえれば、「娯

楽志向から科学・教育施設へ変更した」のではなく、「娯楽性も科学・教育性も」と考えたほうが自然だろうと思います。

では、「娯楽性も科学・教育性も」を可能にしたのは、何だったのでしょうか。両者は、往々にして対立するものとして見られがちです。ちなみに、動物園もこの問題をかかえてきました。動物園は明治から大正にかけて増えますが、基本的に娯楽施設でした。そこに動物学者などが就職し、動物園を動物分類学的な観点でとらえかえし、教育施設を指向するようになります。娯楽か教育か、あるいは娯楽から教育へとして、

図3　「市電の店風景「内部」」

図4　「市電の店風景「ウインドウ」」

図5　「電気相談所」

両者は対立的にとらえられてゆきます。これが電気科学館で共存できたのは、「娯楽性も科学・教育性も」として両者を調停するメタ・レベルがあったからだと言え、そのメタ・レベルとは産業振興の論理だったと考えられるのです。

同館の目的は、条例上は「電気其の他の科学知識及技術の普及並に向上を図る為」（第一条）でしたが、電気局長の木津谷栄三郎は「特に我国最重要の産業都市たる本市の特殊性に鑑み、産業指導機関としての機能の発揮に期待する」[16]としていました。市電の店も「電気事業の円満なる発達に資するは勿論、併せて産業開発と生産能率の増進に万全を期せんとする」[17]もので、当初から「市電の店は電気器具機械を陳列し即売する所であるが単なる売店ではない。優秀なる製品の紹介、標準製品の廉価供給と共に、公正便利なる相談相手として、需用家に対するサービスステーシヨンの役目をなし、他方製品の展示会場として製造者えの刺戟ともなり、品質の向上をうながして居る。従つて陳列品は全て試験係、工事係に於て綿密なる検査を経たものである」[18]という性格のものでした。博物館の売店と言いますと、昨今ミュージアム・マネジメントのもとで喧伝されるミュージアム・ショップおよびその論を思い浮かべますが、およそ似て非なる施設であったことに気づかされます。

電気科学館は、このように電気産業の振興をテーマにしていました。そしてそのもとで、博物館は大いに大衆化します。その構造は、「娯楽性」と「科学・教育性」、そして「精神性」でした。今回の報告では、このうち精神性についての説明を省略しましたが、プラネタリウムに関する「情操教育の機関として、又精神修養の道場としても大衆の精神訓練の目的を持つ文化的施設である」[19]とする館長のことばに、そして何よりも、建物の最上階に鳥居を立て遙拝場とする建物の構造そのものにあらわれています。その大衆性ゆえでしょうか。電気科学館は戦時総動員体制の一翼をきわめて積極的にになってもゆきます。一九四五年四月、電気科学館が市民局の町会課の所管になります。この課は、戦時下の町内会や隣組を指導するセクションでもありました。

前後しますが、開館後の電気科学館を急ぎ足で見てゆきましょう。市電の店は、一九四二年におこなわれた国家管理下の民営を戦後も続けます。つまり大阪市の電気事業は、戦時下の配電統合によって、一九四二年四月から関西配電株式会社の所管となります。同年十一月には同社が引き上げてしまい市電の店は閉鎖されます。電力事業が国家管理下となった時点で、地方自治体が直接市民に啓蒙して電気を普及することそれ自体が終焉したわけです。それでも、戦後になった一九四七年七月、電気科学館は陳列所を再度運営するために三菱商事株式会社機械部と契約します。しかし財閥解体のためこれは頓挫し、あらたに株式会社科学の店が設立されこれの運営にあたります。この会社は、一九五〇年八月に関西電気商品株式会社と改称された後、関西電力の前身である関西配電株式会社の関係会社となり、基本的に国家管理下の民営が継続してゆきました。

電気産業の振興は国家に委ねられて、電気科学館における電気と天文は「教育、学術及び文化」になります。これの制度的表現が、電気科学館の教育委員会所管の定着であり、産業界からなる電気科学館協力会による支援でした。

まとめ

長くなりました。まとめます。橋下府政の博物館論は、集権的で、戦前的で、機能論のない形態論でした。今回お話しなかったことに、大阪ミュージアム構想があります。ホームページを見ましたが、新しい試みと言えるものは見あたりませんでした。これまでの博物館のいろいろなアイテムがちりばめられてはいます。たとえば市民学芸員。それからベストギャラリー。これは人気投票ですね。どれも過去におこなわれたものばかりで、二十世紀的でした。

橋下府政の博物館論が〈形態〉を問題にしてきたのに対して、〈機能〉で応じたのが出かける博物館でした。このような対応関係が、よく成立したものだと思います。この事実は、橋下府政が博物館というものを理解していないことを示しています。理解していないから、この対応関係も成立し得たのだと言えます。しかし、これにて博物館が存続するのならば、それはそれでよいのかもしれません。そして、この出かける博物館自体も、新しいものではありませんでした。

府立の博物館を、これからどうするのかについてですが、廃止、ミュージアム構想、出かける博物館、いずれをも越えるような新しい博物館を目指してよいのではないかと思います。博物館史の地平は、すでにその先を指し示しています。いくつかのことが考えられますが、博物館の内在的機能、収集・保管、調査・研究、公開・教育をきちんと押さえたうえで、今回は外在的機能をどうするのかということで申し上げたいと思います。つまり、産業振興ということを外在的機能のひとつとしてはどうかと思うのです。戦後に未発の産業振興を主題にする。逆説的に主題化する。本日、産業のお話をした主眼はここにあります。

たとえば府立弥生文化博物館は、どのように産業に関わることができるのか。教育産業、大学産業がありますね。考古学産業、弥生文化産業などというものが成立するのでしょうか。文化財保護運動によって文化財保護に関するセクションが行政に設けられて、就職先の少なかった考古学研究者に就職先ができました。雇用をつくりだしました。この意味で文化財保護はすでに経済活動です。発掘調査は教育・学術の範疇ですが、いまでは住宅やマンションなどの産業の工程に組み込まれ、やはり経済活動です。これをもっと拡張することはできないでしょうか。一昔前、介護が産業になるとは思いもしませんでしたね。

戦後の博物館は、内在する機能をまっとうすることにおいて、すなわち内向きに発展してきました。これはこれで大いに賞賛されてよいことです。しかし、外在する機能に関しては等閑に付してきた、あるいは通俗にまかせてきた。ここに弱点のあったことを、橋下府政の博物館論があかしました。今後全国規模で道州制への圧力が増してゆきますが、外在的機能は言うにおよばず、さらにその外側、メタ・レベルから博物館の更新が求められてくることは必至です。廃止も甘受するとして、状況主義的に進むのであれば言うことは何もありませんが、博物館の内外を貫く機能、システムを構想、実践することを通じて、道州制に対する、対症療法ではないのりこえを模索してもよいのではないかと思うのです。そのケース・スタディのためのサンプルとして、産業のお話をさせていただきました。

ちょうど時間となりました。私の報告は、これで終わります。ありがとうございました。

注

(1) 伊藤寿朗「日本博物館発達史」伊藤寿朗・森田恒之編『博物館概論』、株式会社学苑社、一九八一年(三版、一九七八年初版)、一六九頁。
(2) 鶴田総一郎「博物館学総論」社団法人日本博物館協会編『博物館学入門』、理想社、一九五六年、二一頁。
(3) 同論文、二三-四一頁、参照。
(4) 同論文、二一頁。
(5) 小島弘義「博物館の建築」伊藤寿朗・森田恒之編、前掲書、三九八頁、参照。
(6) 「博物館施設に関する建議」『博物館研究』第一巻第四号、博物館事業促進会、一九二八年、一-二頁、参照。
(7) 伊藤寿朗「博物館法の成立とその時代――博物館法成立過程の研究――」『博物館学雑誌』第一巻第一号、全日本博物館学会、一九七五年、三八頁。

(8) 棚橋源太郎『眼に訴へる教育機関』、宝文館、一九三〇年、(「叙言」)二頁。

(9) 同『博物学綱要』、理想社、一九五〇年、三頁。

(10) 犬塚康博「屹立する異貌の博物館」『学芸総合誌 環』Vol. 10、藤原書店、二〇〇二年、二二五-二三一頁、参照。改稿して、「屹立する異貌の博物館」『藤山一雄の博物館芸術――満洲国国立中央博物館副館長の夢』、共同文化社、二〇一六年、に収録した。

(11) 小畠康郎編『電気科学館二十年史』、大阪市立電気科学館、一九五七年、頁番号なし(「はしがき」)。

(12) 同書、三三頁。

(13) 同書、三四頁。

(14) 加藤賢一「大阪市立電気科学館の歴史」『大阪人』第六〇巻十月号、財団法人大阪都市協会、二〇〇六年、三八頁。

(15) 小畠康郎編、前掲書、三四頁。

(16) 同書、四八頁。

(17) 同書、一五六頁。

(18) 同書、二一一-二一二頁。

(19) 同書、五一頁。

図表説明

図1　大阪市立電気科学館階層略図
小畠康郎編『電気科学館二十年史』、大阪市立電気科学館、一九五七年、四一-四二頁、に基づき同書のその他の記述を任意に補って筆者作成。

図2　大阪市立電気科学館平面図
同書、八七-一六六頁、に基づき改変して筆者作成。

図3「市電の店風景「内部」」

同書、一五八頁、を改変して筆者作成。

図4 「市電の店風景「ウインドウ」」

同書、一五八頁、を改変して筆者作成。

図5 「電気相談所」

同書、一五八頁、を改変して筆者作成。

表 「本邦ニ建設スヘキ博物館ノ種類及配置案」の博物館システムのモデル
「博物館施設に関する建議」『博物館研究』第一巻第四号、博物館事業促進会、一九二八年、一 - 二頁、に基づき筆者作成。

付記

本章は、二〇〇九年三月二十日に大阪の文化財と博物館を考える会の主催で開催された「大阪の文化財と博物館を考える集い・Ⅳ／市民はどのような博物館を求めているのか」でおこなった報告（原題「博物館はどのような存在であったのか――博物館史の立場から――」）です。文章化に際しては大阪府関係職員労働組合教育委員会支部文化財保護分会の横田明さん、小林義孝さんのお力添えをいただきました。記して御礼申し上げます。

なお、文中の引用は、旧字体から新字体への改変にとどめ、かなづかい、拗促音、句読点、地名、誤脱字などは原文のままとしました。年号表記はすべて西暦年でおこない、地名は基本的に当時のものを用いました。人名の敬称は省略しましたが、統一していません。人名の旧字体、新字体も統一していません。

また、報告のなかの「博物館のシステム論」から「博物館外部システム論」『千葉大学人文社会科学研究』第一九号、千葉大学大学院人文社会科学研究科、二〇〇九年、九一 - 一〇六頁（http://mitizane.ll.chiba-u.jp/metadb/up/irwg10/jinshaken-19-7.pdf）（改稿して、本書の「博物館外部システム論」に収録）を起稿しました。あわせて参照いただければ幸いです。

Ⅱ　追放・従属

一九四〇年代前半東京科学博物館の団体研究と「開放された大学」

はじめに

東京科学博物館の嘱託、学芸官、技官として、一九四〇年代を過ごした杉山隆二は、一九八二年、『井尻正二選集』に寄せて、博物館時代を次のように回顧した。

そのうちに、私も東京科学博物館地学部の嘱託を兼ねて、一緒に仕事することになり、昭和一七年、共に学芸官に任官して、博物館専属になった。「大学的研究と博物館的研究」――大学、特に地質学教室での研究に博物館的研究が多い。博物館で大学的研究の見本をやるんだと、格好よく息巻いていたものである。団体研究もこうした中で生れた。(1)

井尻正二は、一九三六年七月に東京科学博物館の嘱託となり、四年遅れて杉山も同館嘱託となった。一九四二年二月の官制改正で学芸官の増員があったとき、ともに学芸官となる。

杉山の文章にある「大学的研究と博物館的研究」と「団体研究」(以後、団体研究と称する)(2)は、井尻の

『古生物学論』(一九四九年)で論じられたが、別立てされていたため相互の関係はわからなかった。[3] それが杉山のひと言で、包含関係にあったことが明かされたのである。また、「大学的研究と博物館的研究」と団体研究が、井尻の所論と観じられてきたが、井尻だけのものではなかったことも、杉山の回想から知られるところとなった。「大学的研究と博物館的研究」と団体研究は、東京科学博物館地学部のスタッフであった杉山と井尻とによる、博物館理論、博物館実践であった。

密接不可分の両者ではあるが、井尻にならい筆者もそれらを分離して、「大学的研究と博物館的研究」についでは別稿[4]を起こし、機会をあらためて結合することを庶幾した。本章は、団体研究をめぐる言説の過程を検討するものである。

一　団体研究のテクスト

一　一九四一・一九四二年の団体研究

団体研究に関する早期の詳しい言及は、一九四二年の「地質学の実地指導案内／山中地溝帯及其の周縁地域の地質調査並地質図製作に就いて」(以下「地質学の実地指導案内」と称する)に見える。

昨年の夏、杉山隆二君と私が指導者となり、大学程度の地質学の実地指導と、学界の一研究機関たる博物館の研究を兼ねて、山中地溝帯の中生層を中心として関東山地西北部の地質学的団体研究を行つた。我々の他に参加せる者13名、約1ヶ月の期日を費して、此の型破りの大学的研究、而も他に例の少い団体研究が行はれた。[5]

短い文章中の一段落に、団体研究の語が二回登場する。しかもそのうちひとつは、ゴシック体であらわされている。記事の後半にある項目名のゴシック体を除外して列記すると、ゴシック体の使用は「〝博物館は開放された大学である〟」「〝断片的事実〟」「〝開放された大学〟」「〝秩父盆地の第三系より古第三系の発見其の他〟」であり、いずれもカギ括弧、ダブル引用符で括られていて、「地質学の実地指導案内」のキーワードと思われる。掲載誌の本文は明朝体を基本としていて、ゴシック体の部分的使用は誤植の可能性がないわけではないが、ほかの記事を参照しても乱れはないため、原稿どおりの植字とみなせる。原稿執筆者つまり井尻が意図した強調のひとつに、団体研究のあったことがわかる。

上の引用文から、井尻によって掲げられた団体研究の特徴は、以下に要約できる。

(A)「大学程度の地質学の実地指導」であること。

(B) 博物館を「学界の一研究機関」と位置づけた上での「博物館の研究」であること。

(C)「型破りの大学的研究」であること。

(D)「他に例の少い団体研究」であること。

二　団体研究の特徴

各項を検討してゆこう。(A)は、団体研究の学問的水準を「大学程度」と言う。井尻じしんの、大学での地質学体験を参考にして、そのようすを想像したい。

私たちがはじめて――しかも地質学のフィールドとしてもはじめて――中央構造線にお目にかかった

のは、今から40年まえ、昭和9年（1934年）の夏であった。というのは、昭和11年（1936年）東大理学部地質学科卒業組は、中期生（2年生）のとき、坪井誠太郎先生の御指導で、四国の中央構造線以北の、和泉砂岩層と花崗岩の関係をきわめる、という進級論文のテーマをさずかったからである。

先生のテーマは、高縄半島に露出している花崗岩が、和泉砂岩を貫いている、という当時の報文に、疑問をいだかれたところに端を発していた。そして両者は、報文とは逆に、後者が前者をおおう不整合関係にある、ということを証明しよう、というねらいであったのである。

そのため、私たち中期生8名は、2名づつ4斑にわけられ、中央構造線以北の、四国の横断調査に従事させられたわけである。

ところがその結果は——坪井先生にははなはだ申しわけないことではあるが——私たちは先生のテーマはそっちのけで、日本の地質学誕生以来の重要問題、すなわち明治18年（1885年）、ナウマンの提唱にかかわる中央構造線に興味をもち、進級論文もいいかげんにして、中央構造線論議に花を咲かせる始末とあいなってしまった。

こうして私たちは、中央構造線によって、地質学徒としての洗礼をうけ、その影響は今も私たちのクラスの面々には残っている、と思われる。とりわけ、今回のシンポジュームの主唱者の一人・杉山隆二君は、その代表といえるかもしれない(6)。

長い引用をしたのは、ここに井尻の地質学の原体験があるように感じられたからである。この過程を要約すると次の三項となる。なおこの三項は、本節四項で参照する。

(1) 契機としての坪井誠太郎の批判的精神。
(2) その物質化としての実地調査と議論の集合体験。
(3) 当初のテーマ(1)からの逸脱。

また、別のところで井尻は、「学校（大学のこと――引用者注）の実習だけではまだ満足できないで、日曜日ごとに、同級生らが相かたらって、関東一円の山野へでかけていった。つまり、これが地団研の名物の一つの「日曜巡検」の元祖だったと思う」[7]と書いていて、参考になる。

(B)の「学界の一研究機関」のことばには、自然史学のアカデミズムが相手にせず、井尻たちも「勧工場」[8]と揶揄した、東京科学博物館という名前の教育博物館に研究機能がそなわり、学術博物館へと変わったことがあらわれている。付言すると、官制改正に先立つ一九三九年三月、東京科学博物館すなわち国立科学博物館にとって最初の研究報告が刊行されたが、その巻頭を井尻の論文が飾っていた[9]。それは、学会誌に投稿したもの[10]と同じテーマ、内容であったが、博物館史に象徴的な位置を井尻は占めていたのである。

そして井尻は、研究機能をもった東京科学博物館がおこなう研究を「博物館の研究」と言う。「大学の研究」ではない。漢語であらわせば「博物館的研究」である。ただちに、本章冒頭の杉山の回想と、井尻の『古生物学論』における「大学的研究と博物館的研究」が想起されよう。そこで井尻は、「地表の岩石の分布を図示するという目的をもつた地質図の製作や探検資料の整理なども、これまた、博物館的研究に属することは当然である」[11]と書いていた。これと、「山中地溝帯及其の周縁地域の地質調査並地質図製作に就いて」を副題とする「地質学の実地指導案内」が同調することは、次の文章によってあきらかである。

其の結果は、博物館に多数の地質学的資料を蒐集し、併せて昨日までは地質学の一年生が地質調査の技術を獲得し、地質図を満足に読む事すら出来なかつた人々が地質図を作る事が出来る様になつた。加之、此等の所謂素人連が一大地質学的発見を斎して、学界に大なる貢献をなす事が出来た。

今春の日本地質学会第49年総会の席上、「秩父盆地西縁の地質に就いて」と言ふ演題の下にて、昨日までの此等素人連に依つて、〝秩父盆地の第三系より古第三系の発見其の他〟が報告されたのが夫れである。

以上の事実に依つて、我々は、正規の教育を受けない人々でも、指導の如何に依り、或は研究の條件を与へる事に依つて、正規の教育を受けた人々に勝るとも劣らぬ地質家、即ち、地質学者及地質技術者となり得る事を立証した次第である。[12]

東京科学博物館で実施した団体研究が、博物館的研究のモデルであった。

(C)「博物館の研究」を井尻は、「型破りの大学的研究」と言う。『古生物学論』を参照すると、論理的研究が型破りの理論的研究という意味になるが、この理解でよいかどうかわからない。大学でおこなう研究として見た場合でも、一般的、常識的でない研究という程度の謂いであったのではないだろうか。引き続き考察を要する。

(D)「他に例の少い団体研究」とは、一九四二年以前に求めると、一九七〇年になって「最初の団体研究の芽[13]」と呼んだ、上床国夫、大塚弥之助、井尻、片山勝、蔵田延男による一九四〇年の本荘・黒沢尻間地質の協同研究、上床、大塚、井尻、今井秀喜、森本良平による一九四一年の鳴子・新庄・酒田間地質の協同研究を指すものと思われる。

三　一九四一年と一九四二年の違い

「地質学の実地指導案内」は、一九四一年と一九四二年の調査を団体研究としていた。そこに書かれていた学会発表の演旨「秩父盆地西縁の第三系に就いて」も、「東京科学博物館地学部に於ては、地学部職員の研究、並に一般大衆の地質学実地指導を兼て、昨年の夏以来、山中地溝帯及び其の周縁地域の地質調査を団体研究の形式で行つて居る(14)」と、一九四一年の調査を団体研究と書く。しかし、両年の調査ともに団体研究とする認識と、一九四二年の調査をのみ団体研究とする認識とがあった。

当事者の言説を時間順に見てゆくと、「地質学の実地指導案内」とほぼ同時期におこなわれた雑誌主催の座談会で、杉山が次のように述べている。

> そこで去年の夏大日向村附近は私が、東の方の埼玉県秩父小鹿野町附近は井尻君が指導して、二班に分れて、野外地質調査の実習を行ひました。
>
> （略）
>
> 次に昭和十七年のこの夏ですが素人として、去年は実習

図　東京科学博物館の団体研究の座談会記事

された方々も、地質調査の技術を相当修得されてゐますから、愈々その技術の下に科学して行かれる段階に入つた訳であり、今年度はそれ等の人と一緒に団体研究といふ一つ進んだ段階で山中地溝帯の調査を行つてみたいと思つてをります。勿論団体研究をやつて行きながら、又フレツシユ・マンの実習を指導しフレツシユ・マンの参加を僕等としては歓迎してやつて行きたいと思つてゐます。(15)

つぎに、一九四四年一月の日付を末尾にもつ論文「関東山地に於ける推し被せ構造の再検討」には、「東京科学博物館地学部に於ては昭和16年夏以来、地学初心者の育成を兼ねて、団体的研究法による関東山地の地質調査を計画し、既に秩父盆地・山中地溝帯・秩父鉱山及び下仁田町附近等に就いてはその成果を報告し得るに至つた。この計画の1部として、筆者等は昭和18年夏より関東山地北東辺地域の地質学的研究をも行つた(16)」とある。つぎに「秩父盆地の第三系」(一九五〇年五月刊)の一九四四年四月脱稿の「序」で井尻は、「東京科学博物館地学部においては、昭和16年以降、地学部職員の研究ならびに地質学愛好者に対する研究指導をかねて、秩父盆地の第三系・山中地溝帯の中生界、およびその周辺の地域を団体研究の形式で地質学的研究を行つた(17)」と書いていた。

さらに、一九四七年五月の時点で、岩井四郎が「昭和16年夏当学部に於て一般地学愛好者を集めて地質野外実習を行つた(18)」と記し、杉山が「昭和16年夏東京科学博物館地学部に於ては一般地学愛好者の地質野外調査実習を計画し、筆者は長野県南佐久郡大日向村大日向鉱山附近(大日向班)の調査指導を行つた。昭和17年夏同学部に於ては、「関東山地特に山中地溝帯並に秩父盆地の地質学的研究」を主題として団体研究を企図し、筆者はその1部として群馬県多野郡上野村塩ノ沢・坂下と十石峠との間の地域を分担して地質調査を行つた(19)」としている。

井尻は、「秩父盆地西縁の第三系に就いて」で一九四一年を、「地質学の実地指導案内」と「秩父盆地の第三系」で一九四一年と一九四二年の双方を団体研究とし、杉山ほかは一九四一年を「野外地質調査」「一般地学愛好者を集めて地質野外実習」「一般地学愛好者の地質野外調査実習」、一九四二年を団体研究として別の表現をしていた。本章は、井尻と杉山らとの相違を確認するにとどめる。

ちなみに、前記の座談会出席者十一人のうち四人と氏名のわかる欠席者三人のうち一人は、地学部採集員の肩書きをもつ早稲田大学生であり、全体の三分の一以上を占めていた。これは、一九四一年当時、同大学で杉山が講師として教えていたことによる動員であった観がある。そして、一九四二年二月以降、杉山が学芸官に任官して官吏になり、同大学を離れたのにともない、学生の動員から博物館利用者の動員へと転じ、その募集記事が「地質学の実地指導案内」であったと思われる。一九四一年と一九四二年の研究に対する、井尻と杉山の認識の差は、二人の履歴の違いを反映していたのかもしれない。

四　一九四三年以後の団体研究

つぎに、一九四三年の堂平山調査を団体研究とする言説を見てゆく。前出の「関東山地に於ける推し被せ構造の再検討」が堂平山調査の報告であり、一九四一年からの調査の一部に位置づけていた。一九四五年十二月脱稿の『古生物学論』では、井尻じしんの団体研究の実践例として「関東山地に於ける推し被せ構造の再検討」をあげている[20]。国立科学博物館を辞めさせられた二年後の一九五一年、一九四三年の堂平山調査で団体研究を「はじめて採用した[21]」と書く。くだって一九七〇年になると、前出のとおり一九四〇年の本荘・黒沢尻間地質の協同研究と、一九四一年の鳴子・新庄・酒田間地質の協同研究を、「最初の団体研究の芽」と言い、堂平山調査で団体研究「を目的意識的にやった[22]」とも書いている。

共著の「関東山地に於ける推し被せ構造の再検討」以外は井尻の単著であるが、団体研究史の表象が堂平山に絞られてゆく印象を受けるのである。一九四一・一九四二年の秩父盆地も一九四三年の堂平山も、時間、場所ともに一連であり区別されるものではない。しかし、一九四一・一九四二年は地質調査ならびに地質図作成であり、一九四三年は藤本治義のおしかぶせ構造説を否定しようとする「目的意識的」な調査であった。その過程は、

(1) 藤本治義のおしかぶせ構造説に対する批判的精神、
(2) その物質化としての堂平山での実地調査などの集合体験、
(3) 当初のテーマ(1)の確認、

と整理できる。この三項は、井尻たちが学生時代に体験した四国調査のそれに対応させている。(3)は(1)・(2)の結果であるため、異なることに問題はない。それを措いて、三項のうち二項が両調査に共通するのを見ると、四国調査が「関東山地に於ける推し被せ構造の再検討」の祖形のように感じられる。

ここで井尻の『古生物学論』を援用すれば、一九四一・一九四二年の秩父盆地は演繹的、博物館的研究であり、一九四三年の堂平山は帰納的、大学的研究となる。後者の仮説性の、前者の技術性に対する優位は動かしがたく、井尻が後者に傾注するのは当然である。その優位性と、団体研究の将来性とが、井尻の団体研究史表象を、堂平山に焦点化させていったのであろう。

二　団体研究のコンテクスト

一「開放された大学」

さて、前記のようにゴシック体の引用には二度、「開放された大学」の語があった。同じ掲載誌の雑報にもこのフレーズが見える[23]。一九三九年に東京科学博物館館長に就任した、坪井誠太郎の掲げたスローガンであると言う。座談会でも杉山隆二が、「館長が掲げられた「博物館は開放された大学である」といふスローガン[24]」と発言している。筆者の知り得た博物館に関係する図書や論文で、このことばを坪井のものとして確認できていないが、あったのであろう。坪井がそれと書くことがなくても、館のスタッフ会議でそうした議論がおこなわれ、それを杉山、井尻正二が文字にしたことは想像できる。さらに詮索すれば、議論のイニシアチブは若い杉山、井尻にあり、坪井が承認してゆくかたちであったのかもしれない。いずれにしても館の刊行物に掲載されたことをもって、館の意志として了解されたものとして受け取れる。

この坪井の「博物館は開放された大学である」の具体的実践として、十年来の地質見学旅行を発展させ、団体研究が開始された。次の一文が、その事情を告げている。

博物館の使命は、戦時・平時を問はず実に尨大なものがある。其の任務の一部として、地質部では昭和6年以來、地質見学旅行を通じて、地質学の知識を普及する事に務めて来た。併し、地質見学旅行から得られる地質学の知識は、未だ普通教育的な、「断片的事実」の把握の域を脱し得なかつた。

だが、我々は比の程度の科学知識普及に満足はしなかつたし、より以上に、地質見学旅行で向上した地質学の愛好者達は承知しなかつた。其の結果、俄然、昨年の夏を契機として、地質見学旅行は、一躍「開放された大学」の定義を実践にうつした。即ち、山中地溝帯及其の周縁地域の地質調査が夫れである。(25)

これをやや詳しくしたことは、座談会席上杉山の発言にも見られる。(26)

一九三四年の四国調査から一九四二年の「開放された大学」までの八年が長いか短いかは諸条件によって異なるが、筆者の印象では短い。しかも八年のあいだには、一九三六年に井尻が東京科学博物館嘱託になり、一九三九年に坪井が同館館長に就任するなど、二、三年おきにエポックが継起して、めまぐるしさが短く感じる印象を強調する。この過程を見るとき、坪井、杉山、井尻の深いかかわりを感じるとともに、ここに団体研究の出生の秘密があるように思えるのである。

一九三九年八月十五日、坪井は東京科学博物館の館長に就いた。東京帝国大学教授との兼任である。雑誌『科学』の巻頭言に寄せた「学術博物館」(27)が注目され、文部省から要請があり、それを受けての就任であったと言う。教育博物館(東京科学博物館のこと)とは別に学術博物館の必要を説いた巻頭言と、東京科学博物館を学術博物館にしようとする文部省の意向との奇妙な一致であった。その社会的・歴史的環境には、当時(一九三八年五月二十六日‐一九三九年八月二十九日)の文部大臣陸軍大将荒木貞夫が科学振興に熱心であったことや、自然史学者による国会を巻き込んでのさかんな自然博物館設立運動があった。

館長坪井は官制改正に着手し、一九四〇年にこれを果たす。第一条に研究機能が明記されて、東京科学博物館は学術博物館の体裁を整えた。一九四二年には、研究機能を実現する学芸官の定数も増え、杉山と井尻は嘱託から学芸官になる。このあとの二人の意気軒昂なようすを示すのが「地質学の実地指導案内」であり、「地学部再出発に際して」[28]であった。後者では、再出発の表徴として地学部から地質学部への改名がうたわれているが、実現したことは聞かない。ほかの部との関係もさだかでなく独走の観もするが、館長坪井の承認がなければできないことではあった。[29]なお、一九四二年四月ころ、再出発の挨拶状が研究者に届けられてもいる。[30]

二　科学動員

東京科学博物館の研究機能の成立とともにあり、「開放された大学」を体現した団体研究は、戦争への科学動員を進んで構成した。この団体研究が、戦後の平和と民主主義の科学の方法論となってゆくのは皮肉である。戦争に向けた一九三〇年代後半からの科学動員と、敗戦の理由にした科学力の差を克服するための一九四〇年代後半からの科学振興とが地続きであったことを示している。

荒木文部大臣の時代、一九三九年に文部省科学研究費交付金が新設されたことをとりあげ、それをめぐって廣重徹が投じた警句は次のとおりであった。

以上のことをやや詳しく述べたのは、こんにち政府や産業界の資金による研究がヒモつきになることを警告する研究者が、文部省科研費についてはなんの咎めも感じないらしいことが気になるからである。いま公の資金源から出る研究費で絶対無垢のものなどない。研究資金をはじめこんにちの科学研究体制は、すべて戦争を本質的契機として形成されてきたのである。[31]

廣重がこれを書いてから四十年ほどが経ち、商業の時代となった「こんにち政府や産業界の資金による研究がヒモつきになることを警告する研究者」は絶滅したであろうが、科研費も、東京科学博物館の研究機能も、団体研究も、「開かれた大学」も、「すべて戦争を本質的契機として形成されてきたのである」。これは、「文部省科学研究費に依る」「学術研究会議第54班（班長上床国夫博士）・大題目 南方油田地質の基礎的研究・小題目 油田の地質構造の研究・分担題目」「相良・焼津間の天然ガス――特に天然ガスと地質構造との関係――」の報告で、東京科学博物館地学部の学芸官井尻、学芸官補小川賢之輔、採集員山崎純夫、研究補手武藤勇が前書きした、次の一文からもうなずける。

昭和18年度に於ける、戦時科学動員下の重要研究の一部として、筆者等の分担した問題は、静岡県「相良・焼津間の天然ガス」―特に天然ガスと地質構造との関係―を研究することにあつた。[32]

三　団体研究と「開放された大学」のその後

東京科学博物館の団体研究、「開放された大学」を生み出した一九四〇年代前半の政治、経済、文化は、敗戦によって終焉する。坪井誠太郎は、一九四五年十二月一日に館が再開する直前の十一月二十六日、病を理由に館長を辞職して、「開放された大学」のスローガンは主を失う。館の事業は再開し、一九四九年六月十二日におこなわれる筑波山の地学見学旅行のための「初夏の筑波山（地学見学旅行）の手引き」[33]に井尻正二の名が見えるが、団体研究かどうかはわからない。そして、その年の十一月にレッドパージで井尻が辞職させられて[34]、団体研究の主も国立科学博物館からいなくなる。

以下に、団体研究と「開放された大学」にかかわる後史を見るが、あらかじめ言うと、そこには団体研究も「開放された大学」も登場しない。しかし、団体研究と「開放された大学」のおこなわれた時代が、後継者にどう見られていたかを知ることはできる。その時代の観られ方のなかで、団体研究と「開放された大学」が消去されたことをも。

一　『国立科学博物館百年史』の言説

一九七七年、井尻のレッドパージから二十八年後の『国立科学博物館百年史』に、次の一文がある。

坪井が館長就任を受諾したのは、上記（『科学』巻頭言「学術博物館」のこと――引用者注）の考えに従って、既存の本館に学術博物館としての機能を付与するため、すなわち本館の性格を改造しようと決意したからだといわれている。しかし現実には本館が学術博物館的性格をもったことによって、館長の意図とは関係なく、より一層戦時下の科学動員に組み込まれていった。[35]

「館長の意図とは関係なく」には、「館の意図とは関係なく」の意を含むのであろう。館長および館の、戦前、戦時の科学動員との無関係、すなわち戦争責任の不存在を願望する気持ちはわかったとしても、前節末の引用文にくわえて、「地質学の実地指導案内」を結ぶ井尻の次の一文が、この願望の見当違いを端的に物語っている。

我々は今年も、否！　今年に限らず博物館が健在である限り、開放された大学である博物館の一使命として、更に大東亜建設戦の火線を構成する地下資源開発の地質技術者をより多く養成する為に、そしてより実践力ある、地質学徒を前線に送る為に大学程度の地質学の実地指導を行はんとするものである。[36]

二 「開かれた博物館」の言説

坪井の回想は、その後も参照、引用された。一九八〇年代中期以降、国立科学博物館の事業改善運動「開かれた博物館」を推進した館長諸澤正道は次のように書く。

一方、研究活動についてだが折角画期的な改正によって研究者は研究活動に専念できる途が開かれたのであったが、昭和15年という年は太平洋戦争勃発の前年であり、時局があまりにも悪かった。じっくり腰を落着けて基礎研究にとりくむいとまなどとてもない。ないうちに開戦があり一時的な勝ち戦さの後戦局は急激に悪化し敗戦を迎えることとなった。「そんな時代に科学博物館のような文化施設が本当に発展することなどあろうはずがない」(制度改正をした当時の坪井誠太郎元館長談[37])。

坪井は、「17年の末近くに、世間はまだ戦勝の夢をもっていたとき、ひそかに戦争は絶望であって博物館の拡充などはもはや全然問題にならないことを知らされた。これは大きなショックであった[38]」と書いている。これは、坪井も一九四二年末ころまで戦勝の夢をもち、東京科学博物館の学術博物館化を進めていたことの告白である。これを受けてのことであろう、諸澤の引用には、戦局が悪化せず勝ち戦であったならば研究は発展した、という節が言外に感じられる。「館長の意図とは関係なく」よりは正直だが、坪井の「あんな時代に科学博物館のような文化施設が本当に発展することなどあろうはずがない[39]」ということばで括るのは、やはり科学動員の道を勇んで行進した館の事実が無視または隠蔽されていて、正しくない。二人の官立・国立博物館館長は、一九三八年からの日中戦争や一九三九年のノモンハン事件を忘れ、昭和「17年の末近く」以降の負け戦を反省しているに過ぎないのである。

そして、館長諸澤のもとで事業改善運動の実務をになった教育部長の大堀哲は、「近年、「開かれた大学」とか「開かれた学校」、「開かれた社会」等々、「開かれた」という言葉が随所で使われるようになっている。博物館も決して例外ではない」[40]と書いて、みずからの「開かれた博物館」の正当性、合理性を導いていた。はて、一九四〇年代前半東京科学博物館の「開放された大学」の「開放された」を、いったいどこへ遣ったのであろうか。

井尻も戦後、「開放された大学」に言及せず、そのもとでの団体研究の一部を、団体研究史の主流から除外していた。『国立科学博物館百年史』や「開かれた博物館」と立場の違いこそあれ、通底していたのかもしれない。

四　博物館史のなかの団体研究と「開放された大学」

一　特徴と評価

井尻正二がレッドパージで辞職させられずにいたら、国立科学博物館に団体研究は継続したであろうか。それはわからない。しかし、一九四〇年代前半の団体研究と「開放された大学」は、博物館史に稀有な体験であった。特徴を列記し評価すると、次のとおりである。

(a)　東京科学博物館官制に研究機能が定義され、坪井誠太郎の望んだ「学術博物館」になったとき、その実践として団体研究がおこなわれた。団体研究は「学術」の実践であった。

(b)　団体研究は「素人連」[41]をともなった。団体研究は、「学術」と「素人連」とで成り立っていた。

(c)　団体研究は、学芸官がイニシアチブをとり、学芸官補、採集員などの肩書で「素人連」が地学部スタッフを構成した。地学部すなわち学芸は、「学術」と「素人連」とで成り立っていた。

(d)　団体研究は博物館批判であった。二節一項の第一引用文に見られるように、従来の地質見学旅行を「普通教育的な、「断片的事実」の把握の域を脱し得なかった」と断じ、井尻たちが「満足はしなかつた」だけでなく、「地質見学旅行で向上した地質学の愛好者達」すなわち「素人連」も「承知しなかつた」として、博物館批判は「学術」と「素人連」とで成り立っていた。

(e)　「学術」と「素人連」とで成り立つ団体研究、学芸、博物館批判の起源は、坪井の「学術博物館」論にある。坪井の「学術博物館」がなければ坪井は館長にならず、東京科学博物館は学術博物館にならず、杉山も井尻も嘱託のまま職権は制限され、地質見学旅行は旧態依然で、団体研究等は生まれなかった。

(f)　教育博物館ではなく学術博物館を求める坪井の「学術博物館」論じたいが、そもそも博物館批判であった。そこに「素人連」の契機はないが[42]、「素人連」は団体研究以前から東京科学博物館の与件であった。「学術」の契機で論じられた「学術博物館」論が、館長就任後に東京科学博物館の現実――そこに杉山と井尻が居る――と調整されて獲得されたのが「開放された（＝「素人連」）大学（＝「学術」）」であったと考えられる。

以上の諸特徴から、「学術」と「素人連」とで成り立つ団体研究と「開放された大学」は、「学術」と「素人連」との分断と差別、その固定化を止揚する可能性を開く、わが国博物館史上おそらくはじめての体験であったと評価、仮説するものである。

二　博物館第三世代論

団体研究と「開放された大学」に類似するのが、博物館研究者である伊藤寿朗による博物館の第三世代論である。自著『ひらけ、博物館』で、「一九八〇年代後半からめばえてきたのが、第三世代だ。典型となる館はまだないが、各地で新しい試みが生まれてきている。社会が求める課題にもとづいて資料の価値を発見し、つくりあげていくもので、市民の参加を運営の軸とする将来の博物館像である(43)」と書く。例に、平塚市博物館、名護博物館、川崎市青少年科学館、大阪市立自然史博物館、横須賀市自然博物館、東京都高尾自然科学博物館、豊島区立郷土資料館をあげて、「市民と博物館の共同調査」「博物館と市民グループの共同研究」「博物館を舞台にした市民研究者の登場(44)」を主張する。

ここで、団体研究および「開放された大学」と、博物館の第三世代を、中山茂が整理した地学団体研究会の組織論の要素を参照し比較してみよう。中山は、次の四項において地学団体研究会の組織論をとらえていた。

①　アマチュアの重視／団体研究法。

②　否定的精神、反体制。

③　研究中心主義、科学至上主義。

④　地域主義、フィールド重視主義[45]。

団体研究および「開放された大学」には四項すべてが当てはまる。博物館の第三世代モデルでは、①と④が妥当し、②と③は関連情報がない。ただし、伊藤の学風の可能性として②は積極的で、「中心」「至上」ではないであろうという意味において③は消極的である。そのため、「地域の住民に喰い入ったり、労働者組織と手をつないで革命の主体になろうという所まで[46]」ゆくことが、伊藤の博物館論にはあり得る。そのことは、公立博物館を中心にモデルを求める伊藤の傾向からすると矛盾するが、止揚を前提にしていたとすれば首肯できる。それは措いて、二項さらに三項プラスアルファにおいて第三世代モデルは、上の組織論に妥当する。この検討から、団体研究および「開放された大学」と博物館第三世代論は、少なくとも組織論において相似することがわかり、伊藤の「市民」「共同」「調査」「研究」のキイワードで括られる一群は、一九四〇年代前半東京科学博物館の団体研究および「開放された大学」の再演であったと言い得るのである。

かくして、わが国の博物館の「ひらけ」は四十年以上遅れることになった。その原因のひとつとして、井尻を辞めさせたレッドパージをあげておきたい。なお、国立科学博物館の事業改善運動「開かれた博物館」は、レッドパージから三十五年後のことであった。その意味するところは、かつて「博物館は開放された大学」であったが、「博物館は閉鎖された大学」にもなり得ることが忘れられていたということであろう。

三　「素人連」の無視

そして(a)から(f)を見渡すとき、国立科学博物館史ならびにわが国の博物館史における、団体研究と「開放された大学」の無視とは、「素人連」の無視に、その象徴性があったのではないかということに想い到る。敗戦後、東京帝国大学や資源科学研究所などとの連携が模索されて、学術の条件が強化されてゆく東京科学博物館であったから、「学術」が無視されなかったことは言うを俟たない。

東京科学博物館では、館長を辞職した坪井のあとをうけて、文部省科学教育局の山崎匡輔が館長事務取扱に就いた。山崎の訓示の二項目に見えるのが、「入場者ニ対シテ親切ナ「サービス」ヲスルコト[47]」である。そこで入場者すなわち広義に博物館利用者をサービスの享受者に定義したことは、敗戦前の御民、赤子などからすれば新しかったとしても、それを超える実践をしていた団体研究と「素人連」と「開放された大学」の水準――団体研究で「素人連」は消費者と生産者の双方を交通していた――から見ると、訓示二項目はあきらかに後退であった。

井尻による団体研究史表象からも「素人連」が見えなくなり、もっぱら科学者、研究者、専門家の話題になっていた。しかし、「地元に〝開かれた大学〟ともいえる博物館の建設など、長期の大衆的な発掘・研究にそなえる手立ても、忘れてはならない私たちのつとめであろう[48]」という文章に出会うとき、東京科学博物館の「博物館は開放された大学である」は、長野県・野尻湖の発掘調査（以下、野尻湖と称する）に生きていったかのごとく映る。東京科学博物館と野尻湖に共通するのは井尻であり、彼が媒介したのかもしれない。団体研究史から切り離したかに見えた「素人連」を、井尻は野尻湖で復したのであろうか。

おわりに

さて、一九六二年からはじまった野尻湖と、一九五三年におこなわれた岡山県・月の輪古墳の発掘調査

（以下、月の輪と称する）は、学問分野が異なるものの、大衆的な発掘という方法論や民主主義科学者協会の運動であったことなどにおいて、相似する体験であった。

　野尻湖が継続してゆくのに対し、一回性の月の輪であったが、その思想性は、時間、場所、人を違え、たとえば一九七一年以降、名古屋市・見晴台遺跡の発掘調査に継承されてゆくなどしている[49]。これらからさかのぼり、野尻湖の起源であるところの一九四〇年代前半東京科学博物館における団体研究および「開放された大学」と、月の輪の起源を系統的に一九三〇年代後半栗山一夫の「集団的組織的調査[50]」に措定し、両者をとらえかえすとき、ほぼ同時代に生まれたふたつの体験を、日本史のみならず世界史的にどうとらえかえすことができるのか、というのが本章冒頭で触れた筆者の課題意識であった。本章はそこへ踏み込まなかったが、端緒はとらえられたと思う。引き続き考えてゆきたい。

注

（1）杉山隆二「愚弟賢兄」『井尻正二選集月報』三（第六巻付録）、大月書店、一九八二年、三‐四頁。本章における引用は、旧字体から新字体への改変、ダブル引用符からダブルミニュートへの改変、ルビの削除にとどめ、かなづかい、拗促音、句読点、地名、誤脱字、書体などは原文のままとした。年号表記はすべて西暦年でおこない、人名の敬称は省略した。地名は基本的に当時のものを用いた。人名の旧字体、新字体は統一していない。なお、本章をなすにあたっては、注に掲げた文献のほかに、本章が扱った時代、人、組織などを最新の課題意識から検討した栃内文彦の成果や、中山茂の「井尻正二論」の応用編とも言える成果を参照し、有益な示唆を得た。Tochinai, Fumihiko, "Japanese Geological Scientists and Their Activities with Respect to Science Communication: With Special Reference to Professor Seitaro Tsuboi and Chidanken." *Historia Scientiarum* 27(3): 2018, 319-333. 中山茂「環境史の可能性」長幸男ほか編『歴史と社会』通巻第一号、（株）リブロポート、一九八二年、一六一‐一八三頁。

（2）団体研究の語は井尻たちによるものだが、一般化しているとみなして括弧をはずした。

（3）井尻正二『古生物学論』（平凡社全書）、株式会社平凡社、一九四九年、九五‐九九・一一九‐一二五頁、参照。
（4）犬塚康博「井尻正二の「大学的研究と博物館的研究」をめぐる博物館研究の史的検討」LOCI編『地域世界』3、LOCI、二〇二二年、一三‐四〇頁、参照。改稿して、本書の「井尻正二の「大学的研究と博物館的研究」をめぐる博物館研究の史的検討」に収録した。
（5）井尻正二「地質学の実地指導案内／山中地溝帯及其の周縁地域の地質調査並地質図製作に就いて」上村英夫編『自然科学と博物館』第一三巻第五号、財団法人科学博物館後援会、一九四二年、一六頁。
（6）同「序文」杉山隆二編著『中央構造線』、東海大学出版会、一九七三年、頁数なし。
（7）同「歴史の職場――科学運動の発展のために――」職場の歴史をつくる会編『職場の歴史』（河出新書一七八）、株式会社河出書房、一九五六年、一六七頁。（井尻正二『井尻正二選集』第3巻、株式会社大月書店、一九八二年、一三九頁、によれば、初出は『国民の科学』八月号、一九五五年。）
（8）同『化石』（岩波新書（青版）六七三）、株式会社岩波書店、一九六八年、二頁。
（9）同「Desmostylus の歯牙組織学的研究」『東京科学博物館研究報告』第1号、東京科学博物館、一九三九年、一‐一六頁、参照。
（10）同「Desmostylus の歯牙の組織学的研究」『地質学雑誌』第四六巻五四八号、日本地質学会、一九三九年、二三〇‐二三〇頁、参照。
（11）同『古生物学論』、九六頁。
（12）同「地質学の実地指導案内／山中地溝帯及其の周縁地域の地質調査並地質図製作に就いて」、一六‐一七頁。
（13）同「科学運動の経験と反省」科学教育研究協議会編『理科教室』第一三巻第一三号、国土社、一九七〇年、七七頁。
（14）井尻正二・小川賢之輔・岩本寿一「秩父盆地西縁の第三系に就いて」『地質学雑誌』第四九巻第五八五号、日本地質学会、一九四二年、二五二頁。
（15）井尻正二ほか「秩父の地層を解決す／アマチュア調査隊」佐久川恵一編『科学画報』第三一巻第五号、株式会社誠文堂新光社、一九四二年、九六‐九七頁〔杉山発言〕。
（16）井尻正二・杉山隆二・小川賢之輔・岩井四郎・和田信・渡辺善雄・木村正「関東山地に於ける推し被せ構造の再検

討」『東京科学博物館研究報告』第一四号、一九四四年、一頁。
(17) 井尻正二・小川賢之輔・高沢松逸・和田信「秩父盆地の第三系」『国立科学博物館研究報告』第二八号、国立科学博物館、一九五〇年、一頁。
(18) 岩井四郎「山中地溝帯東域の地質」『東京科学博物館研究報告』第一九号、東京科学博物館、一九四七年、二頁。
(19) 杉山隆二「〔附記〕山中地溝帯西縁地域の地質略記」『東京科学博物館研究報告』第一九号、一九頁。
(20) 井尻正二『古生物学論』、二二四頁、参照。
(21) 同「団体研究法」小倉真美編『自然』第六巻第二号、中央公論社、一九五一年、二三頁。
(22) 同「科学運動の経験と反省」、七七頁。
(23) 「地学部再出発に際して」上村英夫編『自然科学と博物館』第一三巻第五号、財団法人科学博物館後援会、一九四二年、二六頁、参照。
(24) 井尻正二ほか「秩父の地層を解決す／アマチュア調査隊」、九六頁〔杉山発言〕。
(25) 井尻正二「地質学の実地指導案内／山中地溝帯及其の周縁地域の地質調査並地質図製作に就いて」、一六頁。
(26) 井尻正二ほか「秩父の地層を解決す／アマチュア調査隊」、九六-九七頁〔杉山発言〕、参照。
(27) T「学術博物館」『科学』第三巻第一〇号、岩波書店、一九三三年、四〇五頁、参照。
(28) 「地学部再出発に際して」、二六-二七頁、参照。
(29) このころの東京科学博物館について筆者は、「すべてが学芸部に隷属する、学芸部独裁とも言える状況」と指摘したことがある。犬塚康博「大東亜博物館の機構の特質」『博物館史研究』No.2、博物館史研究会、一九九六年、二七頁。改稿して、『反博物館論序説――二〇世紀日本の博物館精神史』、株式会社共同文化社、二〇一五年、一二〇頁、に収録した。
(30) 牛来正夫『火成論への道――その遍歴の時代――』上巻、牛来正夫著「火成論への道」刊行会、一九七六年、二五八頁、参照。
(31) 廣重徹『科学の社会史　近代日本の科学体制』（自然選書）、中央公論社、一九七三年、一五五頁。
(32) 井尻正二・小川賢之輔・山崎純夫・武藤勇「相良・焼津間の天然ガス――特に天然ガスと地質構造との関係――」

(33)『東京科学博物館研究報告』第一五号、東京科学博物館、一九四四年、一頁。
(34)井尻正二・和田信「初夏の筑波山／地学研究旅行の手引き／(岩石鉱物の巻)」新村太朗編『自然科学と博物館』第一六巻五・六号、科学博物館事業後援会、一九四九年、二―九・一五頁、参照。
(35)「年譜」井尻正二『井尻正二選集』第10巻、株式会社大月書店、一九八三年、七頁、参照。牛来正夫は、一九四九年九月二十一日の日記に「科博で、井尻氏はじめ相当数首切り来る」と書いている。牛来正夫『火成論への道――その遍歴の時代――』下巻、牛来正夫著「火成論への道」刊行会、一九七六年、二六三頁。
(36)国立科学博物館編『国立科学博物館百年史』、国立科学博物館、一九七七年、三四二頁。
(37)井尻正二「地質学の実地指導案内／山中地溝帯及其の周縁地域の地質調査並地質図製作に就いて」、一七頁。
(38)諸澤正道「国立科学博物館の歴史をかえりみて」諸澤正道編著・国立科学博物館編『開かれた博物館をめざして』、財団法人科学博物館後援会、一九九一年、三五五頁。
(39)坪井誠太郎「在任の頃の思い出」国立科学博物館編『自然科学と博物館』第二九巻第九・一〇号、国立科学博物館、一九六二年、一一九頁。
(40)同論文、一一九頁。
(41)大堀哲「開かれた博物館づくり」諸澤正道編著・国立科学博物館編、前掲書、一〇頁。
(42)団体研究をおこなった非専門の人たちについて、一般大衆、地学初心者、地質学愛好者、一般地学愛好者など表現はさまざま見られたが、本章は井尻による「素人連」の語を括弧付きで用いた。
(43)「学術博物館」論には、「一般」および「一般の公衆」が登場するが、学者・研究者＝研究、一般＝観覧という固定された関係のもとでのそれであった。T「学術博物館」、四〇五頁、参照。
(44)伊藤寿朗『ひらけ、博物館』(岩波ブックレット№188)、岩波書店、一九九一年、一四頁。
(45)同書、二三―二九頁、参照。
(46)中山茂「井尻正二論」「思想の科学」編集委員会編『思想の科学』№五〇(通巻八六号)、思想の科学社、一九六六年、一〇五頁、参照。ここで中山は、井尻の科学論と地団研の組織論を対比させて両者の対応関係を見ていた。煩瑣になるため本文で省略した井尻の科学論の項目は、①体験的方法／実践の重視、②仮説の重視、③科学者の視点、④

歴史的科学、である。
(46) 同論文、一〇二頁。
(47) 国立科学博物館編、前掲書、三五四頁。
(48) 新堀友行「あとがき」野尻湖発掘調査団『野尻湖の発掘一九六二－一九七三』、井尻正二監修、共立出版株式会社、一九七六年(初版三刷、一九七五年初版一刷)、二五〇頁。
(49) 一九六四年に開始された発掘調査の方針と体制が、一九七一年の第十次調査から変わった。なお、二〇一七年の第五十七次調査のあと中断されている。
(50) 栗山一夫「播磨加古川流域に築造されたる古墳及び遺物調査報告(一)」『人類学雑誌』第四九巻第七号、東京人類学会、一九三四年、二五頁。「集団的組織的調査」とは「研究と調査における科学的方法論の確立であり、また考古学を民衆のなかへ持ち込んで民主化し、組織化することであった」と栗山(赤松)は説いている。赤松啓介「ああ、私の夢が実現された」月の輪古墳刊行会編『増補・復刻/月の輪教室』、月の輪古墳刊行会、一九七八年、一八七頁(初版は、美備郷土文化の会・理論社編集部編『月の輪教室』、株式会社理論社、一九五四年)。アーケオロジー・グループ'89(犬塚康博・小林義孝・辻内義浩文責)「赤松考古学の夢と光」赤松啓介『古代集落の形成と発展過程』、株式会社明石書店、一九九〇年、三四九－三六六頁、も参照されたい。

図表説明

図　東京科学博物館の団体研究の座談会記事
井尻正二ほか「秩父の地層を解決す/アマチュア調査隊」佐久川恵一編『科学画報』第三一巻第五号、株式会社誠文堂新光社、一九四二年、九六－九七頁、を改変して筆者作成。

補記
注(49)で触れている中断された見晴台遺跡の発掘調査は、二〇二四年に再開された。

木場一夫『新しい博物館——その機能と教育活動——』の研究

はじめに

戦後日本の博物館論のはじまりが、木場一夫と鶴田総一郎の機能主義にあることを指摘したのは伊藤寿朗である。これに依拠して、これまで筆者は論文や展覧会を成してきた。

ところで最近、井尻正二の博物館理論と博物館実践を考える機会があった。一九四〇年代前半の東京科学博物館における井尻の先駆性は、別稿であきらかにしたとおりである。しかし井尻の理論と実践は、伊藤の博物館研究の埒外にあった。また井尻は、レッドパージされた側に居て、レッドパージされなかった側——ひいてはレッドパージを（黙認）した側——に居た木場、鶴田と対照的であった。総じて、〈井尻〉／〈木場・鶴田・伊藤〉という二項が生じ、これまで独立自存のごとくしてあった後項が、前項から相対化されることになったのである。後項は留保されて、批判されなければならない。

鶴田と伊藤の博物館論については過去に論及したが、木場のそれは大東亜博物館建設準備との関係を一瞥するにとどまっていた。そこで今回、伊藤の言説を導き手として木場の博物館論を検討したところ、いくつかの問題を知るにいたり、一定の評価も得た。

本章は、木場の博物館論それじしんに属する問題と、伊藤の所論の問題とにわたって誌すものである。(1)

一　「社会的道具としての博物館」と「機能主義」

一九四九年、文部省科学教育局の事務官であった木場一夫の著書『新しい博物館――その機能と教育活動――』(以下、『新しい博物館』と称する)が刊行された。博物館を論じた戦後早期の書としては、棚橋源太郎の『世界の博物館』(一九四七年)に続き、同じく棚橋の『博物館』(一九四九年)、『博物館学綱要』(一九五〇年)に先んじるものであった。

これらについて、博物館研究者の伊藤寿朗は、一九七八年の論文「日本博物館発達史」で次のように概論した(傍線は引用者による)。

近代博物館の出発期における理論は、棚橋源太郎『博物館学綱要』、木場一夫『新しい博物館――その機能と教育活動』に集約されている。ともにその事例の「殆んど全部を海外に採り」、「実際的技術的方面の説述に紙面の多くを費し」(棚橋)、「文化の進んだ国における博物館の機能と活動振りを知ること」、「博物館問題を解く〝カギ〟を提供」(木場)という目的のもとに、外国のすぐれた活動の紹介を通して日本における「新しい博物館」のあり方を体系的に示そうとしたものである。とりわけ、「社会的道具としての博物館」を論じたローL.Lowを下敷にしたと思われる木場一夫の機能主義的方法論は、その後内的諸要素の関係の構造化、すなわち機能主義として整理されてくる戦後博物館論の方法的基礎をなすものでもあった。

「新しい博物館」をめざしながら、その新しさの依りどころを海外の事例に求めなければならなかったところに、日本における近代博物館の困難な出発があったといえよう[2]。

棚橋の『世界の博物館』は一般向けの、『博物館』は中学生向けの、ともに概説書のため、理論書を対象にした伊藤の言及からは除外されている。

この引用文は、二つの段落から成り立つ。第一段落の前半で『博物館学綱要』と『新しい博物館』に触れ、それぞれから平等に引用をおこなう。「とりわけ」以降の後半で、『新しい博物館』に特筆する（傍線部分）。そして第二段落で、ふたたび両書を概括するという組み立てである。伊藤の特筆は、『新しい博物館』についてのみであり、『博物館学綱要』にはおこなわれていない。

伊藤が特筆する『新しい博物館』のキイワードは「社会的道具としての博物館」と「機能主義」である。これらは、次のように説明されてゆく。

そして第4に、この時期における理論的集約としての位置をもつ日本博物館協会編『博物館学入門』における鶴田総一郎「博物館学総論」は、木場一夫の機能主義、『学芸員講習講義要綱』等の蓄積にふまえながら、しかも博物館固有の課題と方法を、理念型としての内的機能の構造化として定立することにより機能主義を完成させてきた。そしてこの方法的理解が以降の博物館理論のあり方をほぼ今日にいたるまで規定することとなったわけである[3]。

伊藤によって抽出されたキイワード、「社会的道具としての博物館」と「機能主義」とを手がかりにして、次節で木場のテクストに分け入ってゆきたいと思う。

二　『新しい博物館』の検討（一）

一　伊藤寿朗による下敷論

とば口は、伊藤寿朗の「下敷にしたと思われる」という下敷論である。「社会的道具としての博物館」の語は、『新しい博物館』の第一章第二節に見える。[4] 同書の結語となる第十二章に、「この基底の上に博物館が社会的道具としての意義と存在をはじめて発見しうるものであり[5]」とも書かれていて、同書の最初と最終を画するキイワードのひとつであったと思われる。これに注目して伊藤は、前の引用文中「社会的道具としての博物館」の語句に、

256　L. Low "*The Museum as a Social Instrument*" Metropolitan Museum of Art: New York 1942.[6]

の注を添え、「機能主義的方法論」の語に、

257　「博物館で行なわれる各種の作業及び活動は、博物館の主体性にもとづく独自の指標に向うところの共通目標に焦点を合わせたすべての機能と内部的調和が基本でなければならない。この基底の上に博物館が社会的道具としての意義と存在をはじめて発見しうるものであり、真に社会と共に生きた博物館となり、変化しつつある世界において、それに合致した動きつつある博物館の様相を示すに至る

であろう。(7)」

の注を付した。

単純にして言うと、伊藤は注256の文献名にある「*a Social Instrument*」の訳語「社会的道具」が、注257の『新しい博物館』の引用文にあることを踏まえて、下敷論を得たものと思われる。

伊藤の「日本博物館発達史」は日本の博物館通史の叙述であったため、個別の実証をおこなっていないが、前記引用箇所にかぎって言えば、注を付して伊藤じしんの推測の過程を示したのであろう。

二 『新しい博物館』の三項

伊藤寿朗が注257で引用した文章は、『新しい博物館』の終章で掲げられた三項のうちのひとつであった。テクストをコンテクストのなかで理解するために、長くなるがその三項を以下に引く（傍線は引用者による）。

さて一般的にいつて、現下博物館は三つの重要な問題をもつている。

第一は、博物館が他の機関、たとえば研究所や大学などより異なる独特の性格を持たねばならないということについてである。

研究や教育の面についてみても、これは博物館以外の機関でもなされている。では如何なる点が博物館のもつべき特別な機能であるかについて、わが国では特に熟慮されねばならない。

博物館が無開係で、しばしば衝突すると思われる多敷の目標を追及し、実現しようとすれば、いかなる建設的努力より生じた試みも発作的の連絡ない成果に終るであろう。かりに一時効果を発揮したとしても、それがより高次の段階に発展し順調に生々発展することは望むべくもないであろう。

博物館で行われる各種の作業及び活動は、博物館の主体性にもとづく独自の指標に向うところの共通目標に焦点を合せたすべての機能と内部的調和が基本でなければならない。この基底の上に博物館が社会的道具としての意義と存在をはじめて発見しうるものであり、真に社会と共に生きた博物館となり、変化しつつある世界において、それに合致した動きつつある博物館の様相を示現するに至るであろう。

第二に、博物館は公共機関として、今日サービスしていること以上に多くの人々に対してサービスすべき義務をもたなければならない。そして博物館活動の限界を除々に拡大すべき色々の試みがなされなければならないと思われる。かくして社会の人々の支持援助を受けることになり、したがつて万人の共有文化財となり、すべての人々に、いつでも開放された、いわゆるピープルス　ユニバーシティの意味が顕現してくるのである。

第三に、博物館活動を常に時代と共に進めるにあたつては、新しい資料の入手、または新研究の活用と新教育理論を受け入れる用意が常になされなければならない。

博物館自体における研究ばかりでなく、他の研究機関あるいは会社、工場などにおける研究成果を活用する心構えが必要であり、その研究成果の展示が社会とつながる生きた知見を与える資料となるであろう。(8)

「現下」すなわち戦後早期のわが国の博物館の重要課題が、三項にわたって掲げられたその第一項に、伊藤が注257で引用した文章（傍線部分）が含まれている。

三　セオドア・L・ロー『社会的道具としての博物館』の三項

ここでさらに、伊藤寿朗の下敷論に即して、セオドア・L・ローの『社会的道具としての博物館』を見ると、その終章に次の文章が見える。

　これまで述べてきたことを要約するつもりはないが、博物館が解決しなければならない最も重要な三つの問題をもう一度強調したい。まず、博物館とは何か、博物館として個性があるかどうかを決めなければならない。「博物館」ということばが、無関係でしばしば矛盾する多数の目的をカバーすることばでしかない限り、建設的な努力から得られる価値は、散発的で、断絶的で、比較的取るに足らないものになるであろう。共通の目標に焦点を当てたすべての機能との内部の調和は、社会的道具としての博物館の基礎でなければならない。第二に、博物館は公共機関として、現在よりも多くの人々に奉仕する義務があり、その活動範囲を拡大するためにあらゆる努力をすべきことを認識しなければならない。最後に、博物館は新しい教育理論を受け入れ、自分たちを取り巻く世界で何が起こっているかを認識し、自分たちのコレクションを最大限に活用するための満足のいく手段が見つかるまで、進んで実験し、実験を続ける覚悟を持たなければならない(9)。

ここでは、重要な問題が三つあり、第一が博物館の個性の決定と共通の目的、内部の調和の必要、第二が公共機関としていま以上にサービスをおこなう義務、第三が新しい教育理論を受け入れること、が述べられている。この三項に、前項に見た『新しい博物館』の三項が対応していることは一目瞭然である。

伊藤が注目した「社会的道具」と「機能」の語に引き寄せて見ると、『新しい博物館』の「共通目標に焦点を合せたすべての機能と内部的調和が基本でなければならない。この基底の上に博物館が社会的道具としての意義と存在をはじめて発見しうる」は、『社会的道具としての博物館』の「共通の目標に焦点を当てたすべての機能との内部の調和は、社会的道具としての博物館の基礎でなければならない」にほぼ一致する。

この三項は、『新しい博物館』も『社会的道具としての博物館』も、結論となる終章であった。さらに『新しい博物館』は、同じ三項を第一章「博物館の生い立ちと在り方」の第二節「博物館の在り方」でも示していた。同節の末尾で、次のように書く。

さて博物館を世界文化の広い立場から眺めてみると、解決すべきつぎの三つの最も重要な問題に直面していることが判明する。勿論博物館事業の振わない国にあつては論外の事であり、それがいか程重要なものであるかについては判断に苦しむことであろう。しかしながら将来の発展のためにはぜひ熟考すべき事がらであると思われる。

まず第一は、博物館は現在いかなる特別な性格を持つているか、また将来持つべきかを再検討しなければならない。

第二は、社会公共機関として博物館は、今日よりも、より多数の人々にサービスし、その活動限界を拡大すべき試みを実現しなければならない。

最後に博物館はかれらのまはりの世界に起りつつあることを知るために新しい教育説を受け入れなければならない。そして蒐集品を最も良く使用する満足な方法が発見されるまでは進んで実験を試み、それを続行しなければならない。

これらの諸問題は常に動きつつある、かつ変化しつつある世界において博物館はいかにあるべきかと

いう大きい課題につながり、かつその解決にとりくむことになるのである。(10)

この三項は、終章の三項より簡潔であり、結論の先取りとなっている。「博物館事業の振わない国」とは日本のことである。

『社会的道具としての博物館』の三項は、用語、構文、内容ともに『新しい博物館』の三項にほぼ等しかった。一九四二年刊の『社会的道具としての博物館』と一九四九年刊の『新しい博物館』との先後関係から、ローの主張を木場一夫が複製したことはあきらかである。

四 博物館哲学の複製

ところで、『新しい博物館』の「博物館の在り方」の節は、三項以外にも『社会的道具としての博物館』を「下敷にしたと思われる」ところが複数認められた。気づいた箇所を順に見てゆこう。

- 『新しい博物館』

かように知識普及の機関と考える意味において、社会的道具としての博物館の認識は博物館理論の発達史上における近代的変革ではないが、アメリカ合衆国においては、多くの博物館創設者によつて、博物館が社会生活において重要な役目をはたしている機関であることを証拠だてるために進歩的な意見と理想が発表されている。(11)

・『社会的道具としての博物館』
社会的道具としての博物館の概念は、博物館哲学の歴史における現代の革新ではない。大小の博物館の創設者の多くが表明した進歩的な考えは、彼らのほとんどが、設立しようとしている機関が地域社会の生活において重要な役割を果たすよう運命づけられていると信じていたという事実を証明している。[12]

このあとの文章も、『社会的道具としての博物館』の第一章からである。

・『新しい博物館』
近代的意味において博物館事業が最も発達している国はアメリカ合衆国で、この国における博物館運動の最も重要な時代は、十九世紀の七〇年及び八〇年代ということができよう。これらの時代に、この国の最大の博物館の創立の基礎がおかれたのであるが、これらの博物館創設にたづさわつた人々のうちには、博物館が持つべき特別の使命と機能について正しい理解をもつて将来を予知していた人々がある。そのうちの一人コーツ氏（Joseph H. Choate）は一八八〇年にニューヨーク市のメトロポリタン芸術博物館の開館にあたつて、（略）という意味のことを述べている。[13]

・『社会的道具としての博物館』
十九世紀の七〇年代と八〇年代は、アメリカの博物館運動にとって最も重要な時期であったと言ってもよいであろう。この時代には、アメリカ最大の博物館が誕生した。この時期は、アメリカ的なタイプの慈善家を生み出した多くの巨万の富の始まりと重なるとはいえ、特別な慈善や社会的善意があったわけでもない。しかし、多くの博物館の創設に携わった人々の中には、未来がもたらす可能性について、並外れた洞察力をもって未来を見透した人々がいた。そのひとりがジョセフ・H・チョートである。一八八〇年三月のメトロポリタン美術館の新館の開館式で、彼は美術館の創設者たちについて次のように言及した。(14)

『新しい博物館』は略した部分に、『社会的道具としての博物館』はこのあとに、チョート（『新しい博物館』のコーツと同一人物）の言葉を掲げるが、省略する。

長々と引用したうちの『新しい博物館』の文章は、「では博物館の現代における機能は何んであろうか？またその在り方は？　それらについて若干考察の歩を進めるにあたつて、まず博物館の目的と機能について考えてみよう(15)」に導かれたものであった。この問いは、博物館の哲学にかかわる事項で、事例の紹介とは異なる。『社会的道具としての博物館』も「博物館哲学」と書いていた。「museum philosophy」にあたるところを『新しい博物館』は、「博物館理論」としたが――。

『新しい博物館』は、具体的な事例を外国の博物館にとっていただけでなく、方針、哲学までをも『社会的道具としての博物館』から複製していたのであった。

三　『新しい博物館』の検討（二）

伊藤寿朗の下敷論で述べられていたのは、

(1)「社会的道具としての博物館」を論じた『社会的道具としての博物館』、
(2) 木場一夫の機能主義、
(3) (1)と(2)の上下レイヤー関係、

の三項である。前節で見てきたのは、(3)の実相であった。厳密に言うとそれは、セオドア・L・ローの『社会的道具としての博物館』と木場の『新しい博物館』との関係である。(1)と(2)のいかんはまだ不明であり、これらを次に見てゆきたい。問いは、次の二つである。

(1) ローの『社会的道具としての博物館』は「社会的道具としての博物館」を論じていたのか?
(2) 木場の『新しい博物館』は機能主義であったのか?

一 『社会的道具としての博物館』は「社会的道具としての博物館」を論じていたのか?

この問いはトートロジーであるが、伊藤寿朗が「「社会的道具としての博物館」を論じたロー」と書いたことを字句どおりに受けとめるとき、「ローの『社会的道具としての博物館』は「社会的道具としての博物館」を論じていたのか?」という問いが生じる。

『社会的道具としての博物館』で、「社会的道具(social instrument)」のフレーズは四回登場する。これまでの引用文に重複する箇所があるが、あたらめて引用する。

社会的道具としての博物館の概念は、博物館哲学の歴史における現代の革新ではない。[16]

チョート氏が博物館を社会的道具であるという観点から考えたことは、これらの言葉に暗示されている。[17]

社会的道具としての博物館の考えはすぐに完全に葬り去られたが、懐疑的な大衆に博物館の善意を納得させるために、時折、掘り出された。[18]

共通の目標に焦点を当てたすべての機能との内部の調和は、社会的道具としての博物館の基礎でなければならない。[19]

「社会的道具」の語句が登場するのは、第一章に三回と終章に一回である。そのあらわれ方は象徴的であり、同書のタイトルとなっていることにも通じる。象徴的とは先験的と言い替えることができ、すなわち社会的道具としての博物館とは何かを探求し、体系化するわけではない場合のあることを、忘れてはならないであろう。これを念頭に置きながら、同書を以下に概観する。[20]

『社会的道具としての博物館』は、「急速に変化する世界の中で博物館が現在直面している社会的・教育的問題」の調査研究報告書で、ロックフェラー財団の財政援助を受け、「米国博物館協会教育委員会のためにおこなわれた研究」の成果である。ハーバード大学の美術の大学院生のローが一九四〇年頃にニューヨークに来て、コロンビア大学の研究スタッフ指導のもとで研究し、メトロポリタン美術館でパートタイムのガイド体験を通じて研究成果のテストをしたことなどが、委員長で同美術館館長フランシス・H・テイラーの序文に書かれている。

同書は、「考えの断続的成長」「博物館とは何か?」「誰の役に立つのか?」「どのようにして?」「結論」の五章と、序文、参考文献抄からなりたつ。

「考えの断続的成長」の章は、「社会的道具としての博物館」という考えに主題を置いた、アメリカ博物館略史である。一八八〇年三月、メトロポリタン美術館の新館開館式で、ジョセフ・H・チョートが美術館創設者に言及した内容に、「社会的道具としての博物館」の考えを認めるところからローは開始する。チョートの言及にもかかわらず、「社会的道具としての博物館」が博物館から葬り去られてゆくのは、初期の博物館員が、彼らの社会意識ではなく学識において選ばれたこと、館員の関心がヨーロッパに向いてアメリカの特質に注意せず大衆から遠隔化したためであるとローは言う。地域社会との関係を主張したジョン・C・ダナによる一八九五年の図書館批判、一九一七年の博物館批判も無視されるが、一九二九年の世界恐慌以降、ダナの考えが再評価され受容されてゆく。『社会的道具としての博物館』が、トーマス・R・アダムの仕事にも根ざしていることを書きつけ、「社会的道具としての博物館」の考えが断続的に成長してきた最新段階としての本論への導入としている。

「博物館とは何か?」の章は、「博物館と現在」「今日の美術館とは?」「博物館は何になれるのか?」の三節にわかれ、「博物館と現在」で日米開戦後戦時下の戦争努力を賞賛したうえで、博物館の任務は戦後の——本来ならば開戦前もそうあるべきであった——平時のための方法の模索であると言う。「今日の美術館とは?」は現状分析である。博物館の機能についてポール・M・レアの「…物の取得と保存、物の研究による知識の向上、国民生活を豊かにするための知識の普及」を引き、一項（取得と保存）・二項（学術研究）と三項（普通教育）との闘争を指摘するとともに、教育への敵対者に学芸員、館長、理事会を掲げる。博物館の最重要課題は内部闘争の解決であり、そのために単一の目標として「教育」を立てることと、三項間で相互に働きかけ合う動的な役割を発見することを「博物館は何になれるのか?」の節で説く。公立図書館とともに博物館は、「アメリカン・ウェイ・オブ・ライフ」のために必要な普通教育に、重要な役割を果たすよう主張するのである。

「誰の役に立つのか?」の章は、博物館の教育活動の享受者の問題をあつかう。博物館は公共機関であるから地域社会の全住民に対して義務があるというのは一般論であり現実的ではないとして、大都市と地域社会、学校博物館、分館と巡回展、グループと階層、年齢層などについての議論を紹介する。

「どのようにして?」では、「教育スタッフ」「ひきつける」「保持する」「教育技術」「ラジオとテレビ」の五つの節を設けて、具体的に説明する。前四節は館内の事項であるが、第五節は「博物館が利用できる最も重要なコミュニケーション手段」とローは言う。

「結論」は、前節三項で引用した三項が中心である。

『社会的道具としての博物館』は、激しい内容の報告であった。博物館の矛盾と闘争を分析し、特に博物館の管理部門と学芸員グループを批判し、「社会的道具」に必要な方法を提起する宣伝でありかつ指南の書であった。同書において「社会的道具としての博物館」は新しい概念ではなく、断続的にチョートやダナの考えにあらわれていたが忘れ去られ、いまあらためてローが復権するという展開である。「社会的道具としての博物館」とは何かを論じると言うよりは、「社会的道具としての博物館」の考えを前提として、この考えの発展を妨害してきた要因を分析し、一九四二年のアメリカ合衆国という時代と場所に必要な実践的提起をおこなうものであった。

二　『新しい博物館』は機能主義であったのか？

次に、「『新しい博物館』は機能主義であったのか」を検討するが、その前に、鶴田総一郎が、伊藤寿朗に機能主義と呼ばれたことをどのように受けとめていたかを、次の回想に見ておきたい。

博物館関係図書或いは博物館法関係法規そのものも、いわば博物館の一般的記載が中心で、機能も形態も一緒にして述べられているのが普通であった。これを明確に二つの概念に分けるとともにその相互の原因的結果的関連という中に博物館の「個」としての全体を把握できると考えた。伊藤寿朗氏の「地域博物館論」（長浜功編『現代社会教育の課題と展望』所収、一九八六年、明治図書）は、機能主義博物館論の論理が、本書（『博物館学入門』のこと――引用者注）において完成されたと述べているが、これは機能面での明確なまとめが従来の書物に少なかったことも背景にあると思う。[21]

「伊藤寿朗氏」に続く後半部分によれば、鶴田じしんは、主義として博物館の機能を論じたわけではなかったようである。前半で、鶴田以前に未分化であった博物館の形態と機能とを概念的に分類したことを言うのは、たとえば棚橋源太郎が「博物館の種類及び職能[22]」として、形態と機能とを一体的にあつかってきた経験を指したものと思われる。たしかに未分化ではあったが、棚橋の言う職能すなわち「博物館と社会教育」「博物館と学校教育」「博物館と学芸の研究[23]」が、博物館の教育と研究の機能を言っていたとみなせる。主義はなくても職能、機能は認識されてきた。認識の際の整理の仕方が、整理当事者によって異なっていたということであろう。

ここで、いま引用した鶴田の作業を参照して考えると、機能と形態との「相互の原因的結果的関連という中に博物館の「個」としての全体を把握できると考えた」と鶴田が言うくだりは、機能と形態との弁証法として理解できる。そうした二項のうちの一方を固定化して実体主義的に見取るかのごとくして「機能主義」と名指すことは、通俗的にはあり得るかもしれない。では通俗的に、同時にある得るはずのところの「形態主義」とは何であり、機能と形態の弁証法を考えた鶴田からすれば、機能主義という評価は的外れであったのではないか。引用文の後半の、伊藤に対する気のなさそうな応答のゆえんもわかりそうである。

このように、鶴田に対する機能主義という評価が無効であったとき、あるいは有効でなかったとき、それでは木場一夫に対する機能主義はどうであろうか。『新しい博物館』は、次項で詳しく見るように、第二章「博物館の目的を達成する方法」で「資料の蒐集と整理保存」「調査研究」「出版」「展示」の四項を掲げ、機能を析出した[24]。しかしそれに続く説明では、形而下の博物館の現実すなわち形態が機能と一体的にあつかわれてゆく。機能と形態とは未分化な様相を呈し、機能主義ではなかったと言える[25]。

ちなみに、鶴田による回想にも、木場に機能主義を感じさせることがらはなかった。じしんの論文「博物館学総論[26]」を回顧して鶴田は、木場の学恩などについて次のように書いていた。

既述のように博物館への関心を最初に私が持つようになったのは同博士からの直接の影響である。特に『新しい博物館』(昭和二四年)は棚橋理論から、さらに展開されて、自然及び歴史系野外博物館への新しい期待と情熱に満ち溢れていた。木場博士はネッド・バーンズ(Ned J. Burns)の"Field Manual for Museums"(博物館の野外手引き、一九四一年)を当時入手され、この内容を木場流に消化されたとも言えよう。とにかく、従来のどの博物館書にもない新鮮さに溢れていた。因みにこの本はアメリカ国立公園部発行のもので、一九七六年には、更に"Manual for Museums"として改訂増補の上発行されている。自然史系出身の私としては、特にこの分野での新しい提案に専門的な興味を惹かれた。[27]

ここで鶴田は、『新しい博物館』の、国立公園管理局博物館部長ネッド・J・バーンズの著書『博物館の現場マニュアル』[28]との有縁を強調している。『社会的道具としての博物館』との関係を指摘した伊藤とは、趣が異なるのである。[29]

『新しい博物館』の第十章「路傍博物館」に、『博物館の現場マニュアル』から文章、図が引用されているのを見ると事例紹介であり、『社会的道具としての博物館』にしたような博物館哲学の複製ではない。ただし、事例紹介とは言え、『新しい博物館』の目次に、館園名が見えるのは第十章第四節「ベアー マウンテン路傍博物館」だけであり、同園が上位の階層に位置していたことは注意されてよいかもしれない。この注意にしたがうと、路傍博物館を主題化する著作が、木場に少なくない事情も理解できる。[30]

木場の関心の中心は、博物館哲学の「社会的道具としての博物館」や機能主義よりも、路傍博物館や自然学習にあったと思われる。一九四九年五月に設置され、鶴田が次長を務めた国立自然教育園は、路傍博物館と自然学習の日本的実体と言える。『新しい博物館』の序文で、児童博物館、学校博物館とともに「国立公園博物館のような新しい博物館」[31]と言及している点や、『昭和十九年八月 各国主要博物館の概況』にも「戸外博物館（outdoor museum）」[32]の名があがっているのを見ると、一九四〇年代前半を含めた早い段階から、木場が路傍博物館、戸外博物館に関心をもっていたことがわかる。

三　『新しい博物館』における博物館の機能

鶴田総一郎から伊藤寿朗の関心を分離し、木場一夫から鶴田と伊藤の関心を分離したところで、あらためて『新しい博物館』とは何であったのか、という問いが立つ。本項では、『新しい博物館』で説かれた博物館の機能について見ておきたい。

『新しい博物館』は、第二章「博物館の目的を達成する方法」で次のように書いていた。

科学的な調査研究によつて真理を明らかにし、その結果を一般に広く知らせるためにはつぎの四段階を経て完成すると考えてよい。

1　資料の蒐集と整理保存
2　調査研究
3　出版
4　展示

これらは相互に関係深くつながつていて、博物館としてはどの一つを欠いても、その目的と機能とを十分にはたす事ができないのである。展示室を訪れた一般の人々は完成した展示品にだけ接しているので、その成果を生むまでになされた博物館員の忍耐・努力・思考・綿密な研究については殆んど知らないから関心が薄いのが普通といつてよい。つぎにこれらの段階について順次述べてみよう。(33)

「四段階を経て完成する」と言うところにあきらかなように、木場は四項を過程すなわち時間において見ていた。これを構造に置きかえたとき、四項は機能に相当することになる。ここでは、「これらは相互に関係深くつながつていて、博物館としてはどの一つを欠いても、その目的と機能とを十分にはたす事ができないのである」のくだりが、四項を構造において見た場合を言っていると思われ、視覚的に鶴田の「大循環と小循環の図[34]」や伊藤の「〔図表1〕博物館の内在的機能の構成[35]」を想い起こさせる。

この四項は、木場の他の著作にも登場していて、次の二つが注意を惹く。

このような理想を実現するために、研究と教育とが車の両輪のように、きわめて調和的になされているのはニューヨーク市のアメリカ自然博物館（The American Museum of Natural History）であるが、この博物館では、その目的すなわち真理の解明と公衆への寄与を達成するための博物館の方法として、（一）探検（Exploration）（二）研究（Research）（三）出版（Publication）（四）展示（Exhibition）の四段階を経て完成すると考え、まず資料の蒐集に力を入れ、それがため国内はむろんのこと世界各地に探検隊を派遣して各種資料を集めている。次にそれらの資料について研究を進めて、そのものの本性を判然せしめ、それに関する知見を出版物によつて世界に広く知らしめるが、研究ずみの資料から展示に適当なものを選択して、一般入場者に展覧せしめ知識の弘布に役立たせる。ここに展示を中心とする博物館の教育活動の諸問題が発生してくるのである[36]。

これは、『新しい博物館』とほぼ同時期に執筆されていたと考えられる文章で、アメリカ自然史博物館の方法として四項が書かれている。第一項が「探検」で『新しい博物館』と異なるが、その意味は「資料の蒐集」にあり同じため、四項はほぼ等しい。しかも四項は段階論である。

もうひとつは、一九四〇年代から一九五〇年代前半にかけた、博物館論に関する木場の一連の著作の最終形態と思われるもので、次のとおりであった。

またシャーウッド Sherwood, G. H.（35-p.29〜34）によれば、ニューヨークのアメリカ自然博物館 The American Museum of Natural History では、科学的な調査研究によって真理を明らかにし、その結果をいっぱんに広く知らせるという仕事は、資料の収集のための探検 exploration、研究 investigation、出版 publication、展示 exhibition の4段階をへて完成するものであるといわれている。[37]

木場が、文献の「(35-p.29〜34)[38]」として掲げた論文「教育・科学報告書」で、ジョージ・H・シャーウッドは次のように書いていた。

博物館の方法

真実の解明と一般への公開は、次の四つの段階を経て達成される：探検、調査、出版、展示。一般に博物館を訪れる人は、完成品を見るだけで、その制作に費やされた忍耐、思考、慎重な研究が見えないことが多い。[39]

先述のとおり、第一項の「探検」を読みかえたうえで、『新しい博物館』の機能の四項は、アメリカ自然史博物館の四項の複製であったことがわかるのである。

四　『新しい博物館』の娯楽なき教育主義

『新しい博物館』は教育主義であった。書名の副題が「その機能と教育活動」であっても、「新しい教育の展開における学校博物館や児童博物館創設の問題との連関において、ここにこの小著を公刊する次第となったのである」(40)と序文で書いているとおりに、教育活動に紙幅の多くが割かれている。それは、目次を一瞥してあきらかであった。前節一項で見たように、『社会的道具としての博物館』の目的が教育にあったことも影響しているであろう(41)。そして、刊行当時、日本博物館協会理事で東京大学理学部教授の小林貞一が、「これを要するに本書は教育面に重点を置いた博物館学の解説としての好著」(42)と書いていた。これも想い起こされてよい。

そして同書は、単に教育活動を紹介したものでなかった。それは、娯楽との関係を見るときにわかる。木場一夫にとって『社会的道具としての博物館』は、「示唆に富む論文」(43)であり「新しい解釈」(44)であった。その一方で木場は、じしんの専門分野である動物学をあつかう自然史の博物館をよく参照した。その筆頭にあったのが、ニューヨークのアメリカ自然史博物館である。同館を参照する所論は、一九四五年以前からの自然史研究者、博物館研究者の常套であり(45)、木場もそのひとりであった。

アメリカ自然史博物館の実践例以外で木場は、同館の方針と、同館館長フレデリック・A・ルーカスとヘンリー・F・オズボーンの言葉を引用した。オズボーンの修辞に富んだ文章は、本文中に記されていた出典の論文「アメリカ自然史博物館と教育」(46)で確認できる。ルーカスからの引用は、『新しい博物館』では明記されていないが、木場の別の論文「博物館教育」でわかる。

本館の名誉館長であったリュウカス博士（Frederic F.《ママ》 Lucas）は一九二五年ころに、近代博物館は少人数の利益のための資料の保存所ではなくて、民衆のためのすぐれた教育機関、すなわちピープルス　ユニバーシティ（People's University）であると述べて、その高い理想を鮮明にした。[47]

これに対応するのは、『新しい博物館』の次の箇所である。

> かような使命を遂行するため、近代的で典型的の博物館は、少数の人々の利益のための単なる資料の保管場所、あるいは研究のみに重点のおかれる機関でなく、社会人のために開放された教育公共機関として、ピープルス　ユニバーシティ（People's University）の性格を具有せねばならないのである。[48]

『新しい博物館』に先立つ論文「教育上から見た科学博物館について」も、

> かような使命を遂行するため、近代的かつ典型的な博物館は少数の人々の利益のための単なる資料の保管場所、或は研究のみに重点のおかれる機関でなく、公衆のために開放された教育上の公共施設、即ちピープルスユニバーシチイの性格を具有するようになったのである。[49]

と書いていた。ルーカスの著作を直接参照したのか、ルーカスを引用した著作からの再引用なのか不明であるが、ルーカスの著作に探すと、次を知ることができる。

博物館は、少数の科学者が利用するための資料の貯蔵庫であったのが、一般の人々の教育や「合理的な娯楽」のためのすばらしい施設になったのである。――標本の展示は、いわば博物館の副次的な仕事ではなく、博物館の最も重要な機能の一つとなっている。――場合によっては、展示が主な役割や目的であり、研究や出版は二の次となり、大規模な博物館では、その空間の大部分を、公衆のための標本の展示に充てている。[50]

これは、一九三三年に刊行された自叙伝の一部であるため木場が指示した一九二五年頃とは異なるが、先頭の文章は、構文、表現ともに『新しい博物館』等の引用文とよく似る。しかし、「合理的な娯楽」の語が、木場の文章には見られないのである。

ルーカスが括弧書きした「合理的な娯楽」とは、十九世紀初頭にフィラデルフィア博物館をつくったチャールズ・W・ピールが、その宣伝に使用したキャッチフレーズ「有益な知識」「合理的な娯楽」[51]のうちのひとつであった。

ルーカスは「博物館における教育的精神の発展」でピールに触れ、「合理的な娯楽」に言及している。

しかし、ワシントンと同時代の芸術家のピールが、半ば大衆的で半ば科学的な博物館のひとつを運営し、博物館の教育的可能性についての彼の考えの多くが、今日の考えと一致していることを忘れてはならない。

（略）

なぜなら、博物館の一般的な来館者は、知識を求めて来館するのではなく、興味を持って来館するのであり、「合理的な娯楽」は古くから公的な博物館の目的の一つに数えられていたからである。[52]

ルーカスが、ピールを念頭に置いて「一般の人々の教育や「合理的な娯楽」」と書いていたことは疑いない。この「合理的な娯楽」を木場が欠落させた理由は不明であるが、「合理的な娯楽」が不要または二義的であったとすれば、そこに教育主義の主義たる徴証があると言えるのである。

なお、頻出する「ピープルス　ユニバーシティ（People's University）」は、現在、ルーカスの著作に認めることができていない。今後の調査に委ねたいが、ルーカスの言葉から「合理的な娯楽」を削除したあとに残る「一般の人々の教育」について「ピープルス　ユニバーシティ」が言えなくもないが、果たしてルーカスが大学の喩えで博物館を表象するであろうか、と筆者は疑っている。オズボーンの修辞的な文章も、大学と博物館は対等であったからである。

これら三つの偉大な教育タイプの長所と短所を指摘するのは興味深いことである。石器時代、学校・大学、博物館。[53]

「ピープルス　ユニバーシティ」は、木場の独創かもしれない。と言うのは、二節二項で引用した三項の第一項で、「博物館が他の機関、たとえば研究所や大学などより異なる独特の性格」「博物館のもつべき特別な機能」と書きながら、第二項で「いわゆるピープルス　ユニバーシティの意味が顕現してくるのである」と書くのは矛盾していて、「独特の性格」「特別な機能」は『社会的道具としての博物館』の三項を複製するなかで第一項の「個性」の語から派生したことが考えられても、「ピープルス　ユニバーシティ」の出自はわからないためである。いずれにしても、一九四〇年代前半の東京科学博物館で、坪井誠太郎、井尻正二、杉山隆二らによって「開放された大学」の博物館実践がおこなわれたあとのことであり[54]、「ピープルス　ユニバーシティ」の陳腐さは否めない。

おわりに

かつて筆者は、木場一夫が大東亜博物館建設準備の途上で作成した『昭和十九年八月　各国主要博物館の概況』と『新しい博物館』の一部のテクストを比較して、前者から後者への転用、流用を見たところで、大東亜博物館と『新しい博物館』との連続性、連続する内容におけるアメリカン・スタンダードを指摘した[55]。この理解にいまも大きな変更はない。

今回は、『新しい博物館』と、同書が引用した『社会的道具としての博物館』ほかのテクストを比較し、『新しい博物館』は事例だけでなく、方針、哲学をも複製していたことをあきらかにした。

そして、のちの博物館研究が、『新しい博物館』に与えた機能主義博物館論、社会的道具論という定義が妥当しないことも提起した。テクストに忠実であれば、第一に形而下の教育主義が見てとれたはずのものを――。

さらに、精神も、日本語以外の物質も、アメリカの複製を、「困難な出発」と哲学的に――しかし修辞学的でしかなかったが――言いつつ、機能主義博物館論、社会的道具論と名指し、実体があるかのように処遇したのは正当であったのか。「オリジナリティのとぼしい、他人の借り着でしかない著述ではあるが[56]」という著者の弁明を、虚心坦懐に聞き届けなければならなかったのではないだろうか。

この反省に立つならば、〈アメリカ:『社会的道具としての博物館』〉と〈敗戦前後日本:大東亜博物館‐『新しい博物館』〉という、一九四〇年代に生きられた博物館の研究は、これからも多くの問題を投げかけるであろう。

注

(1) 本章では、引用は旧字体から新字体への改変、ルビの削除にとどめ、かなづかい、拗促音、句読点、地名、誤脱字などは原文のままとした。年号表記は西暦年でおこない、人名の敬称は省略した。地名は基本的に当時のものを用いた。人名の旧字体、新字体は統一していない。外国語の日本語翻訳は、特に注記がないかぎり筆者による。

(2) 伊藤寿朗「日本博物館発達史」伊藤寿朗・森田恒之編『博物館概論』、株式会社学苑社、一九八一年（三版、一九七八年初版）、一六二頁。

(3) 同論文、一六九頁。

(4) 木場一夫『新しい博物館――その機能と教育活動――』、日本教育出版社、一九四九年、六頁、参照。

(5) 同書、二一七頁。

(6) 伊藤寿朗「日本博物館発達史」、二一〇頁。

(7) 同論文、二一〇‐二一一頁。

(8) 木場一夫、前掲書、二一六‐二一七頁。

(9) Low, Theodore L., *The Museum as a Social Instrument*, The Metropolitan Museum of Art, 1942, p. 65.

(10) 木場一夫、前掲書、八‐九頁。

(11) 同書、六頁。

(12) Low, Theodore L., *Op. cit.*, p. 7.

(13) 木場一夫、前掲書、六頁。

(14) Low, Theodore L., *Op. cit.*, p. 7.

（15）木場一夫、前掲書、五頁。
（16）Low, Theodore L., *Op. cit.*, p. 7.
（17）*Ibid.*, p. 8.
（18）*Ibid.*, p. 9.
（19）*Ibid.*, p. 65.
（20）本項の以下は、*Ibid.* からの要約であるが、いちいちの注は煩瑣になるため付していない。原文にあたって欲しい。
（21）鶴田総一郎『博物館学入門』の「博物館学総論」篇を執筆した経緯」伊藤寿朗監修『博物館基本文献集』別巻、株式会社大空社、一九九一年、一一三頁。
（22）棚橋源太郎『眼に訴へる教育機関』、株式会社宝文館、一九三〇年、三二一‐五二頁、参照。
（23）同書、四六‐五二頁、参照。
（24）木場一夫、前掲書、一〇頁、参照。
（25）平易に言うと機能主義とは、機能において対象（博物館）を理解する政治・経済・文化的立場性である。「機能」と「形態」という鶴田総一郎の問題構成と伊藤寿朗による名指しにしたがうと、機能主義の一方には、形態において対象を理解する形態主義が生じていることになる。形態主義は、たとえば「殿堂」を想起するとよいであろうか。国土地理院の地図記号の博物館は、「博物館や美術館などの建物の形のイメージを記号にしたもの」（「地図記号：博物館―国土地理院」、https://www.gsi.go.jp/KIDS/map-sign-tizukigou-2022-hakubutukan.htm（二〇二二年九月七日閲覧））であり、博物館の機能ではなく、引用文どおり形態に依拠して作られている。このような形態の博物館は、日本に一般的には存在しないにもかかわらず、である。ギリシャのパルテノン神殿をデフォルメしたユネスコのシンボルマークあたりの追随であろう。ことほどさように形態主義は現在も盛んであるが、それへの反対として伊藤が機能主義を称揚することは理解できる。しかし、それは木場一夫や鶴田に限らず、ふたり以前の棚橋源太郎にあらわれていたことであった（多少異なる意味があるが赤十字博物館の建物事件を想起せよ）。満洲国国立中央博物館副館長の藤山一雄にも。
（26）鶴田総一郎「博物館学総論」日本博物館協会編『博物館学入門』、理想社、一九五六年、一〇‐一二二頁、参照。

（27）同「『博物館学入門』の「博物館学総論」篇を執筆した経緯」、一二一頁。

（28）Cf. Burns, Ned F., *Field Manual for Museums*, United States Government Printing Office, 1941. なお鶴田総一郎は、本文に引用した回想で同書を「博物館の野外手引き」と訳しているが、序文に二箇所ある field の単語は、それを含む文章の意味から「野外」より「現場」のほうが相応しい。「このマニュアルは、国立公園管理局の博物館を現場で運営する記念碑管理人、公園自然史家、歴史家、博物館学芸員などの人々を支援するために作成された」「本書の内容は、博物館が抱える様々な問題を解決するためのアドバイスを求める現場からの要望に応えるために、過去の経験に基づいて決定されたものである」（Cammere, Arno B., Foreword, In *Ibid.*, p. x.）（傍点は引用者による）。のちに同書は『博物館のマニュアル』と改題されて再刊されるが、「現場」の削除は了解できても、木場一夫や鶴田にとっては鍵概念であったであろうところの「野外」の削除は理解しにくい。国立公園博物館のマニュアルではあったが、内容は野外に限られず、博物館一般のマニュアルともなり得ていたため「博物館のマニュアル」に改題されたと考えられる。

（29）狭義に鶴田総一郎は、じしんの関心すなわち所属する自然教育園に引き寄せて、木場一夫を理解していたことが考えられる。同様に伊藤寿朗もその関心において、社会的道具、機能主義を焦点化したのであろう。伊藤の関心のいかんはわからないが、鶴田のような博物館の具体的な実践を伊藤がもっていなかったことを考慮すると、観念的な関心だったのかもしれない。社会的道具論や機能主義に注目することそれじたいに、観念論の作法が感じられる。

（30）木場一夫「自然研究と路傍博物館」永田義夫・宮山平八郎・馬場重徳・木場一夫『新科学教育の課題』、明治図書出版社、一九四八年、一一九－一六九頁、同「学校博物館と路傍博物館」永田義夫執筆者代表『理科の学習指導』（一般篇）、株式会社金子書房、一九五〇年、一七三－二〇九頁、参照。このほかにも、タイトルにはあらわれないが、路傍博物館に言及している著作は『新しい博物館』をはじめとして複数ある。

（31）同「序」、「序」の一頁。

（32）『昭和十九年八月　各国主要博物館の概況』、文部省科学局総務課、一九四四年、一一八頁（復刻：博物館史研究会編『博物館史研究』№7、博物館史研究会、一九九九年、三六頁）。なお同書は、戸外博物館が「博物館保護の下にアデイロンダツク国立公園（Adirondack State park）に設けられてゐる」と書いているが、アディロンダック・パークにある博物館は戦後にできたものであり（"History | Adirondack Experience", https://www.theadkx.org/about/history/（二〇

二二年九月十日閲覧））、また同園は国立公園ではない（"Adirondack Park National Historic Landmark – Official Regional Website", https://visitadirondacks.com/about/adirondack-park(二〇二二年九月十日閲覧））。戸外博物館の記述が同書の「博物館に於ける視覚教育」の章にあり、章全体がアメリカ自然史博物館の事例紹介であることを考慮すると、この戸外博物館はアメリカ自然史博物館が指導したベアマウンテン州立公園の路傍博物館を指していた可能性が考えられる。

（33）木場一夫、前掲書、一〇頁。

（34）鶴田総一郎「博物館学総論」、四〇頁。

（35）伊藤寿朗「博物館の概念」伊藤寿朗・森田恒之編、前掲書、七頁。

（36）木場一夫「博物館」財団法人日本映画教育協会『視覚教育精説』、株式会社金子書房、一九四九年、七八－七九頁。

（37）同「博物館」石山脩平・梅根悟・海後宗臣・皇至道・波多野完治・村上俊亮・依田新責任編集『教育研究事典』、株式会社金子書房、一九五四年、一三二二頁。

（38）ジョージ・H・シャーウッドの論文の掲載頁を、木場一夫は「(p.29～34)」と書くが、実際は二九－三一頁である。

（39）Sherwood, George H., "Educational and Scientific Reports", In *The American Museum and Education (Fifty-Sixth Annual Report of the Trustees for the Year 1924)*, The American Museum of Natural History, 1925, p. 29. http://hdl.handle.net/2246/6238 (Viewed on September 9, 2022).

（40）木場一夫「序」、「序」の二頁。

（41）博物館をめぐる現在のアメリカの活動は、「私たちはいまだに、真の知識は主に学芸員部門にあり、教育者やプログラマーのチームは単にそれに従うために存在するという考えを克服しようとしている」現実のなかで、『社会的道具としての博物館』の「博物館とは何か？」の章から「教育は受動的なものであってはならず、常に人々の生活と密接に結びついていなければならない」と、教育とは「個人の知識、幸福、経験を高める」を引用して、博物館全体に対する教育の優越を説き、教育を戦術、戦略から綱領に押し上げようとしている。これは、『社会的道具としての博物館』がそなえていた傾向でもあったのである。"'What is a Museum?' by Theodore L. Low - *David Van Der Leer Design Decisions*", December 10, 2019, https://dvdl-co/what-is-a-museum/（二〇二一年十二月三十一日閲覧）。

（42）小林貞一「新著紹介／木場一夫著「新しい博物館、その機能と教育活動」（昭和二十四年四月、日本教育出版社、

定価二百三十円）」『会報』第三号、社団法人日本博物館協会、一九四九年、三頁。

（43）木場一夫「博物館教育」『見学・旅行と博物館』（聴視覚教育新書（Ⅵ））波多野完治監修、株式会社金子書房、一九五二年、一〇頁。

（44）同「博物館」石山脩平・梅根悟・海後宗臣・皇至道・波多野完治・村上俊亮・依田新責任編集、前掲書、一三三頁。

（45）たとえば、岡田彌一郎「紐育博物館の教育事業」『植物及動物』第三巻第一号、書肆養賢堂、一九三五年、一〇八–一一六頁、同「博物館と教育」『日本学術協会報告』第一〇巻第一号、日本学術協会、一九三五年、一〇–一三頁、同「自然博物館の目的と使命」『博物館研究』第九巻第一号、日本博物館協会、一九三六年、二–四頁、同「なぜ博物館を国民教育に一層活用させぬか」『博物館研究』第一四巻第七号、社団法人日本博物館協会、一九四一年、三–五頁、などがある。偶々、岡田の著作ばかりになったが、岡田と木場一夫は師弟関係にあった。『新しい博物館』の「序」の謝辞は、最初に岡田に捧げられている。筆者は、「このように岡田弥一郎と木場一夫の動向は密接不可分であった。自然博物館–大東亜博物館設立運動の実務が、岡田–木場ラインで担われていたこともうかがえるのである。なお、戦後、岡田は日本博物館協会の理事に就任し、木場も文部省科学局の後身である同省科学教育局に引き続き在籍して、この関係は続いたようだ」（犬塚康博『反博物館論序説——二〇世紀日本の博物館精神史』、株式会社共同文化社、二〇一五年、一〇三頁）と指摘したことがある。

（46）Cf. Osborn, Henry Fairfield, *The American Museum and Education*, The American Museum Press, 1925, pp. 3-5. https://hdl.handle.net/2027/uiug.30112052139083（Viewed on February 6, 2022）.

（47）木場一夫「博物館教育」、八頁。

（48）同、前掲書、七頁。

（49）同「教育上から見た科学博物館について」新教育協会出版部編『月刊教育人』第一巻第三号、新教育協会、一九四七年、七頁。

（50）Lucas, Frederic A., *Fifty Years of Museum Work: Autobiography, Unpublished Papers, and Bibliography of Frederic A. Lucas, Sc.D.* The Museum, 1933, p. 32. https://doi.org/10.5962/bhl.title.94498（Viewed on February 11, 2022）.

（51）Cf. Morrill, Allison M., *From Useful Knowledge to Rational Amusement: Museums in Early America*, Master's Thesis,

University of Tennessee, 2004, pp. 55-56. https://trace.tennessee.edu/utk_gradthes/4690（Viewed on September 2, 2022）.

（52）Lucas, Frederic A., "Evolution of the Educational Spirit in Museums", *The American Museum Journal* Vol. XI No. 7, 1911, pp. 227-228. https://archive.org/details/americanmuseumjo11amer/page/226/mode/2up（Viewed on February 8, 2022）.

（53）Osborn, Henry Fairfield, *Op. cit.*, p. 3.

（54）犬塚康博「一九四〇年代前半東京科学博物館の団体研究と「開放された大学」」ＬＯＣＩ編『地域世界』3、ＬＯＣＩ、二〇二二年、四一-六六頁、参照。改稿して、本書の「一九四〇年代前半東京科学博物館の団体研究と「開放された大学」」に収録した。

（55）同「１９４４年／１９４９年」博物館史研究会編、前掲書、三八-四一頁、参照。改稿して、犬塚康博、前掲書、第三章第二節に収録した。

（56）木場一夫「序」、「序」の二頁。

井尻正二の「大学的研究と博物館的研究」をめぐる博物館研究の史的検討

はじめに

井尻正二は、地学団体研究会および長野県・野尻湖の大衆的発掘調査のコファウンダーとして知られる地質古生物学者である。その井尻が、一九四九年に著した『古生物学論』には、「大学的研究と博物館的研究」と題した一節があり、大学ならびに博物館に喩えて研究の方法論が論じられていた。博物館研究の世界で、これについて議論したことが若干ある。その経験を踏まえながら、博物館研究における井尻の所論の位置のいかんを、博物館史研究の方法を用いて、以下に検討したい[1]。

なお、「大学的研究と博物館的研究」と不可分な団体研究については、別稿[2]を用意した。あわせて参照を希う次第である。

一　「大学的研究と博物館的研究」の概要と環境

「大学的研究と博物館的研究」は、『古生物学論』の一章「方法論」を、「体験的方法」「記載的方法」「分類的方法」「論理的方法」「理論的方法」と進めてきたところで、論理的方法と理論的方法の差異を、大学と博物館の比喩で補う付論である。

「大学的研究と博物館的研究」は、前半を大学的研究と博物館的研究の説明にあて、後半が博物館による科学振興策の提言となっている。まず前半について、原文から抽出して要約すると次のとおりとなる。

論理的研究――純粋科学における博物館的研究

- 技術性と演繹性。
- 方法論的には必ずしも指導的ではないが、既に少くとも仮説にまで命題化された法則・或は学界から公認され、定立された法則に基いて、多数の材料（標本）を具体的に、確実に検索し、よつてもつて、さきの仮説を法則化し、或は、さきの法則を更に普遍化し、客観化し、或は、仮説や法則の不備を補いつつこれらを技術化し、体系化する、といった研究方式にある。
- 方法は既知・既存のもの、研究が演繹的、量的、技術的。
- 考え方よりは、むしろ、物に依存する。

理論的研究――純粋科学における大学的研究

- 創造性（仮説性）と帰納性。
- 研究方法が常に学界を指導して、絶えず新しい考え方、新しいものの見方を行い、方法論的にみて指導者ないしは開拓者の位置にある。
- 方法論的に、常に、新鮮、帰納的、質的、総じて創造的。

・物よりも、むしろ、考え方を主体にする。

後半は、当時喧しかった欧米式の博物館を新設する要求に対し、日本の科学発達の特殊性と、学界の現状に即しておこなわれるべきであると批判して論じる。すなわち、明治以降、教育機関である大学を通じて近代科学が輸入されたこと、その大学に学術資料、規準標本が集積されているはずであることに基づき、(1)大学附属博物館を設け、(2)科学知識の普及・大衆教育を大学職員に兼任させることを主張する。(1)を大学開放、(2)を大学職員の街頭進出と呼ぶ。

また、基礎科学の綜合研究所の設置を求め、そこで教育や事務に煩わされることなく大学的研究に専念し、教育の専門家である大学職員は大学附属博物館で博物館的研究に専念することをもって、現実的な科学振興策の提言とした。

このように後半部分は、状況論に方法論を応用するもので、前半と性格を異にしている。博物館研究が過去に議論したのが前半部分であったことを受けて、本章も以下、前半部分をとりあげてゆく。後半部分は上記の要約だけにとどめるが、博物館史研究上興味深い内容があるため、あらためての検討を約したい。

二　「大学的研究と博物館的研究」の支持と不正使用

井尻正二の「大学的研究と博物館的研究」を博物館研究の世界でとりあげたのは、地質古生物学者で当時大阪市立自然史博物館館長であった千地万造である。全十巻からなる『博物館学講座』のうち「研究」にあてた一巻を責任編集するとともにみずからも執筆し、その総論部分で井尻の所論を引用し紹介した[3]。千地は、他の章でも井尻の所論に言い及び、それを支持してみずからの論を展開している。[4]
このなかで千地は、当時山種美術館学芸課長であった倉田公裕による批判をとりあげ、井尻にかわるかたちで応答した。倉田による批判は、次のとおりである。【倉田①[5]】

この演繹的と帰納的、量的と質的、技術的と創造的というが、これは車の両輪の如くであり、研究そのものに上下の差はないであろうし、これはまたその片方のみでは、学として完結しないものであろう。だが、大学の研究は新しい考え方であり、創造的な考え方を中心とすると云い切ることは問題である。むしろ、もの（資料）の専門分野によっては、博物館の方が中心で、大学は従なものもある筈である。（例えば、動植物学とか美術史学などは、資料を持たない大学よりも、資料を持っている博物館の方が主流とも云えよう）[6]

この問題に対し千地は、井尻が「大学的研究と博物館的研究」で説明済みであったことを告げて応答するが、実は、引用文前半の「車の両輪」「研究そのものに上下の差」「片方のみでは、学として完結しない」のいずれも倉田の作文であり、それに該当する井尻の言及はなかった。「車の両輪の如く」については、「共にその存在意義を持つ博物館的研究と大学的研究の成果を最大限に発揮させる[7]」ことを、付論後半の科学振興策の提言のなかで井尻が言っていて、倉田の指摘は空転している。

しかも、「大学的研究と博物館的研究」は論理的方法と理論的方法の付論であったため、本論に立ち返ると、井尻は「理論的方法は、帰納的思惟に基き・主観的に仮説の抽出を行う第一段階と、演繹的思惟によつて主観をはさむことなくその仮説を実証し、客観的法則（または理論）に転化させる第二段階とからなつていることを明にして、理論的方法の本質はあくまで第一段階、即ち、その仮説性にあること」[8]を言っているのであり、「片方のみ」を倉田が揚言することはナンセンスの極みであった。

そして、「大学の研究は新しい考え方であり、創造的な考え方を中心とする」とも、井尻は言っていないのである。次の引用文は、倉田が指していると思われる井尻の論文の箇所であるが、少なくもこの界隈に「中心とする」の語はない（傍点は原文のまま、傍線は引用者による）。【井尻①】[9]

> 一方、大学的研究は、その研究方法が常に学界を指導して、絶えず新しい考え方、新しいものの見方を行い、方法論的にみて指導者ないしは開拓者の位置にあることを知り得るのである。換言すれば、大学的研究は、方法論的に、常に、新鮮であり、帰納的であり、質的であり、総じて創造的である点が特色となつているのである。
>
> このような方法論的特質に基いて、博物館的研究は、考え方よりは、むしろ、物に依存し、大学的研究は、物よりも、むしろ、考え方を主体にするという特質を見出すことができるのである。[10]

大学的研究が、新しい考え方、新しいものの見方をおこなうことを井尻は言っているのであって、大学的研究が新しい考え方ではない。同様に創造的な考え方でもない。倉田の「むしろ」以下の例示を考慮して評せば、博物館的研究に対する大学的研究の優位を言われたように錯覚して、倉田が独り相撲をとっているように映る。井尻は、二つの方法論があることを述べ、一方の「仮説性」と他方の「低級性」[11]を言うに過ぎない。

ここまで、千地にしたがい、井尻の所論、それへの倉田の批判、批判に先行しておこなわれていた井尻の所説、という展開として見てきたが、実は倉田は井尻に向けて批判していたわけではなかった。上の倉田の引用文の「この演繹的と帰納的、量的と質的、技術的と創造的というが」の「いう」の主語は不明である。倉田じしんのようでもあるが、一般的にそう言われているという意味にもとれる。【倉田①】の直前で倉田は、次のように書いていた。【倉田②】

博物館と大学の研究方法の大いなる異りは、資料のあるなしであろう。その意味で博物館は、仮説にまで命題化された法則、あるいは学界から公認された法則に基いて、多数の資料を具体的に確実に検討し、仮説を法則化し普遍的、客観的なものとして、仮説や法則の不備をおぎない、これを技術化し、体系だてることであるとも考えられる。

つまり、方法としては既知なるものを用い、研究は、量的であり、演繹的な方法を用いるともいえよう。

これに対し、大学の研究は、ものを中心とするよりもたえず新しい考え、新しい見方で、帰納的方法であり、創造的だともいい得るところもある。

要するに博物館的な研究は、考え方よりもむしろ、もの（資料）を中心とし、大学的な研究は、もの（資料）よりも、むしろ考え方そのものにあるということともいい得よう。

鶴田氏は「博物館学入門」で「膨大な数量の資料を必要とし、これらの物の比較研究をその主たる方法とする研究は…」博物館にふさわしく、つまり、分類学や、形態学的研究を博物館的研究としてあげている。[12]

「鶴田氏は」のくだりが明記された引用であるため、それより前は引用ではなく、倉田の意見となる。

ところで井尻は、次のように書いていた。【井尻②】

著者のとなえる論理的研究（第四節の論理的方法に基く研究）と理論的研究（第五節の理論的方法に基く研究）は、前者が、その技術性と演繹性によつて、後者が、その創造性（仮説性）と帰納性によつて特徴づけられていることは既に明にされた通りである。

この特質は、それぐ、純粋科学における博物館的研究と大学的研究とを、方法論的に区分する本質的要素であるということができるのであつて、この機会にいささか、両研究機関における研究態度を如上の観点から検討して置きたいと思う。

先ず博物館的研究は、方法論的には必ずしも指導的ではないが、既に少くとも仮説にまで命題化された法則・或は学界から公認され、定立された法則に基いて、多数の材料（標本）を具体的に、確実に検索し、よつてもつて、さきの仮説を法則化し、或は、さきの法則を更に普遍化し、客観化し、或は、仮説や法則の不備を補いつつこれらを技術化し、体系化する、といつた研究方式にあることをうかがい知ることができるのである。換言すれば、博物館的研究においては、方法は既知・既存のものであり、研究が演繹的であり、量的であり、技術的である点が特色をなしているのである。[13]

このうしろに、【井尻①】の「一方、大学的研究は」以下が続くが、井尻と倉田の用語、構文の、鏡に映したかのごとしを知るのは容易い。一九四九年の井尻と一九七一年の倉田との先後関係、参照関係は明白である。前出の「いう」の主語が倉田であれば、倉田は井尻を不正使用していたことになる。そして、次節で見るように、井尻の所論が斯界に一般的であった形跡はなく、一般論として提示したものと理解するのは困難である。よって本章は、不正使用と仮説して以下進めてゆくが、[14] そうであるにせよ一般論にせよ、倉田はそれを誤読して、自説を展開していたのであった。千地は気づいていたに違いない。

三 「大学的研究と博物館的研究」の無視

博物館学誕生前の、博物館研究もまだ曖昧模糊とした時期における「大学的研究と博物館的研究」は、博物館を主題とせず、部分的であったが、戦後早期博物館論と言ってよいものである。これがその後、斯界にどう受容されたのかを次に見たい。

千地万造が用いたのは井尻正二の『科学論』（一九五四年）であった。同書は『古生物学論』の再版であったため、さらに五年さかのぼる。そして、千地がそうしたように、戦後の博物館研究によって多く参照されてよかったが、実情は異なった。

まず、木場一夫の『新しい博物館——その機能と教育活動——』に、「大学的研究と博物館的研究」は見られない。[15] 同書の発行は一九四九年四月一日であり、同年二月二十五日発行の『古生物学論』に接していたとしても、時間的に書き込めなかったと思われる。

日本博物館協会の『博物館学入門』におさめられた鶴田総一郎の「博物館学総論」は、時間的に『古生物学論』を十分に参照できた。しかし、同書はあらわれず、巻末の「附録」の「1 博物館学参考文献目録」にも見えない。[16] 鶴田の旧蔵書リストに井尻の『古生物学論』や『科学論』はなかった。[17] 知らなかったと思われなくもないが、鶴田が文部省科学教育局に入ったとき、井尻はその管轄下の東京科学博物館学芸官（または技官）であっただけでなく、井尻が日本学術会議議員に選出されて意気軒昂なときであったから、鶴田が井尻を知らないのはむしろ不自然である。

いずれにせよ、鶴田が井尻の博物館論に言及しなかったことは[18]、戦後の博物館研究における井尻の居場所をなくすことを意味した。『博物館学入門』は日本博物館協会の編集であり、戦後の博物館のマニュアルとして扱われてゆく。そのため鶴田の「博物館学総論」は個人の著作物でありながら、出典の明示なく流通する反面、そこに書かれなかったことは無視されていったからである。

鶴田の仕事を批判的に継承するのが、法政大学で鶴田に学んだ伊藤寿朗であった。弁証法を導入し市民の博物館を主張するが、井尻への言及はない。地学団体研究会や野尻湖の大衆的発掘を「博物館ではないから」として差異においてとらえ、これを切り捨て、井尻を見失ったのかもしれない。しかし、別稿[19]で見たように、団体研究と「大学的研究と博物館的研究」誕生の地は東京科学博物館であった。これを踏まえれば、伊藤は正しく記述しなければならなかったのである。

四　博物館の研究機能に関する言説の検討

博物館は、博物館資料の「収集・保管」「調査・研究」「公開・教育」の三つの機能を有する[20]。それぞれの機能に即した方法論を博物館学は考えるが、実際は、博物館に固有の方法論があらかじめあるわけではない。通常は、博物館資料の属する分科学の作法が援用される。博物館学は、固有性の不在から始まっていたがゆえに、博物館に固有を求める原理主義が多くの言説に見られた。しかし、調査研究機能ではトーンダウンするのである。

鶴田総一郎は、博物館の研究について、

① 資料の収集保管に関する応用学的研究法または科学技術研究法、
② 資料そのものの本質を研究する一般学術的研究法、
③ この二つの結び付きを人間の側から研究する教育学的研究、

の三種類に分け、①と②を③の基礎とした[21]。②が、純粋科学に属する項である。②について鶴田は、つぎのように書く。

いわゆる学術研究で、人文科学・自然科学の体系のそれぞれの専門分野で、それぞれの方法によって博物館資料の研究が行なわれなければならない。これは資料そのものの研究であるだけに最も基礎的な研究であり、この裏付けなしには他の部門の研究が十分には進められないということもいい得る。しかしそれだけに極めて普遍的な方法であって、博物館でなければできない、博物館でやらなくてはならないというようなものは一つもでてこない。（略）研究方法については各科学の分野でそれぞれ詳細に説かれているからここでは触れない[22]。

ここで鶴田がおこなっているのは、純粋科学の研究に対する博物館の立場からの思考停止である。別の箇所で、②を「本質的には博物館でなければという色彩の全然出てこない分野」「博物館という色付けはあってはならぬし、でても来ない[23]」と断じてもいる。さらに②にとっては、研究所の方が適当とさえ言う。井尻も基礎科学の綜合研究所の必要を言ったが、それは研究にとって博物館が適当か研究所が適当かの二者択一ではなく、博物館における研究と研究所における研究の、それぞれの特性をモデル化して、双方の「成果を最大限に発揮させる」ものであった。井尻がおこなった博物館的研究と大学的研究の方法論的考察を、鶴田は先験的に放棄するのである。これが、博物館の研究に関する戦後の理論のはじまりとなる。ちなみに、③が鶴田のオリジナルであった。

前出の倉田公裕は、「では、博物館の研究は一体、何を対象とし、それはまた如何なる方法を持っているものであろうか」と問い、次のように定義する。

（略）大別して三つの分野があると考えるものである。

即ち、その1は、資料の収集保存についての科学的研究であり、2は、博物館資料についての研究、つまり、人文、自然科学の学問体系にあるそれぞれの専門分野（例えば、動物学とか、美術史学とか、工学とか、その博物館が主として収集、保存する資料についての研究）3は、その資料（もの）と人との結び付きに関する教育学的研究と考えられる。(24)

ここに書かれる三項は、鶴田の①②③である。出典の明示がないことと、「考えるものである」と宣言するところからは、倉田のオリジナルとして書かれていることになるが、あきらかに鶴田の定義であった。その一方で、前掲の「鶴田氏は」のくだりの引用があり、読者を幻惑させる論文となっている。

このような不規則な引用、そして先述の不正使用が、わが国の博物館学ではおこなわれていた。これが、珍しくなかったのは、「富士川金二『博物館学』、同『改訂増補　博物館学』は、出典、引用等がまったく無記載だが、大勢において、歴史の部分は、棚橋源太郎『博物館・美術館史』（長谷川書房　一九五七年）、各機能の部分は、鶴田総一郎「博物館学総論」（日本博物館協会編『博物館学入門』理想社　一九五六年）等、その他の戦後刊行された主要論文の再録といった性格を有している」[25]という批評からも知ることができる。
付言すれば、一九五一年に博物館法ができ、博物館の定義と、学芸員養成制度が成立したことにともないはじまった博物館学は、文部省とその戦前来の外郭団体である日本博物館協会が牛耳を執ったため、そもそも政治、経済、文化的に独立性をそなえる学問領域ではなかった。そのことは同時に、個人的、主観的には、自主的で独立性のある研究者も、社会的、客観的には教育行政権力のガイドとしてあらわれ、機能してゆくことを意味した。博物館学の関係者のこうした前提が、不正や不規則な引用を自他ともに甘受し、普及してゆくことになったのである。これが、博物館学振興の作法であった。[26]
そして、富士川の著作に対する上記の批評は、斯界でしだいに学術の方法が整えられてゆくことを意味したが、それでも博物館の研究論は跛行する。伊藤寿朗ほかの編著になる『博物館概論』は、総論編の「序章　博物館の概念」「第一章　人間の社会と博物館」「第二章　日本博物館発達史」、機能編の「序章　博物館の機能と技術」「第一章　収集」「第二章　保存と修理」「第三章　展示」「第四章　教育事業」「第五章　博物館の運営と職員」「第六章　博物館の建築」「第七章　博物館の行財政」、資料編、であり、研究機能の章はなかった。[27]
その二十年後の任意の一冊『博物館学教程』も、章構成を列記すれば、「はじめに」「第1章　博物館学論」「第2章　博物館概論」「第3章　博物館発達論」「第4章　博物館資料論」「第5章　博物館展示論」「第6章　博物館教育論」「第7章　博物館経営論」「第8章　博物館情報論」「第9章　博物館と建築・都市」「第10章　博物館利用者論」「第11章　博物館実習」「付録」であり、その前景に研究機能はない。[28]研究機能は各章に埋め込まれているのと、たとえ両書が言ったところで、それはレトリックであろう。問いは、研究機能の前景化のいかんである。教育機能はじめその他の機能は前景化されるにもかかわらず、研究機能が前景化されず後景化するのは、不均衡と言うよりほかはない。

ここでは、博物館の研究機能について論じ得ていた井尻のしごとが確認できればよい。その当否は、爾後の研究に委ねたい。以上の状況に照らすとき、井尻の「大学的研究と博物館的研究」は、大学の研究に対して、従属関係ではない方法論のひとつとして博物館の研究を位置づけて説いたことを、本章は最大に注意して、博物館史に正しく位置づけるものである。

おわりに

戦後日本の博物館研究のうち、木場一夫、鶴田総一郎、伊藤寿朗の系譜に、井尻正二の名が登場することはなかった。上に見たように、木場と鶴田は文部省内で井尻と知らぬあいだがらではなかったはずである。伊藤も、井尻の名やその仕事の情報には接していたことと思う。無視したのであろう。

倉田公裕は、山種美術館ののち北海道立近代美術館館長を経て、明治大学教授として学芸員養成課程を主任する。そして、上梓した自著『博物館学』『新編　博物館学』で、【倉田①・②】のくだりは書き直されて収められるが、千地万造の批判に応えることはなかった。[29]

井尻が無視され不正使用されるゆえんは不明だが、一九四九年十一月、レッドパージで井尻が国立科学博物館を辞職させられたこととの関係が疑われる。

戦後、民主主義運動が盛になり、本館においても組合運動に名をかりた共産主義活動が活発になり、全館の秩序を乱すようになったので中井館長はやむを得ず、24年秋中心となる数名を辞職させたが、まき添えをくったものがいたのは気の毒であった。このため地学課は（杉山氏はすでに新潟大学理学部へ転出していた）ほとんど全部が代り、25年5月に尾崎博、上谷慶次氏等が、動物学課に今泉吉典氏がはいった。

26年、動物学課長岩佐正夫氏が成蹊大学教授に転出し、そのあとに滝庸氏が補せられた(30)。

括弧書きで杉山隆二の転出が弁明されて、井尻の名が記されないところに、事態の深刻さを感じる。岩佐正夫による次の回想には胸が詰まる。

その（疎開からの引き揚げ――引用者注）後のことは御承知の方も多いことと思う。労働組合の結成、共産党の活躍、2・1ゼネスト、進駐軍のリー、ギャラガー両氏へのお百度詣り、中井館長の就任、イールズ事件とレッドパージ、そして舞台は再び暗転。2年近くも考え抜いた挙句、遂に私は館を去ることを決心した。私が館を去る時、私の尊敬する某課長は、盲目で失意のラマルクの銅像に刻まれている娘コルネリーの言葉、「後の人達が仕遂げてくれましょう。そしてあなたの報復をするでしょう。父上」を、はなむけとして下さったことを私は一生忘れないだろう(31)。

文部省の木場は、同省社会教育課と日本博物館協会による送別会が開かれて一九五二年に熊本大学へ「栄転(32)」した。同じく文部省の鶴田は、一九四九年六月に国立自然教育園次長となり、日本博物館協会の理論的作業を担ってゆく。そうした経緯の教えるところは、日本の博物館学がレッドパージした側を生きていったということである。

また、千地の批判に応えない倉田の態度も、大学の学芸員養成課程の付属物である博物館学が、およそ学問の体をなさない如何様物であったことを物語っている。

井尻正二を無視、不正使用した日本の博物館研究にあって、千地万造だけが井尻に正しく向き合った。そうした千地であったから、のちに地学団体研究会の会長にも就任し得たのであろう。博物館をめぐるアカデミズムのリテラシーとモラリティ、そしてそれらから来すコレクトネスは、そこを生きることがあったのかもしれない。

注

（1）本章では、博物館を研究する営為を「博物館研究」の語であらわし、博物館法に定義された学芸員養成課程の科目に由来する営為を「博物館学」の語であらわすように試みた。その他、引用は、旧字体から新字体への改変、ルビの削除にとどめ、かなづかい、拗促音、句読点、地名、誤脱字などは原文のままとした。年号表記はすべて西暦年でおこない、人名の敬称は省略した。地名は基本的に当時のものを用いた。人名の旧字体、新字体は統一していない。また、不規則な引用とならぬように煩瑣ではあるが引用を多くした。

（2）犬塚康博「一九四〇年代前半東京科学博物館の団体研究と「開放された大学」」ＬＯＣＩ編『地域世界』３、ＬＯＣＩ、二〇二二年、四一-六六頁、参照。改稿して、本書の「一九四〇年代前半東京科学博物館の団体研究と「開放された大学」」に収録した。

（3）千地万造「博物館と調査研究」千地万造責任編集『博物館学講座』第五巻（調査・研究と資料の収集）、古賀忠道・徳川宗敬・樋口清之監修、雄山閣出版株式会社、一九八九年（三刷、一九七八年一刷）、三-三五頁、参照。

（4）同「自然史系博物館」『博物館学講座』第五巻（調査・研究と資料の収集）、一五九-一八三頁、参照。

（5）行論の都合から、倉田の一連の文章を分けて引用した。本来の順序は倉田②→倉田①である。

（6）倉田公裕「博物館学概論（試論）～博物館における調査研究とは何か～」『博物館研究』Vol.43 No.4、（社）日本博物館協会、一九七一年、三六頁。
（7）井尻正二『古生物学論』（平凡社全書）、株式会社平凡社、一九四九年、九九頁。
（8）同書、九四頁。
（9）行論の都合から、井尻の一連の文章を分けて引用した。本来の順序は井尻②→井尻①である。
（10）井尻正二、前掲書、九五‐九六頁。
（11）同書、九四頁。
（12）倉田公裕、前掲論文、三五‐三六頁。
（13）井尻正二、前掲書、九五頁。
（14）音楽評論家の吉田秀和が絶賛して引いていた、ケネス・クラークの次の言葉がある。曰く「「偉大な芸術作品というものは、ほかの芸術作品から得た記憶を含有している場合があり得る（実際は、その方が普通なのである）。何か偶然のきっかけで――本当は偶然の出来事などというものはないのだが――出会った「何か」とか、手許に届いた註文とかのおかげで、こういった想い出が、突如、息を吹きかえし、強化され、生まの経験を、芸術作品に変貌させるに至るのである」（Kenneth Clark, "Rembrandt and the Italian Renaissance"）」と。倉田の専門である美術史研究が芸術のジャンルに属するからと言って、倉田の所作にこの言葉を適用する人があるかもしれないが、倉田がここでおこなっているのは博物館学である。博物館法で定義された博物館学は、芸術ではない。吉田秀和「Essay」（連載・架橋の為に）長幸男ほか編『歴史と社会』通巻第一号、（株）リブロポート、一九八三年（三刷、一九八二年初刷）、一九〇頁。
（15）木場一夫『新しい博物館――その機能と教育活動――』、日本教育出版社、一九四九年、参照。
（16）鶴田総一郎「博物館学総論」日本博物館協会編『博物館学入門』、理想社、一九五六年、一〇‐一二二頁、参照。
（17）『平成19～21年度科学研究費補助金　基盤研究（C）研究成果報告書／博物館学資料「鶴田文庫」の整理・保存及び公開に関する調査・研究』、（研究代表者　浜田弘明）、二〇一〇年、参照。
（18）鶴田が井尻を参照していた形跡が、まったくなかったと筆者が感じているわけではない。同じ意見を両者が参照していた可能性がある、と言ってもよい。その場合でも、時間的に先行するのは井尻である。あらためて論じる機会があるであろう。

(19) 犬塚康博「一九四〇年代前半東京科学博物館の団体研究と「開放された大学」」、参照。

(20) 伊藤寿朗「博物館の概念」伊藤寿朗・森田恒之編『博物館概論』、株式会社学苑社、一九八一年(三版、一九七八年初版)、七-八頁、参照。

(21) 鶴田総一郎、前掲論文、八〇頁、参照。

(22) 同論文、八一-八二頁。

(23) 同論文、三三頁。

(24) 倉田公裕、前掲論文、三四頁。

(25) 伊藤寿朗「日本博物館発達史」伊藤寿朗・森田恒之編、前掲書、一九八頁。

(26) 棚橋源太郎の博物館論は、Coleman(1927)の抄訳を自説の一部にしていた。Coleman, Laurence Vail, *Manual For Small Museums*. G. P. Putnam's Sons, 1927. その棚橋を用いたのが藤山一雄である。藤山の場合は、棚橋を参照したことを明記していなかった。アカデミーに属した棚橋と、属さない藤山という違いは考慮されてよいであろう。犬塚康博「藤山一雄と棚橋源太郎——小型博物館建設論から見た日本人博物館理論の検討——」名古屋市博物館編『名古屋市博物館研究紀要』第一八巻、名古屋市博物館、一九九五年、四三-五九頁、を参照されたい。

(27) 伊藤寿朗・森田恒之編、前掲書、参照。

(28) 大堀哲編著『博物館学教程』、株式会社東京堂出版、一九九七年、参照。

(29) 倉田公裕『博物館学』、株式会社東京堂出版、一九八八年(九版、一九七九年初版)、四五-四九頁、倉田公裕・矢島國雄『新編 博物館学』、株式会社東京堂出版、一九九七年、一三八-一四一頁、参照。監修書の『博物館学事典』も同然で、「調査・研究」の項目は矢島が執筆し、本章が扱った問題に関する記述はないが、参考文献に倉田の『博物館学』をあげているため倉田の姿勢を踏襲しているものと思われる。石渡美江・熊野正也・松浦淳子・矢島國雄編『博物館学事典』、倉田公裕監修、株式会社東京堂出版、一九九六年、一七〇-一七一頁、参照。

(30) 佐竹義輔「自然史部門」国立科学博物館編『自然科学と博物館』第二九巻第九・一〇号、国立科学博物館、一九六二年、一〇頁。

（31）岩佐正夫「戦中・戦後」国立科学博物館編、前掲書、七九頁。
（32）「消息欄／木場一夫氏送別会」『会報』第一四号、社団法人日本博物館協会、1952年、一九頁。

付記
本章をなすにあたり、きしわだ自然資料館にご教示をいただきました。記して御礼申し上げます。

収容所の博物館、占領期の博物館（博物館と主権に関するノート）

はじめに

本章は、日系アメリカ人が体験したマンザナー強制収容所の視覚教育博物館[1]（一九四二―一九四五年）と、日本人が体験した占領期日本の博物館（一九四五―一九五二年）をめぐるノートである。

植民地における被支配者の博物館体験をのぞき、博物館の理論と実践の多くは、じしんの政治的、経済的、文化的権力を前提にしておこなわれてきた。仮に「権利としての博物館」のような所論であっても、その前提が顧みられることはなかったと言ってよい。みずからの政治的、経済的、文化的権力すなわち、それの属する国家の主権は〈自明〉だったからである。

しかしその〈自明〉が主権者の決定により喪失した例外状況[2]において、収容所の日系人と占領期の日本人は、その時期新規におこなわれた博物館を体験した。このことの意味を、同じ一九四〇年代の「社会的道具としての博物館」論を参照して考えてみたい。

一　収容所の博物館

マンザナー視覚教育博物館については、その運営を中心的に担ったツチヤ・キヨツグの孫のローデス・ニコルスによる「ほろ苦い旅」[3]と、ケン・トレーナーの「人生が私たちを導くところ」[4]がある。以下は、二つの記事からの要約である。

一九四一年暮れの日米開戦後の翌一九四二年二月、アメリカ合衆国大統領令により日系アメリカ人の強制移住が決定された。同年四月八日にツチヤ・キヨツグと妻のチエがマンザナーに到着する。間もなくツチヤは、収容所所長のラルフ・メリットから博物館設立を依頼される。ツチヤがシカゴで、ハーディング博物館のキュレーターを務めていた経験が見込まれてのことであった。

キヨツグが行政に提出した博物館整備の報告書によると、「私たちの部署は、写真ファイル用の古い雑誌の山と、生きたフクロウ一羽、ネズミ一匹から始まった。私たちが昆虫を採集してマウントする一方で、タカムラ（カンゴ）さんが地元の野草を描いた。（」――引用者注）

「最初の頃は、壁も床も下地がなかった。埃と風が建物の継ぎ目から吹き込んできた。暖房が不十分だったので、私たちはコートを着たまま仕事をした。さらに不幸なことに、フクロウ、スズメ、ヘビが寒さで死んでしまった。ネズミは逃げ出し、私たちの昆虫コレクションを食い尽くした。それでも私たちはくじけなかった。（」――引用者注）

「五ヶ月間の苦闘の末、一九四二年十二月五日の第一回展示会は大成功を収めた。それ以来、私たちは毎月特別展を開催している。(5)」

十二月五日が博物館の開館日である。(6) 写真家アンセル・アダムスの作品展を二度開催したほか、一九四三年のクリスマスにはギフト・セールをおこなった。これは、収容者によるハンドメイドの、かぎ針編み、刺繍、編み物、ステンシルなどの品を希望価格とともに博物館に持ち寄り展示し、これを希望者が予約して購入する事業である。大盛況であった。

この博物館は、収容者たちに何か「新しい」ものを楽しみ、参加し、学ぶ機会を与えた。(7)

収容所の住民は文化的刺激に飢えており、博物館は大人気となった。いつまで収容されるかわからない収容所では、子どもたちが外の世界を「見る」ための教材として博物館が必要だと考えたのだ。(8)

収集・保管、調査・研究、公開・教育の機能を備えるように努力されているのは、ツチヤのキュレーター経験に負うものである。のちに写真家となるミヤタケ・トウヨウも、博物館のアシスタントとして尽力した。

なお、館名に冠した「視覚教育」の語は、たとえば棚橋源太郎の書名『眼に訴へる教育機関』ほどの意味であったのか、あるいは当時最新技術のラジオ、テレビ、ひいては戦争国家アメリカの軍事技術であった視聴覚教育を、命名の背景に有しているのかわからない。

二　占領期の博物館

敗戦後の占領期に博物館は、「再建日本」を生きてゆく。廃止される博物館、休館・閉館中であった博物館の再開、空襲疎開した資料の返戻、軍に接収され荒廃した館建築の修繕、職員の帰還や復員など、さまざまに再建は進んだ。

ここでは、占領期に新しくおこなわれた博物館に関する事項のうち、指標になり得ると思われるものを通して、問題の所在を確認したい。文部省の次の三項を対象とする。

(1)　一九四九年：木場一夫の著書『新しい博物館――その機能と教育活動――』（以下、『新しい博物館』と称する。）

(2)　一九四九年：国立科学博物館における職員のレッドパージ

(3)　一九五一年：博物館法

三項の詳細については、個別の論文においてあきらかにしてきた。[9] (1)と(3)を挙げることに異議はないであろう。(2)は最近筆者があきらかにしてきたことがらで、日本の博物館史上の要諦と考えている。これらを補うべく、若干のエピソードを以下に披露する。

(1)の木場一夫は、敗戦前に引き続いて政府文部省に籍を置いていた。しかし敗戦前とは異なりそこは、GHQによる占領下の、国家主権のない日本である。その差がどのようなものであったのかは定かではないが、つぎの事例は参考になるかもしれない。

木場が敗戦前の大日本帝国文部省科学局で作成した大東亜博物館の機構図がある。[10] 私たちが知ったときには、最上段の「大東亜博物館」の文字に貼り紙をして隠し、ほかはそのまま見せていた。大東亜博物館設立準備官制が廃止されたことをあらわすのであれば、図全体が消されてしかるべきである。しかし、敗戦前の国家主権の象徴である名称だけを否定した。博物館を否定することはないが、博物館を決定した主権は否定するようすがうかがえる。ＧＨＱの主権が木場に内面化され、表出したものと見られる。

また参考までにあげると、名古屋の在野の考古学研究者、吉田富夫は、この時期一九四七年四月から九月にかけて、米軍東海北陸軍政司令部から美術記念物コンサルタント[11]を委嘱されていた。本人が履歴に書いているため周知の事実であり、筆者は生前の吉田にこの件をたずねたことがある。「そのような仕事をしたのです」といった漠然とした返答であった。中学生が正しく聴き取り理解するには、過大なことがらであったと顧みて思う。のちの教示によるとその仕事は、木箱に入れられて輸送される美術品の梱包状態を確認し、必要に応じて指示を与えることであったという。[12] 輸送の詳細は伝わっていないが、美術品がＧＨＱ関係者に運ばれた、すなわち「戦利品」の輸送であったらしいと推測されている。いわゆる文物の略奪である。輸送の全体像は、吉田の関知するところでなかっただろうし、そもそも知る権利が吉田にはなく、ただ彼の専門性が活かされて就業していたというのが占領期日本の状況であった。

これらを考慮すると、『新しい博物館』の、物質も精神もアメリカの複製物性とは、ＧＨＱ主権のあらわれであったと言うことができる。敗戦前に木場は、欧米型植民地博物館の大東亜博物館建設準備の実務に携わった。そこでは、視聴覚教育に関する特筆もおこない欧米、特にアメリカの流行に乗っている。敗戦後も、敗戦前と変わらない内容であったからと言って、大日本帝国主権のもとでアメリカの博物館をモデルにするのと、ＧＨＱ主権のもとで同様にするのとは、似て非なるものである。しかし、どちらも帝国主義であり、木場に矛盾はなかったのかもしれない。

いっぽう、井尻正二をはじめとする国立科学博物館職員に対するレッドパージがあり、それにともない同館の世界史的に希有な「団体研究」も終焉する。一九四五年から一九五二年四月二十八日までのあいだ、主体性があるようにしておこなわれた占領と言うが、博物館における主体性の内実は『新しい博物館』に見たようなアメリカ主義であり、井尻たちの追放であった。

そして博物館法が、一九五一年十二月一日に公布され、占領の終わる約二ヶ月前の一九五二年三月一日に施行される。「関係を追求し、これを総括する」[13]分析的方法を用いるとき博物館法は、『新しい博物館』やレッドパージと不離一体の歴史的社会的所産としてとらえなければならない。かくして博物館法とは、ＧＨＱ主権の博物館的象徴だったのではないか、という問いに到るのである。

三　「社会的道具としての博物館」

さて、一九四〇年代のアメリカと日本で、博物館のありかたに関する新しい考え方「社会的道具としての博物館」が流通する。一九四二年に、ハーバード大学の美術の大学院生、セオドア・Ｌ・ローが同名の書で主張した。[14]メトロポリタン美術館から出版された二千五百部の報告書の普及のようすは不明だが、アメリカ博物館協会の事業報告であったため、内容に対する賛否の如何を問わず博物館界に及んだものと思われる。一九四九年に木場一夫が『新しい博物館』でこれを紹介したのは、その普及の実際を示すものと言えるであろう。

「社会的道具としての博物館」の考え方じたいはこのときに始まったものではなく、恐慌後の博物館が、博物館外の社会に依拠して活動することにより財源を確保するという経営論であった。そこから進んでローは、アメリカン・ウェイ・オブ・ライフを実現する普通教育に貢献することを掲げる。それは、社会的道具論の桎梏として現れる学芸員・館長・理事者を批判するものともなった。

「社会的道具としての博物館」を木場は、著書『新しい博物館』で複製する。しかし木場や、木場を継承した鶴田総一郎には、ローの精神は共有されなかったと思われる。経営論に関して言うと、敗戦前に木場が携わった教育研究所附属教育参考館は国策会社南満洲鉄道株式会社系列の博物館であり、満洲国国立中央博物館、大東亜博物館ともにナショナル・ミュージアムであった。社会的道具論が主張するソーシャルからは遠く、社会的道具と学芸員・館長・理事者的道具との対立を主題にすることもなかったに違いない。文部省から国立自然教育園次長として異動する鶴田も、同然だったであろう。国公立中心の日本の博物館は、社会的道具に向かう初期の必然性であるところの財源問題を持たず、そこから生じる諸矛盾もないに等しかった。鶴田の博物館論が、経営論を見事なまでに欠如していたのは興味深い[15]。

〈学芸員・館長・理事者的道具としての博物館[16]〉と「社会的道具としての博物館」との対立は、「学術研究」と「普通教育」との対立でもあったが、日本ではその対立から「教育」だけが抜き取られ、特化されてゆく。教育を動員する目標は、遅れている日本の博物館を充実させることにあった。木場の書が、主題を「新しい博物館」、副題を「その機能と教育活動」として、「社会」を前景に表さなかったのは、偶然としても直截簡明だったのである。

マンザナー視覚教育博物館ではどうだったか。収容所所長ラルフ・メリットと『社会的道具としての博物館』との関係はわからない。しかし、メリットが同書に接しなくとも、博物館の専門家でなかった彼の経歴や、施設の性格それじたいから推して、〈学芸員・館長・理事者的道具としての博物館〉が構想されることはあり得なかった。視覚教育博物館のスタッフも、収容された日系アメリカ人である。コミュニティから切断された、学識に依拠する学芸員・館長・理事者的道具になるはずもなかった。

そして、「社会的道具としての博物館」論が今日のアメリカでコミュニティ・ミュージアムに引き寄せて再評価されているのを見ると、[17]ローのソーシャルはコミュニティであったことがわかる。ローも、コミュニティの語を繰り返し使用していた。マンザナーの収容所社会のためにおこなわれた視覚教育博物館は、「社会的道具としての博物館」、コミュニティ・ミュージアムであったと言うことができる。当事者の意図の如何とはかかわらず、それは一九四〇年代当時最新の博物館理論の実践となっていたのであった。

さらに言うならば、一九七〇年代に伊藤寿朗が地域志向型博物館を主張したとき、ローの「社会的道具としての博物館」に、日本の博物館が真に到達したのではないかと思うのである。日系アメリカ人が収容所で体験した博物館に、ポスト占領期の日本人が追いついたのかもしれない、とも。

四　平時と例外の博物館論

以上、一九四〇年代の博物館状況を概観した。前半は戦時中のアメリカ、後半は敗戦直後占領期日本であり、いずれも戦争を契機とした日系アメリカ人と日本人の博物館体験である。前者は、アメリカ合衆国の主権に拠る例外状況下での博物館であり、戦争が終結して戦時から平時へと移り、主権が例外状況の廃止を決定したとき収容所とともに博物館はなくなった。

いっぽう、日本の無条件降伏後の占領期も、ＧＨＱ主権の例外状況であった。しかし、一九五二年に占領が終わり日本が主権を回復しても、例外状況下で決定された博物館の事項はなくならなかった。博物館にとって例外状況の廃止は決定されていないことを意味する。『新しい博物館』、レッドパージ、博物館法という占領期の三項を、どのようにとらえるべきか。

一

視覚教育博物館が戦時下の博物館であったことに関わって、伊藤寿朗による次の一文に触れておきたい。

戦争は博物館活動のなかに最新の展示技術を導入させ、宣伝技術を高度化させてきた。しかし戦後の博物館活動のなかにその定着を見いだすことはできない。博物館自身のものとして消化されることはなかったのである。ファシズム体制が博物館にもたらしたいくつかの新しい側面といっても、それは「イチジクの葉」にすぎないといえよう。歴史の示す事実は「戦争は博物館の最大の敵である」ということであった。(18)

これについては、別のケースによって過去にも批判した。(19) 重ねて言うと、最新の展示技術はなく、宣伝技術の高度化もない、手作りの視覚教育博物館の歴史の示す事実は、「戦争は博物館の最大の敵で」はなかったということである。伊藤のこの言説こそが、戦争と博物館との関係を技術論に矮小化し、技術論の外部を隠蔽するイチジクの葉であった。しかも視覚教育博物館が、社会的道具論、コミュニティ・ミュージアム論、地域志向型博物館論にも通じることが考えられるとき、伊藤は自家撞着するのである。事実は小説よりも奇なり。

伊藤の「戦争は博物館の最大の敵である」論は、参戦国の国家主権を否定しても、戦後の戦勝国と敗戦国とのあいだの占領／被占領すなわち国家主権の有無如何は考慮の外にあり、戦争（敵）の去ったあとの平和（味方）一般として肯定される観を呈している。このことは、アメリカの複製『新しい博物館』は批判されることなく解説されるにとどまり、レッドパージは等閑視され、博物館法は肯定されるという、伊藤の態度からもうなずける。ここに、占領期の三項への問いはない。無論、答えもないのである。

二

さて、日米開戦直後の一九四一年十二月二十一日にアメリカ博物館協会が決議した四項目について、『社会的道具としての博物館』でセオドア・L・ローは次のように書いていた。

この決議は、戦争努力に関連するものであり、賞賛の言葉しかない。しかし、戦時下における博物館の価値は、必然的に士気の維持に限定されなければならない。加えて、今日の博物館が一般市民のごく一部にしか届いていないことも認めなければならない。もし昨日までの博物館が、地域社会生活において果たすべき役割を認識していたならば、今日の非常事態に対応する準備は限りなく整っていただろう。それはともかく、現在の博物館の仕事が、通常の戦時中の任務をはるかに超えていることは明らかである。戦争に勝つのは陸海軍である。博物館の仕事は、来るべき平和への準備にある。そうすれば、国家から個人に至るまで、他者の問題をより理解する準備が整い、「平和」という言葉を現実的で永続的な意味を持つ言葉にする方法を模索する世界において、博物館がみずからの立場にふさわしいリーダーシップをとることができるのである。(20)

「戦争に勝つのは陸海軍である。博物館の仕事は、来るべき平和への準備にある」の謂に、戦争をめぐる軍と博物館の分業論が見てとれる。戦時下で博物館は、戦後の平和を準備すると言うのである。この考えによれば、占領期の三項は平和への準備と言えなくもない。そうだとすると、日系アメリカ人の強制収容および視覚教育博物館も平和のための準備となる。これは正当か？

三

ローが書いてから八十余年が過ぎた。アメリカ人のローに即してふりかえると、アメリカ帝国主義によるドル本位制を背景にしたアジア、アフリカ、中南米の諸国、諸団体への制裁や不安定化、戦争等による干渉の時代であった。これは、ローの意志と異なる現実かもしれない。しかし、アメリカン・ウェイ・オブ・ライフを謳い、戦争努力を賞賛し、軍と博物館との分業を言う態度から推して、そこに反米、反戦、反軍はなかった。

引用文に見たローの希望は、①他者の問題の理解、②平和の実現と永続、である。これを現実と照らすと、②のための①（アジア、アフリカ、中南米の諸国、諸団体への制裁や不安定化、戦争等による干渉）として矛盾しない。この現実において博物館は、みずからの立場にふさわしいリーダーシップをとることができたのであろうか。最近の、博物館が戦争に積極的に動員される事態[21]を眺めるとき、軍と博物館との間隔の狭まりを知る。それは措いてローの分業論を参照すると、戦時下収容所の視覚教育博物館、占領期の博物館三項ともに、統一して肯定されるのである。これらが事実として存在したこととも反しない[22]。

畢竟、『新しい博物館』、レッドパージ、博物館法という占領期の博物館三項の内包とは、端的にアメリカ帝国主義と言うことができるのではないか。これより進んで、前二者が過去の事件に属するいっぽう、博物館法が現行制度である。ここで敢言すると、その第一条に記されるところの博物館のメタ・レベルは、初期に「社会教育」が置かれ、近時に「文化芸術」、第三条に「観光」が加わり、近未来に「戦争」が訪れるであろう。博物館の例外状況、すなわち、

- 占領期の博物館三項の継続、

- 社会的道具 - コミュニティ・ミュージアム - 地域志向型博物館を媒介した収容所社会の侵入、

を認識できるかどうか。これが博物館の、講壇の学ではない政治への問いとなる。

おわりに

収容所のサービスとして博物館はあった。博物館とは収容所のメタファーか。[23] このように問うのは、問う理由を問われたとき、「物質文化を、引いては精神文化を、時間性、場所性を剥奪して収容するのが博物館である」と答えられそうだからである。原理的には、この問いを深めなければならない。

注

（1） 表記は、Visual Education Museum、Visual Education Department、Visual Education and Museum などがあり定まらないが、本章では、Visual Education Museum の訳語「視覚教育博物館」を用いる。また、本文中に登場する人物の敬称は省略した。外国語の日本語翻訳は、特に注記がないかぎり筆者による。

（2） カール・シュミット『政治神学』、田中浩・原田武雄訳、株式会社未來社、二〇〇九年（第一四刷、一九七一年第

一刷）、ジョルジョ・アガンベン『例外状態』、上村忠男・中村勝己訳、株式会社未來社、二〇二〇年（第四刷、二〇〇七年第一刷）、参照。なお、例外状況めぐる議論は本章の主題ではないため立ち入っていない。

（3） Cf. Nicholls, Lourdes, A Bittersweet Journey, *Oak Park*, February 13, 2018, Updated January 29, 2021, https://www.oakpark.com/2018/02/13/a-bittersweet-journey/ （Viewed on December 25, 2021）.

（4） Cf. Trainor, Ken, Where Life Leads Us, *Oak Park*, December 22, 2015, Updated January 29, 2021, https://www.oakpark.com/2015/12/22/where-life-leads-us/ （Viewed on December 25, 2021）.

（5） *Ibid*..

（6） 五ヶ月という期間から逆算すると、七月初頭前後に準備が始まったことになる。ツチヤが入所して三ヶ月ほど経った頃である。ところで、メリットが所長としてマンザナーに着任したのが一九四二年十一月二十四日とする記録がある。それ以前から「著名な地元市民」として収容所に関与していたため、所長になる以前に博物館設立の要請をしていたのかもしれない。メリットは、一九四五年十一月まで所長を務めた。Cf. Brian Niiya, Ralph Merritt, *Densho Encyclopedia*, Last Updated December 28, 2020, https://encyclopedia.densho.org/Ralph_Merritt/ （Viewed on December 25, 2021）.

（7） Nicholls, Lourdes, *Op. cit*..

（8） Trainor, Ken, *Op. cit*..

（9） 犬塚康博「制度における学芸員概念——形成過程と問題構造——」『名古屋市博物館研究紀要』第一九巻、名古屋市博物館、一九九六年、三九-五八頁（改稿して、「博物館法の博物館論」『反博物館論序説——二〇世紀日本の博物館精神史』、共同文化社、二〇一五年、に収録）、同「木場一夫『新しい博物館——その機能と教育活動——』の研究」LOCI編『地域世界』4、LOCI、二〇二二年、一-三二頁（改稿して、本書の「木場一夫『新しい博物館——その機能と教育活動——』の研究」に収録）、「井尻正二の「大学的研究と博物館的研究」をめぐる博物館研究の史的検討」LOCI編『地域世界』3、LOCI、二〇二二年、二三-四〇頁（改稿して、本書の「井尻正二の「大学的研究と博物館的研究」をめぐる博物館研究の史的検討」に収録）、同「一九四〇年代前半東京科学博物館の団体研究と「開放された大学」」同書、四一-六六頁（改稿して、本書の「一九四〇年代前半東京科学博物館の団体研究と「開放された大学」」に収録）、参照。

（10）「Ⅳ「博物館関係資料　１９４３-１９４５年頃」／1機構図」名古屋市博物館編『新博物館態勢　満洲国の博物館が戦後日本に伝えていること』、名古屋市博物館、一九九五年、一〇四頁、［大東亜博物館機構図／A］博物館史研究会編『博物館史研究』№２、博物館史研究会、一九九六年、二五頁、犬塚康博「大東亜博物館の機構の特質」同書、二六-三一頁、参照。同『反博物館論序説――二〇世紀日本の博物館精神史』、株式会社共同文化社、二〇一五年、一一六-一一九頁、に再録した。

（11）原語は、Arts & Monuments Technical Consultant である。

（12）飯尾恭之氏のご教示による。

（13）藤本進治「毛沢東思想の一断面――分析的方法について」『マルクス主義と現代』、株式会社せりか書房、一九七〇年（第七版）、二八六頁。

（14）Cf. Low, Theodore L., *The Museum as a Social Instrument*, The Metropolitan Museum of Art, 1942.

（15）犬塚康博『反博物館論序説――二〇世紀日本の博物館精神史』、一六〇-一八七頁、参照。

（16）このことばをローは使っていないが、行論から読みとることは容易である。

（17）Cf. "What is a Museum?" by Theodore L. Low, *David Van Der Leer Design Decisions*, December 10, 2019, https://dvdl.co/what-is-a-museum/ （Viewed on December 31, 2021）.

（18）伊藤寿朗「日本博物館発達史」伊藤寿朗・森田恒之編『博物館概論』、株式会社学苑社、一九八一年（三版、一九七八年初版）、一四六頁。

（19）犬塚康博「満洲国国立中央博物館とその教育活動」名古屋市博物館編『名古屋市博物館研究紀要』第一六巻、名古屋市博物館、一九九三年、二七頁、参照。

（20）Low, Theodore L., *Op. cit.*, p.16.

（21）Cf. Clack, Timothy and Dunkley, Mark, ed., *Cultural Heritage in Modern Conflict: Past, Propaganda, Parade*, (*Routledge Advances in Defence Studies*) (*p.iii*), Taylor and Francis. Kindle 版, 2023. 同書の編著者はイギリス人であるため、ＮＡＴＯが敵対する国・団体による遺産、博物館の破壊を批判し、ＮＡＴＯが敵対する国・団体による勢力拡大のための遺

産、博物館の利用を批判することにおいて長けている。裏を返せばＮＡＴＯも、遺産、博物館を破壊し、利用することとの表明であり、軍事戦略・戦術に遺産等の保護をうたうのはそれゆえの事前の釈明である。概して紛争において、遺産、博物館が軍事化していることを同書は示している。ちなみに同書の第一序文（他序）は、バス勲章、大英帝国勲章の将軍リチャード・バロンズである。

（22）木場一夫は『新しい博物館』で、ローの分業論に触れていなかった。日米開戦直後の戦時に関するアメリカ固有の所論とは言え、内容は戦時と平時の博物館の一般論である。ローの言う「来るべき平和」が敗戦日本となることにわだかまりがあったのだろうか。木場にそれはない。前稿であきらかにしたように、博物館の哲学もアメリカの複製で済む木場であった。

さらに、見落としがあるかもしれないが、敗戦四年めの『新しい博物館』に、「戦争」「平和」の文字が一つとしてないようなのである。戦争論、平和論の書でないと言われれば返す言葉はない。しかし、木場にとっての、現在であるところの一九四九年、その博物館論に戦争と平和が不在であったことの意味は考究されてよいかもしれない。戦後の博物館論のはじまりにおける戦争と平和の欠如または希薄なようすは、たとえばローの分業論が前進してはらむ〈戦争も平和のための準備である〉の戦争と平和の内在的関係を、わが国の博物館で不可視にさせたのではないだろうか、と考えている。

（23）収容所には学校、図書館もあったため、博物館だけに対する問いではない。博物館研究の立場は博物館を問う。

付記

脱稿後、「イスラエルの博物館が国際博物館会議（ＩＣＯＭ）にハマスの暴力を非難するよう緊急アピールを発表」https://www.theartnewspaper.com/2023/10/23/israeli-museums-publish-urgent-appeal-for-international-council-of-museums-icom-to-condemn-hamas-violence.（Viewed on October 23, 2023）と題する『アート・ニュースペーパー』の記事に接した。本章の課題意識に触れるところがあったため、所感を書きつけておきたい。

記事では、二〇二二年にＩＣＯＭが発した声明二件が紹介され、一つが「ウクライナの領土保全と主権の侵害を強く非難する」であった。これは、ウクライナにおけるロシアの特別軍事行動に関説したもので、ここの「主権」はウクライナのそれである。ロシアではない。このように矛盾が激化したときあるいは例外状況において、主権は意識され揚言される。戦時下日系アメリカ人の諸権利も、占領期日本人の諸権利も、主権との関係において注意されるのである。

ＩＣＯＭのもう一つの声明は、警察暴力・黒人差別によるジョージ・フロイド殺害事件に関して「博物館は中立ではない。博物館は、その社会的背景、権力の構造、地域社会の闘争から切り離されていない。そして、博物館が分離しているように見えるとき、それは誤った選択である」(*ibid.*)と言うものであった。文頭「博物館は中立ではない」は、〈ロシア／ウクライナ〉、〈アメリカ／日系アメリカ人〉、〈ＧＨＱ／日本〉それぞれの二項において中立はなく、一方に与することを意味する。伊藤寿朗の用語を想起すればそれは、〈敵／（敵から想起されるところの）味方〉でもある。そして、中立のくだりに続く文章は、ローの「社会的道具としての博物館」の拡大再生産とみなすことができる。拡大とは、ローの「戦争に勝つのは陸海軍である。博物館の仕事は、来るべき平和への準備にある」に見られた博物館の〈後方〉的性格が、記事の文脈〈イスラエル／ハマス〉に置かれたために〈前線〉的調子を強くしていることを指す。

二つの声明から、中立の否定、すなわち〈一方〉の主権を否定する〈他方〉の主権者あるいはその代理、マヌーバー、ツールとしてＩＣＯＭの機能するようすがうかがえる。〈他方〉の現実は、ＮＡＴＯ‐帝国主義である。博物館の戦争動員の契機がそこにある。（二〇二三年十月三十日）

Ⅲ　未発

『興業意見』の陳列所・博物館論

はじめに

近代日本の博物館は、産業主義、教養主義、大衆主義とともに展開した。[1] 三者は重層的に存し消長したが、おおむね一九三〇年代以降一九四〇年代前半にかけて、産業主義から教養主義へと移り変わった。そして一九九〇年代以降現在、教養主義から大衆主義への遷移が進行している。[2]

ところで、わが国の博物館研究は、一九二八年三月の博物館事業促進会設立以降に本格化する。同会の機関誌が、『博物館研究』と名づいたことは象徴的であった。これに上の変遷を考慮すると、博物館研究はそのときから今日にいたるまで、教養主義のもとでおこなわれてきたことになる。言い替えれば、「教育、学術及び文化」の範疇にあったのである。

しかし、維新以降半世紀以上にわたり、博物館は産業主義のもとにあった。[3] 教育等の範疇にあった博物館研究は、当然のことにこれを教育等の範疇でとらえようとしてきたが、はたしてそれは妥当だったのであろうか。その不当性を証明していたのが、たとえば、明治前期の博物館とそののちの物産陳列所、商品陳列所をめぐる椎名仙卓の研究が見せた、錯綜する論理不整合ではなかったのか。[4]

このように考え来ると、博物館と産業主義の聯関を、教育ではなく経済の範疇でとらえかえす必要に想到する。博物館史研究は、経済史研究に接続されなければならない。これは、前稿で提起した「「反商品の教育主義」批判」[5]への橋頭堡でもある。かかる課題意識にそって本章は、『興業意見』に見られる陳列所・博物館論を検討してゆく。

『興業意見』は、一八八四年に農商務省が刊行した大部の文書である。一八八一年、明治政府は内務省と大蔵省の機構を改変して農商務省を新設した。疲弊した財政状況を改革するため、三年の歳月をかけてまとめた政策構想が『興業意見』であった。農商務大書記官の前田正名が中心になってこれを編纂し、一八八四年八月に未定稿が出されるがすぐに回収され、削除や修正を経て、同年十二月、定本の刊行となる。前田の考えが色濃く反映する『興業意見』だったが、未定稿から定本への改変は大蔵卿松方正義の介入によるものだったとされる。今回の作業は、一八八〇年代前半以前、前田らが陳列所・博物館をどのように考えていたのかを、定本と未定稿から読み取ろうとするものである。

なお、『興業意見』において陳列所・博物館は、単独で説かれているわけではない。共進会や博覧会、試験所や研究所、巡回教師などさまざまな施策と並び記されている。関係づけられてもいることは、明示的な場合は無論のこと、そうでない場合も充分に推測できるところである。これらの総合的な検討が必要だが、問題を拡大する以前の凝縮を企図して、ここでは陳列所・博物館に限った。

また、前稿で物産陳列所と商品陳列所をともに博物館とみなしたにもかかわらず、本章が「陳列所・博物館」と併記して論をはじめることは、矛盾するように映るかもしれない。しかし、いったん両者を分離し、のちに結合することが、『興業意見』の所論の理解に妥当すると判断してこれをおこなった。もちろん、現在の博物館法が定義する狭義の博物館をこえて、これの境界および周辺の施設を含めておこなうとした筆者の研究の方法論に変更はない(6)。

一　『興業意見』の陳列所・博物館論の概容

『興業意見』で、陳列所や博物館に言及した箇所は次のとおりである。

まず、「精神」について記した「巻十二」は、「第三　興業ニ要スル法規」の「其三　農ニ係ル法律規則其他ノ精神」で、「諸設置ノ精神」の一つに、「六農産陳列場ヲ設クルハ、来観者ノ智識ヲ開導シ、農業ノ改良進歩ヲ促スニアリ(7)」を掲げた。同じく「其五　工ニ係ル法律規則其他ノ精神」の「諸設置ノ精神」の冒頭には、「一勧工列品所ヲ建設スルハ、工人ノ見聞及ヒ智識ヲ開進セシムル為メナリ(8)」と書いた。

これらは、「方針一」をまとめた「巻二十八」で詳述されるが、ここでは上の二施設にとどまらず、「農務」「商務」「工務」にわたって博物館、陳列所等が複数登場している。

「農務」は、「農芸ノ改進ヲ助クル方法」の一つに「農産陳列所」の必要を説く。

第八　農産陳列所ヲ設クル事

其要項

一、改良ノ模範トナルヘキ農産重要ノ物品及ヒ経済ニ関スル統計図表類ヲ類聚排列シ、其得失ヲシテ一目判然タラシムル事、

一、陳列所ノ設ケハ農業者ノ自然ニ輻輳スヘキ位置ニ設クル事、例ヘハ

一、東京公園ノ内

二、伊勢神宮ノ近傍

三、讃州金刀比羅社ノ近傍

一、各陳列所ニハ来観者ノ為メ吏員ヲシテ説明セシムル事、

一、有益ナル種子類報告類ヲ備ヘ置キ望ミノモノニ払ヒ下クル事、

一、月次三回ツヽ説明員ヲシテ農業上ノ演述ヲナサシムル事、

農芸博物館ノ必用ナル弁ヲ俟スト雖モ、許多ノ費用ヲ要シ、且其物品採聚ノ如キ一朝一夕ノ能クスヘキニ非サルヲ以テ、之ヲ他日ニ譲リ、目下農業者ニ最モ適切簡易ニシテ智識ヲ啓発スヘキノ手段ハ、農業陳列所ノ設ケナリトス。而シテ従来設ケアル内、山下ノ地ハ人民ノ来観ニ便ナラス。是レ斯ノ設ケヲ要スル所以ナリ(9)。

続いて「商務」は、「第十一　商業学校ヲ拡張スル事」の要項の一つに、「貿易品陳列所」を提起する。

一、内外著名ノ貿易品陳列所ヲ附設スル事

(略)商業熟達者ノ需用急迫ナルノ今日ニ際シ、宜シク東京商業学校ノ規模ヲ拡メ、又更ニ大阪ニ官立商業学校ヲ設置シ、竟ニ三府五港ニ及ホシ、学舎ヲ設ケ入校ヲ許シ、且内外貿易品陳列所ヲ附設シ、生徒ヲシテ其品質効用及ヒ荷造ノ有様ヲ実見セシメ、兼テ一般ニ商賈ノ観覧ヲ許シ、実際有用ノ人物ヲ養成サセル可ラス。是レ商業学校ノ拡張ヲ要スル所以ナリ(10)。

「工務」は、「工芸ノ改良ヲ助クル方法」の第一に「勧工列品所」を掲げる。

第一　勧工列品所ヲ建設スル事

本所ハ工人ノ智能ヲ開進スル捷径ニ備フル為メ、東京或ハ大坂ニ官費農商務省直轄ヲ以テ設立スルヲ要ス。其要領左ノ如シ。

一、工業上有益ナル見本ヲ陳列シ、衆庶ノ縦覧ヲ許シ毎品ニ産地代価用途等ヲ明記シタル小箋ヲ附シ、以テ参考ノ便ニ供ス。又別ニ見本目録及ヒ図解ヲ製シ、之ヲ発売ニ附スル事

一、工業ニ通暁シタル吏員ヲ聚メ、且文部、工部両省ヨリ工学専修ノ学士ヲ延キ、毎月数回若クハ夜ヲ以テ工業ニ適切ナル講話ヲ為サシメ、工人其他有志輩ノ縦聴ヲ許シ、其講話ハ悉ク筆記シテ冊子ト為シ、之ヲ発売ニ附スル事

一、製造上ニ便宜ナル諸般ノ機械ヲ蒐集シ、毎月数回滊力、水力等ニ拠リテ之ヲ運転シ、工人其他有志輩ノ縦覧ヲ許シ、其動作効用ノ如何ヲ視察セシムル事

本邦工業ノ振ハサル原因一ニシテ足ラスト雖モ、要スルニ工人概ネ智識ヲ欠キ、改進ノ気象ニ乏シク姑息ニ慣レ、小成ニ安ンシ利益ヲ永遠ニ博スルヲ知ラサルノ致ス所ト謂ハサルヲ得ス。而シテ其此ニ至ル所以ノモノハ、其責ヲ偏ニ工人ノ怠懦無識ニ帰ス可ラスシテ、却テ工人ノ耳目ヲ啓キ智識ヲ発育スルノ方法未タ備ハラサルニ帰セサルヲ得サルヘシ。而シテ其方法亦多端ナリト雖モ、之カ捷径ヲ求ムレハ勧工列品所ニ如クモノナシトス。

仏国工業ノ現ニ宇内ニ卓絶スル所以ノモノハ、「コンセルバトワル」見本ヲ陳列シ機械ヲ運転シ及ヒ学士ヲシテ講話ヲ為サシメ其他種々ノ方法ヲ以テ工事ヲ勧奨スル場ノ効力多キニ居ルニ非スヤ。抑〻各種ノ物品ヲ迅速多量ニ製出シ、及ヒ之ヲ利便堅牢ナラシムルハ諸般

ノ機械力ニ拠ラサルヘカラス。無用ノ廃棄物ヲ転化シテ有用材料ト為シ、天造ノ遺棄物ヲ探テ性質効用ヲ詳ニセント欲セハ、応用化学術ニ拠ラサルヘカラス。然レトモ這般ノ学術ハ皆専門ニ属シ、学者畢生ノ力ヲ殫シテ之ヲ講究スルモ、尚ホ或ハ其蘊奥ヲ窺フヲ得ス。況ンヤ目一丁字ヲ解セサルノ工人ニ於テオヤ。故ニ苟モ工人ヲシテ容易ニ機械若クハ理化学等ノ作用如何ヲ理会セシメンニハ、為メニ一捷径ヲ開カサルヘカラス。是レ勧工列品所ノ工人ヲ誘導スルニ欠クヘカラサル所以ニシテ、本邦今日ノ情況ニ於テ特ニ緊要ノ急務ナリトス。是レ勧工列品所ノ建設ヲ要スル所以ナリ[11]。

「工務」の第二に挙げられたのが、「工業試験所」である。「本所ハ工品製造ノ化学ニ係ルモノト、機械ニ頼ル可キモノトヲ問ハス、凡ソ其結果効用ノ未タ詳カナラサルモノヲ取リテ之ヲ実試経験スル所トス[12]」とされ、その要領の一つに勧工列品所との連携が次のように定義された。

一、本所ハ勧工列品所ニ聯接セシムルヲ便トス。而シテ化学部機械部ノ二部ニ分チ、其試験ニ機械力ヲ用フルモノハ勧工列品所内ニ備フルモノヲ以テ之ニ充用シ、其他学術ニ拠ルモノハ別ニ一区ヲ設ケ、適当ノ機械及ヒ薬品ヲ備フル事[13]

「工務」は、さらに業種別の記述を進めるなかで、陳列所の設置を説いている。「第七　織物ヲ改良スル事」では「一、見本陳列所（単ニ古今内外ノ織物或ハ器具等ノ見本ヲ以テスルモノ）[14]」を、「第八　陶磁器ヲ改良スル事」では「一、内外陶磁器見本陳列所ヲ主産地ニ設クル事[15]」を、「第十三　製藍ヲ改良スル事」では「一、工事試験所内ニ製藍試験所ヲ設ケ、全国ノ藍草ヲ聚メ、以テ藍靛ヲ製シ、其得失ヲ試ミ、尚ホ各地所ノ藍靛ヲ分析品評シテ其優劣ヲ定メ、且ツ之ヲ外国産ノモノト共ニ陳列シテ衆庶ニ示シ、或ハ書ニ刻シテ全国ニ報知スル事(16)」を、それぞれ求めた。

このほか、地方の状況を記した「巻十八」の千葉県の項の、「勧業上ノ意向」に「物産陳列所」の名が見える。

（略）日本銀行、国立銀行、正金銀行アリ。又為替手形、約束手形條例、商標條例、米商会所株式取引所規則アリ。各府県商法会議所、物産陳列所等アリ。全ク法律規則ノ制定、公益場所ノ設置、資本融通ノ道ナキニアラス。商工家徧ク之ヲ利用スルヲ知ラサルノミ。（略(17)）

以上が、定本における陳列所・博物館論である。

未定稿では、「綱領」のうちの「第六　方法の大意」が、「其八　丙の部は砲台の造築、改築、船艦の増設、美術館の設置、官衙、学校、病院の造営等なり。抑々甲乙の事業に力を添へて興起せしむるは、此一点の大結果を得るに在り(18)」と書いた。

さらに、「付・農政計画図表解説」の「事務綱領」のうちの「教育」で、「農業博物館及び農業図書館」を掲げ、「耳を以て農業の知識を導くには巡回教師或は農談会等の作用あり、而して目を以て之を導かんには博物館及び図書館の設けなかるべからず。但、現に農産陳列所あり、将来之を拡張せざるべからず(19)」としている。

二　『興業意見』の陳列所・博物館論の説明

『興業意見』の陳列所・博物館論は、表のようにまとめることができる。

農産陳列所（または農産陳列場、以下同じ）と勧工列品所は、『興業意見』の複数箇所で言及されていることと、内容が詳述されていることから、陳列所・博物館論の具体的中心であったことがわかる。細部を観てゆこう。

農産陳列所は、資料、展示、場所、職員、事業（説明、払い下げ、演述）を、勧工列品所は、場所、資料、展示および演示、職員およびその専門制、事業（講話、出版）について定義している。

これらを現在の博物館の内在機能（内部システム）に照らすとき、収集、公開・教育に対応する機能は備わるものの、保管や調査・研究にかかる機能が見られないことに気づく。しかし、ここでそれらを求めては

表　『興業意見』の陳列所・博物館論

綱領	精神	方針一			付
美術館		農務		：農芸博物館	農業博物館
	農：農産陳列場			農産陳列所	農産陳列所
	工：勧工列品所	商務		：商業学校に貿易品陳列所	
		工務	工芸	：勧工列品所	
			工業試験所	：勧工列品所に聯接	
			織物	：見本陳列所	
			陶磁器	：陶磁器見本陳列所	
			製藍	：工業試験所内の製藍試験所で陳列	

ならない。このありようが、当時の陳列所・博物館なのである。すでに述べてきたように、調査・研究機能が博物館制度上に位置づくのは、「研究」の字句が明記される、一九四〇年十一月の東京科学博物館官制改正時まで待たなければならない[20]。そして、両施設のような応用あるいは理工系の科学博物館の展示資料は、現在もなおスクラップ・アンド・ビルドとしてあり[21]、決して保管的ではない。

場所の定義は、外部システム論である[22]。個別の陳列所・博物館論において、当初より内部と外部を貫く、全的なシステム論が構想されていたことは注意されてよい。農産陳列所の「山下ノ地ハ人民ノ来観ニ便ナラス」と、「農業者ノ自然ニ輻輳スヘキ位置」の一つ「東京公園ノ内」の言及は、当時進められていた内山下町から上野への博物館の移転と軌を一にするものと思われる。

そして、両施設に共通して、多くの言辞が事業に投下されていた。農産陳列所にかかる「智識ヲ啓発スヘキノ手段」、勧工列品所にかかる「工人ノ耳目ヲ啓キ智識ヲ発育スルノ方法」、さらに「付・農政計画図表解説」における「目を以て」「農業の知識」「を導かん」等々の記述にあきらかなように、博物館の教育機能への強い期待のあらわれが看て取れる。ここに、博物館に内在する教育機能を、博物館に外在する興業という機能が活用するという、「社会的道具[23]」としての陳列所・博物館論がある。

勧工列品所はフランスのコンセルバトワールをモデルにしているが、フランス留学体験をもつ前田正名の面目躍如と言ったところであろう[24]。その他、織物の見本陳列所、陶磁器見本陳列所、工業試験所内の製藍試験所での陳列は、基本的に勧工列品所の範疇のうちか、それに連なる位置にあったことが想像される。

以上は、農商務省が設置、経営する陳列所・博物館である。商業学校に附設する貿易品陳列所は、文部省が管轄する学校の施設であり、多少性格を異にする。やがて、官立の高等商業学校のいくつかに設置されてゆく商品陳列室(所・場)は、貿易品陳列所の実現した姿とみなしてよい。

なお、実見していないが、鎌谷親善によれば、前田正名が一八八九年二月から一八九〇年五月にかけてふたたび農商務省に在籍した時期にまとめた「施設要領」には、「商品陳列所」への言及があると言う[25]。これは学校教育に属する施設ではなかったらしく、一八九六年設立の農商務省の貿易品陳列館（翌一八九七年に商品陳列館へ改組・改名）へ展開していった旨、鎌谷はあわせて指摘している[26]。

ところで、千葉県の項に見られた物産陳列所は、一般論ながら商工家にかかわる陳列所としてあつかわれていた。先の引用文には「独リ農業上ノ保護ハ絶無ト云モ不可ナカルヘシ[27]」と続くため、物産陳列所は少なくとも農業保護の施設として了解されていない。そして商工家と言うものの、例示された項目は、商業にかかわるものばかりであり、商務に重心があったようである。物産陳列所は、やがて農商務省行政のもと商品陳列所へと改組・改名されてゆくが、当初よりそのような施設として認識されていたことを知ることができる。

三 『興業意見』の陳列所・博物館論の構造

さて、『興業意見』において陳列所と博物館は、そのあいだに不連続をはさんで論じられていた。それは、「農芸博物館ノ必用ナル弁ヲ俟スト雖モ、許多ノ費用ヲ要シ、且其物品採聚ノ如キ一朝一夕ノ能クスヘキニ非サルヲ以テ、之ヲ他日ニ譲リ、目下農業者ニ最モ適切簡易ニシテ智識ヲ啓発スヘキノ手段ハ、農業陳列所ノ設ケナリトス」という箇所と、「博物館（略）の設けなかるべからず。但、現に農産陳列所あり、将来之を拡張せざるべからず」とする箇所に認められる。両者を総合すると、博物館は必要だが、費用や資料収集などの理由から陳列所を設けるのがよく、現にある陳列所も含め、これらを将来博物館に拡張するのがよい、となる。

ここには、陳列所から博物館へと向かう発展史観とでも言うべき措置があり、これによって不連続は見かけ上連続の様相を呈する。これら一切を来したのは、博物館を「許多ノ費用ヲ要シ、且其物品採聚ノ如キ一朝一夕ノ能クスヘキニ非サル」ものとみなす意見だが、果たして博物館の否定または消極化によって、陳列所は導かれたに過ぎないのであろうか、という疑問が生じる。陳列所は、積極的に肯定されているのではないかと思えるのである。そのことを示唆するのが、「巻十七」「地方　三」で、愛知県の「重要物産中自今十年間ニ其産額品位及価額ノ増進ヲナスヘキ歩合」を記したなかの次の部分である。

○第三　陶器ノ事

尾張国東春日井郡瀬戸村ニ於テハ、昨十六年ニ至リ共同団結陶工磁工ノ両組ヲ組織シ、又陶器館ヲ建築シテ古今ノ製品ヲ陳列シ、其優劣ヲ評騰シテ各自ノ意匠ヲ進メ、之ヲ見本トシテ衆庶ノ便覧ニ供ヘ、其他毎月研究会ヲ開ク等ノ設ケアリテ、該館之レカ軌軸トナレリ。斯ノ如ク本業ノ振起ヲ図ル計画ハ既ニ粗〻備ハルト雖モ、之レニ要スル資本ニ乏シク、其全力ヲ振フ能ハサルヲ如何セン。若シ之ニ製陶資金ノ運転滑動ヲ得セシメハ自然濫売ノ習弊モ消餌スヘク、之レニ加フルニ製造化学及ヒ画学ニ熟達ノ者ヲ傭聘シ、益〻製品改良ニ歩ヲ進メシメハ、其全力ヲ振フニ至ルヤ期シテ見ルヘキナリ。

常滑村ニ於ケル亦粗〻瀬戸村ノ如ク、既ニ同業組合ヲ設ケ且昨十六年生徒ヲ募集シ、美術研究所ヲ設置シ但之レカ教師ノ給料ニ限リ本年迄其半ハヲ該県庁ヨリ補助ス製品ノ改良ヲ図リ、又目今ニ至リ陳列場ヲ付設シ、瀬戸村陶器館ニ擬センコトヲ謀ル等振起ヲ企図スルノ気力ナキニハアラサレトモ、資本ノ困難ニ至リテハ敢テ他ニ異ナルナキヲ如何セン。若シ能ク此研究所ヲ保持セシメハ、必ス其全力ヲ振フニ至ルヤ深ク信スル所ナリ。（略）[28]

これは、輸出陶器の粗製濫造を防ぐため、『興業意見』作成当時に開始されていた愛知県瀬戸村の陶器館（舜陶館）と同県常滑村の美術研究所に言及した箇所である。陶器館は、先述の陶磁器見本陳列所に相当する。同館をモデル化するまでにはいたっていないが、記述のようすからして、注目されていたことは疑いえない。ここに、陳列所の積極性が首肯される。限定して言えば、それは向後十年間という短期計画における、陳列所の有効性、積極性と言いうる。

そうした陶器館も費用の問題に悩まされていたことは、右に書かれてあるとおりで、事実、一八八三年十月に県費の補助を得て開館した陶器館は、三ヶ月後の翌一八八四年一月にふたたび県の補助を請願している。[29]このことからわかるように、施設それぞれの規模に応じて費用の問題は存したのであり、「許多ノ費用ヲ要」すると理由づけされた博物館固有の問題ではなかった。資料の問題も同様で、陳列所、博物館それぞれに存したと見るべきであろう。ここより、『興業意見』において博物館は、「許多ノ費用ヲ要シ、且其物品採聚ノ如キ一朝一夕ノ能クスヘキニ非サル」ことを表向きの理由にして退けられ、陳列所こそが求められていたのではないのか、という推察にいたるのである。

未定稿の「綱領」の「第六　方法の大意」の一項が、この推察を支持する。『興業意見』は、「興業の目的を甲乙丙に区別」し、甲を「農産及び工産」、乙を「公益工事」、丙を「軍備、建築等」としていた。[30]未定稿の「方法」は、定本の「方針」に等しいため、前記の農商工にわたる陳列所は甲の範疇に属する。それに対して、丙に位置づけられていたのが美術館である。「抑々甲乙の事業に力を添へて興起せしむるは、此一点の大結果を得るに在り」と明記されていたように、美術館は「大結果」であった。美術館と既出の博物館との関係は、『興業意見』のなかでただちにはわからない。しかし、「甲の所得を以て資本となし、之を以て乙の事業を起し、甲乙合併したる実力を丙に現はす事[31]」としたときの丙すなわち美術館の背景となる「実力」

と、博物館の背景となる「許多ノ費用」は相当するとみなしてよい。『興業意見』で博物館が第一に求められなかったゆえんは、こうした「興業の目的」の構造のうちにもとより存し、陳列所と博物館の不連続は構造的だったと考えられるのである。

四　『興業意見』の陳列所・博物館論の意味――まとめにかえて

『興業意見』における陳列所・博物館論は、陳列所の前景化と博物館の後景化として概括することができる。

かえりみると、一九二八年降日本の博物館研究は、博物館の前景化を自明とし、それに邁進してきた。博物館を後景化することなどなかったし、博物館が後景化される事態も視なかった。これが、本章の冒頭で述べた教養主義博物館研究の姿である。

あだしごとはさておき、陳列所の前景化と博物館の後景化の意味を問うてみよう。これは『興業意見』のなかでおこなわれたのであるから、その意味は『興業意見』に求められなければならない。祖田修は、『興業意見』の意味を、「①民富の形成、②歴史主義的認識、③直訳的技術導入への反省、④地方産業の優先的近代化[32]」においてとらえ、このうち「直訳的技術導入への反省」を次のように説いた。

明治政府は維新後工業、農業を問わず先進国の文明的技術や種苗さらに学理を輸入し、官営工場、官営農場、教育施設等を創設した。これらの施設は大きな役割を果たし近代化への刺激となったが、同時に盲目的直訳的移入への傾向を免れることはできなかった。『興業意見』はこの点を指摘し、例えば製糸業においては、座繰製糸から改良座繰製糸へ、さらに機械製糸へという現実的段階的前進を提示し、さらに同業組合や巡回教師制、諸研究施設の設置等を提起して具体的な方向づけをしている。[33]

本章が見てきた農産陳列所から農芸博物館（または農業博物館）への拡張も、「現実的段階的前進」と言うに相応しい。そしてそれが、「直訳的技術導入への反省」から来していることを忘れてはならない。陳列所が現実であり、博物館が反省される対象である。博物館は、「盲目的直訳的移入」であったのか。いかにも、幕末から明治にかけておこなわれた欧米への使節団の報告にたびたび登場する博物館であった。

では、『興業意見』以前、明治前期の博物館を反省するとは、どういうことなのか。これに応えるためには、『興業意見』で陳列所の前景化と博物館の後景化がなぜ生じたのかを、現象において問うことが求められる。これは、博物館史研究の作業である。そして、反省されなければならない事態、すなわち失敗や挫折を明治前期の博物館は体験していたのではないか、が予察となる。

伊藤寿朗は、「日本における西欧型博物館は殖産興業という政策的啓蒙主義とともに生まれながら、社会生活に定着することなく、近代日本国家体制の確立期における転換過程において政策的基盤を喪失し、大きく挫折・縮少（ママ）されることになる」[34]と、明治前期の博物館に挫折を認めていた。しかしその理由を、「なによりもその政策的啓蒙主義には人権と自治の思想が決定的に欠落していたのである」[35]として、博物館の外に求めた。

金山喜昭の場合、佐野常民に言いおよんだ「学術や教育に配慮したそれまでの博物館構想から、近代化のために国力を増強する殖産興業の装置としたものに博物館の役割を転換させることを意味した」[36]というくだりが、上の予察に関係する。「学術や教育に配慮したそれまでの博物館構想」は、金山の二項図式における

「人文・自然科学資料を収集・保管・教育普及する博物館本来の姿」[37]と同項に位置づく。「学術や教育」を「本来の姿」とする態度は、冒頭で述べた教養主義博物館研究のステレオタイプであり、惰性態である。そして「学術と教育」は、戦後の博物館法の「教育、学術及び文化」に通じ、明治前期の博物館のメタ・レベルとして機能する。このトリックは、椎名仙卓にも認められた。[38]かくして金山は、博物館の挫折を主題化しえず、博物館を反省することもなく、殖産興業政策への被害者意識を言外ににじませるばかりだったのである。
伊藤寿朗が動員した「人権と自治の思想」も、明治前期の博物館にとってはメタ・レベルと言うよりほかない。現象において問うとは、このようなメタ・レベルに依拠しないということである。この点を確認し、次回以降、上の予察に沿ってさらに検証を進めてゆきたい。

注

（1）犬塚康博「産業と博物館と藤山一雄」『地域文化研究』第二五号、梅光学院大学地域文化研究所、二〇一〇年、一-八頁、参照。改稿して、「産業と博物館と藤山一雄」『藤山一雄の博物館芸術――満洲国国立中央博物館副館長の夢』、共同文化社、二〇一六年、に収録した。
（2）同「金子淳『博物館の政治学』」『千葉大学人文社会科学研究』第一五号、千葉大学大学院人文社会科学研究科、二〇〇七年、一五三-一五七頁、同「伊藤寿朗『ひらけ、博物館』」『千葉大学人文社会科学研究』第一六号、千葉大学大学院人文社会科学研究科、二〇〇八年、一九七-三〇一頁、同「20世紀日本の博物館に関する研究」、千葉大学大学院人文社会科学研究科博士論文、二〇〇九年、一-一四二頁、参照。いずれも改稿して、『反博物館論序説――二〇世紀日本の博物館精神史』、共同文化社、二〇一五年、に収録した。
（3）同「反商品の教育主義――博物館の自意識に関する考察」『千葉大学人文社会科学研究』第二〇号、千葉大学大学院人文社会科学研究科、二〇一〇年、六九-八四頁、同「産業と博物館と藤山一雄」、同「商品陳列所改造論」『日本文化論叢』第一一号、千葉大学日本文化学会、二〇一〇年、九三-一〇六頁、参照。

（4）同「反商品の教育主義――博物館の自意識に関する考察」、六九‐八四頁、参照。改稿して、本書の「反商品の教育主義――博物館の自意識に関する考察」に収録した。
（5）同論文、八二頁。
（6）同「宮澤賢治「銀河鉄道の夜」の「標本」考」『愛知文教大学比較文化研究』第八号、愛知文教大学国際文化学会、二〇〇六年、一頁、同「20世紀日本の博物館に関する研究」、六頁、参照。改稿して、同「宮澤賢治「銀河鉄道の夜」の「標本」考」『反博物館論序説――二〇世紀日本の博物館精神史』、共同文化社、二〇一五年、に収録した。
（7）大内兵衛・土屋喬雄編『明治前期財政経済史料集成』第一八巻、改造社、一九三一年、四四〇‐四四一頁。本章における引用は、旧字体から新字体への改変、新聞記事のルビの削除にとどめ、かなづかい、拗促音、句読点、地名、誤脱字などは原文のままとした。年号表記は基本的に西暦年を用いたが、行論の都合から元号を使用した箇所もある。人名の敬称は省略した。地名は基本的に当時のものを用いた。人名の旧字体、新字体は統一していない。
（8）同書、四四二頁。
（9）同『明治前期財政経済史料集成』第二〇巻、改造社、一九三三年、六七三頁。
（10）同書、六八三‐六八四頁。
（11）同書、六九二‐六九三頁。
（12）同書、六九三頁。
（13）同書、六九三頁。
（14）同書、六九五頁。
（15）同書、六九六頁。
（16）同書、六九八頁。
（17）同『明治前期財政経済史料集成』第一九巻、改造社、一九三三年、一九〇頁。
（18）前田正名『興業意見・所見他』（近藤康男総編集、阪本楠彦・村上保男・梶井功編『明治大正農政経済名著集』①）、農山漁村文化協会、一九七六年、七七頁。
（19）同書、三〇六頁。

(20) 犬塚康博「満洲国国立中央博物館とその教育活動」『名古屋市博物館研究紀要』第一六巻、名古屋市博物館、一九九三年、四四頁、同「20世紀日本の博物館に関する研究」、二八頁、参照。
(21) 同「反商品の教育主義――博物館の自意識に関する考察」、八二頁、参照。
(22) 同「博物館外部システム論」『千葉大学人文社会科学研究』第一九号、千葉大学大学院人文社会科学研究科、二〇〇九年、九一‐一〇六頁、参照。改稿して、本書の「博物館外部システム論」に収録した。
(23) 伊藤寿朗「日本博物館発達史」伊藤寿朗・森田恒之編『博物館概論』、株式会社学苑社、一九八一年(三版、一九七八年初版)、一六一頁。
(24) 鎌谷親善『技術大国百年の計――日本の近代化と国立研究機関』(平凡社・自然叢書九)、平凡社、一九八八年、五六頁、参照。
(25) 同書、六九頁、参照。
(26) 同書、八五‐八六頁、参照。
(27) 大内兵衛・土屋喬雄編『明治前期財政経済史料集成』第一九巻、一九〇頁。
(28) 同書、一〇一頁。
(29) 「一五〇　陶器館建築費補助の儀につき再願」瀬戸市史編纂委員会『瀬戸市史　資料編六　近現代二』、瀬戸市、二〇〇七年、四一二‐四一三頁、大森一宏「第五章　瀬戸窯業の近代化」瀬戸市史編纂委員会『瀬戸市史　通史編下』、瀬戸市、二〇一〇年、三五八頁、参照。
(30) 前田正名、前掲書、七六頁。
(31) 同書、七七頁。
(32) 祖田修「解題」前田正名、前掲書、七頁。
(33) 同論文、九頁。
(34) 伊藤寿朗、前掲論文、九一頁。
(35) 同論文、一〇一頁。
(36) 金山喜昭『日本の博物館史』、慶友社、二〇〇一年、五三頁。

（37）同書、五八-五九頁。
（38）犬塚康博「反商品の教育主義——博物館の自意識に関する考察」、七九頁、参照。

図表説明

表『興業意見』の陳列所・博物館論

大内兵衛・土屋喬雄編『明治前期財政経済史料集成』第一八巻、改造社、一九三一年、同『明治前期財政経済史料集成』第一九巻、改造社、一九三三年、同『明治前期財政経済史料集成』第二〇巻、改造社、一九三三年、前田正名『興業意見・所見他』（近藤康男総編集、阪本楠彦・村上保男・梶井功編『明治大正農政経済名著集』①）、農山漁村文化協会、一九七六年、に基づき筆者作成。

未発の資料館――名古屋市守山区吉根の区画整理と博物館体験――

はじめに

筆者は、天白・元屋敷遺跡（名古屋市守山区中志段味）の保存と活用をめぐる第三回シンポジウムを報告した旧稿で、次のように結語した。

野田氏は、上志段味で進められる古墳群の整備「歴史の里」のなかで天白・元屋敷遺跡の遺物が公開されるようにとの希望を添えましたが、一九八〇年代から志段味・吉根地区で資料館・博物館問題が取り沙汰されながら、健全とは言えない扱いがされてきた経験に学ぶとき、天白・元屋敷遺跡の未来は楽観できません。テーマパーク、アミューズメントパーク、行政の威信財ではない、原則的な資料館、博物館を求めてゆく必要があります。(1)

これを補足すると、次のとおりである。この遺跡の発掘調査で出土した重要かつ膨大な遺物が、活用の途なく収蔵されるままの現状に対して、歴史の里（同市同区上志段味）での公開を期待することは、野田氏をはじめとする住民、市民の感情として正当であり、実現可能性はあるであろう。しかし、一九八〇年代以降、住民、市民の希望を無視し、いっぽうで国策を背景にして地方行政の威信財たらしめんと推進してきた歴史の里での公開が、果たして歴史・社会的に健全なものとなるであろうか、というのが筆者の問いであった。そして、「住民、市民を無視し、住民、市民を尊重する」という撞着[2]の上に成り立つ歴史の里ではなく、「原則的な資料館、博物館」を希求したのである。それは、住民、市民を尊重し、資料の収集保管・調査研究・公開教育の機能のいずれかに偏ることなく、釣り合いのとれた資料館、博物館のことであった。

このとき念頭に置いていたのが、名古屋市守山区吉根[3]で構想された資料館である。吉根で特定土地区画整理事業が始まる前、地域住民、市民のあいだだけでなく、名古屋市会の議論にものぼったが、無視され、忘れられた。本章は、博物館発達史や名古屋市史に登場することのない、吉根の未発の資料館について誌し、その意味を考えるものである。

一　区画整理と文化財

一　区画整理の状況

吉根の区画整理の起源は、一九五六年にさかのぼる。この年の四月、吉根、志段味をつらぬく道路が県道主要地方道名古屋・守山・多治見線（以下、名古屋多治見線と称する）に認定され、開発の契機となった。一九六八年六月の新しい都市計画法の施行にともない、市街化区域による都市化を進めるべく区画整理をおこなうことになる。これに対応して、一九六九年十月、上・中・下志段味、吉根四地区の有志が、区画整理の技術的援助を名古屋市に申請した。

一九七〇年になると、名古屋市計画局で四地区の図面作りが開始され、一九七二年二月、計画局は幹線道路だけの図面を用いた説明を地元に対しておこなう。二月五日、吉根土地区画整理組合設立発起人会会則が施行されて発起人会がはじまる。一九七六年五月、吉根の発起人会が、地区に対して区画整理事業の賛否を採ると過半数のシマが反対し[4]、発起人会の役員が怒って流会となる。この事態に、住民は区画整理事業が中止になったと受けとった。

一九七七年ごろ、名古屋市は中志段味での反対が強いことを理由に、四地区連合で実施する方針を変え、吉根から着手してゆくことにする。それは、四地区のなかでは吉根が保守的であり、自然地理的にひとまとまりで他地区の影響を受けにくいと考えられたためであった。そして翌一九七八年一月、「大都市地域における住宅地等の供給の促進に関する特別措置法」（一九七五年十一月施行）に基づく特定土地区画整理事業の手法の採用に到る。吉根では減歩率が高くなることなどを理由に頓挫していた区画整理の検討が、これ以後再燃してゆく。

一九七八年四月、名古屋市計画局に志段味担当の職員が四名配置される。同年十二月十六日に名古屋市は、発起人だけを対象にして吉根の事業に関するアンケートの説明会をおこない、早急のアンケート実施を目論むが、住民全体に向けた説明が強く要望される。その結果、一九七九年一月十三日に説明会が開催され、住民全体に対して名古屋市がアンケートの説明と協力を要請する。住民からは、特定土地区画整理事業と土地区画整理事業の方法の違いなどについて質問が多く出され、不満を残したまま終了した。同日から一月三十一日までアンケート調査がおこなわれる。

一九七九年度になると、吉根の区画整理に向けた動きが急になる。名古屋都市計画事業吉根特定土地区画整理事業にかかる環境アセスメントの手続がはじまり、まず現況調査計画書が十月二十二日に届出され、十月二十九日から十一月十三日まで縦覧された。

年度末の一九八〇年一月には、名古屋市全体の一九九〇年度までの方針を定めた「名古屋市基本計画」が発表される。前年六月八日から活動開始した志段味地区まちづくり研究班による『志段味地区まちづくり基本構想』も、同じ月に示された。一月十九日に吉根の区画整理設計案（第一次案）、同年七月三日には吉根の区画整理修正案（第二次案）が出されてゆく。

環境アセスメントは、計画書段階から準備書段階に移り、同年八月二十一日、環境影響評価準備書の届出と縦覧（八月二十七日～九月二十六日）、同年九月六日に説明会開催、意見書の提出（八月二十七日～十月十一日）と続く。意見書一件が提出され、十二月二日に見解書の提出と縦覧（十二月五日～十二月二十日）がおこなわれた。

これに対して、住民有志が公聴会の開催を名古屋市に申請するが（十二月十五日）、公害対策局と協議した結果、「形式的な公聴会よりも、じっくり話し合う懇談会の方が好ましい」として、一九八一年二月十四・十五日、名古屋市は懇談会をシマごとに開催する。[5] 二月下旬、個人懇談会もおこなうが住民の不安が去らなかったため、四月十八日、住民主導による懇談会開催となる。これには、名古屋市、発起人会、日本科学者会議愛知支部、住民ら六十五名が参加した。同日、「吉根区画整理を考える会」（以下、考える会と称する）の設立総会がおこなわれる。

一九八一年六月一日の環境影響評価審査書の提出と縦覧（六月八日～六月二十三日）で準備書段階が終了し、翌一九八二年一月二十七日、環境影響評価書の提出（告示）と縦覧（二月五日～二月十二日）をもって、環境影響評価の事前の手続きが完了した。[6]

二　文化財の状況

吉根は、江戸時代の春日井郡吉根村で、一八八九年の町村制施行以後、隣接する志段味三地区とともに、志談村さらに志段味村の大字のひとつとして続いてきた。一九五四年六月の守山町と志段味村の合併で守山市になり、一九六三年二月の名古屋市と守山市との合併で、名古屋市守山区となる。都市化が遅れたことにより、近世農村の物質文化、精神文化、景観、環境をよく残し、古墳などの埋蔵文化財も良好に残されてきた。

一九五六年四月の名古屋多治見線認定以降、近い将来に予定される吉根、志段味の開発を前に、当時の守山市は一九五八年度から一九六二年度まで文化財調査を積極的に進める。吉根の古墳もこの時期に発掘調査され、その後、区画整理事業が進まなかったため、文化財は調査後の状況をほぼとどめていた。

一九七二年四月一日に「名古屋市文化財の保存及び活用に関する条例」を施行して体制を整えた名古屋市は、一九七八年度と一九七九年度に守山区の遺跡分布調査をおこなう。港区を除く名古屋市十五行政区の遺跡分布図の、最初の一枚として『名古屋市遺跡分布図（守山区）』[7]を刊行したのも、吉根、志段味の区画整理が動き出すのにあわせた、庁内外向けのポリティクスであった。

これと性格を同じくするのが、一九八一年十一月に名古屋市文化財調査委員会が発表した『志段味地区文化財の取り扱いについて』（以下、提言と称する）である。同委員会は、「名古屋市文化財の保存及び活用に関する条例」第十一条に基づき、市指定文化財の指定等およびその解除に際する意見を述べ、または教育委員会の諮問を受けて調査、審議、答申する機関であった。そうした性格の委員会から提言が発せられるという極めて異例の事態も、吉根、志段味の区画整理に対応するものであった。

提言は、区画整理によって埋蔵文化財、民俗文化財、天然記念物などが現状変更をこうむることを懸念し、計画と対策の必要を主張する。文化財の調査については、分布調査で新しく確認された大規模遺跡二件を見積もりに含んで、名古屋市の文化財調査体制の再編が強いられることを予想した。文化財の活用では、上志段味に「古墳資料館」、現地に「民俗資料館」を提示している。これ以後、吉根、志段味の文化財の取り扱いはこの提言にのっとって進められ、人びとが吉根、志段味の文化財を考える際の枠組みともなっていった。

このように、吉根、志段味の区画整理は、名古屋市の文化財行政にとって難局として迎えられ、総力をあげて取り組まれてゆく。その最初が、吉根の区画整理であった。

二　考える会の要望書と資料館

提言は、公表後、じきに人びとの耳目に触れることになる。たとえば、吉根の地元有志による任意団体の吉根区画整理協議会が、一九八二年二月十二日付けで名古屋市長に提出した要望書「吉根特定土地区画整理について」[8]で、項目をひとつあてて提言に言及していることからもうかがえる。吉根の区画整理の問題が、分野を横断し、地元内外を通じて知られるようになったころ、文化財行政担当職員が所属する（自治労）名古屋市職員労働組合教育委員会事務局支部と考える会とが出会うことになる。出会いの契機には、第一に住民の側で文化財問題に対する要求が熟していたこと、第二に労働組合の側で、区画整理にともなう文化財の調査体制が職員の労働・勤務条件に多大な影響をおよぼすことが懸念されていたこと、ならびに政策の観点から住民要求との連携を模索する方向性のあったことがあげられる。

一九八二年五月三十日、吉根の区画整理の文化財問題をめぐる最初の会合が、吉根公民館でもたれ、考える会、住民本位に区画整理を考える会[9]、労働組合、名古屋市見晴台考古資料館友の会の四者が集まった。文化財の問題を課題として取り上げることが合意されて、地元の側で、古墳などの見学会を通じた文化財の普及と、文化財をまちづくりに位置づけてゆく可能性を追求することが確認される。

七月十八日、住民本位で区画整理を考える会主催による見学会「志段味の古墳を見て歩こう！」が、上志段味から中志段味にかけたコースで開催される。要望が多かったため、八月二十一日に二回目が実施された。七月三十一日には、吉根公民館で「昔話を聞く会」がもたれたほか、吉根の現地調査が有志によって実施されている。

こうした文化財問題の動きの一方で、九月十日に発起人会は、「区画整理促進の要望」（あるいは「都市計画決定を促進する為の同意署名」）を、地元権利者七四パーセントの署名を集めて提出した。都市計画決定への動きが急になるなかで、考える会は、九月十九日に「吉根の歴史を見て歩こう！」を開催し[10]、さらに「要望書」（発起人会の要望書とは別）の署名集めを開始する。要望書は、「組合設立準備に付《ママ》いての要望」と「事業計画に付《ママ》いての要望」との二つの柱から成り立ち、事業計画の要望には、県道とバイパス、バス路線、集合農地、下水処理場の問題とならんで、次のとおり文化財、資料館問題が含まれた。

（略）

(3)　古墳を含む緑地の保全を配慮して、宅地造成のやり方を再検討し、緑を守る計画をしてほしい。

(4)　地元よりの出土品、古文書、古い民具等の地元保存、活用をはかるため、資料館を建設すること。

（略）

(6)　環境アセスメントについても文化財の対策評価に不備な点があるし、自然環境の項目について配慮のたりない点があるがやり直しを求めます。[11]

（略）

十月二十五日、考える会は百四十一人の署名を添え、市、市会、発起人会に宛てて要望書を提出し、この日に開かれた市会建設環境部会（以下、部会と称する）での決定は保留となる。十一月一日、考える会は計画局参事らと交渉する。十一月四日、発起人会と考える会の一回目の話し合いがおこなわれ、議論を深めるため部会の延期を申し合わせる。これを受けて、十一月五日の部会は、発起人会と考える会の話し合いができるまで延期となる。十一月十一日に二回目の話し合いがおこなわれるが、合意を見ぬまま発起人会が退席する。年度内の都市計画決定から逆算した、タイムリミットによる見切り発車であった。翌十二日の部会で、（一）区画整理事業区域、（二）県道志段味田代町線の位置、（三）大まかな骨格道路、（四）都市計画決定後二年間に組合ができない場合は市が施行することが決定され、これに次の要望（以下、付帯要望と称する）がついた。

①事業実施にあたっては、今後とも地元と話し合いを続ける②下水処理場の見返りとして、資料館など公共施設の誘致を検討する③将来、バイパスを検討する[12]

ここに資料館が載ったことの評価はのちにおこなうこととして、経過を急ぎ足で見てゆこう。考える会は、この部会前に市政記者クラブで発表し、部会後は本山政雄名古屋市長に陳情する。

その後、市の都市計画審議会が省略されて、愛知県にかかる案件が県側に提出されるが、県の公聴会も省略されて、県と市による道路・区画整理・促進区域の都市計画（案）の縦覧と意見書提出が十二月六日〜二十日におこなわれる。十二月四日、計画局との交渉で考える会は、縦覧に関する説明会を要求し、十二月十五日の開催を得る。十二月五日に発起人会との三回目の話し合いをもち、さらに十二月十七日に計画局長交渉をおこなうなど精力的に活動を進めている。考える会、市民団体等が、意見書の提出に力を注いだ結果、考える会による一五七八名の連署意見書と八六通の個別意見書、市民団体、労働組合の意見書五通が提出された。しかし、十二月二十日の部会では公表されず、十二月二十五日の市の都市計画審議会での審議、決定に際しての取り扱いも要旨の報告にとどまった[13]。

一九八三年になり、名古屋市会二月定例会は、昭和五十八年度名古屋市一般会計予算（昭和五十八年第十四号議案）で、吉根の区画整理に関する質疑応答（二月二十三日・二十四日）と部会報告（三月七日）をおこない可決する（後述）。そして三月二十五日、県の都市計画審議会で土地区画整理事業は都市計画決定されるのであった。

三　資料館を無視する

一　端緒の資料館、結果の資料館

付帯要望三項目のなかで、ハードウエアは下水処理場、資料館、バイパスである。このうち、下水処理場とバイパスは懸案事項であった。下水処理場は、いわゆる迷惑施設に対していかに応答するかという問題であり、バイパスは、一九八二年九月二十八日の名古屋市会九月定例会で野田守之議員が、吉根の区画整理に関してもう一つの幹線道路として質問していた問題でもある[14]。

そうした下水処理場、バイパスに比べて資料館は、考える会には新しいテーマであった。それにもかかわらず、考える会の要望書の事項のひとつに取り上げられ、部会の議論で、下水処理場の見返りというかたちで整理され、[15]明記されるに到る。

これは、教育委員会にとって予定外のことであった。[16]提言は、上志段味の古墳資料館と、場所の言及こそなかったが民俗資料館を計画していた。教育委員会の方針にそぐわない吉根の資料館は、以後、無視されてゆく。

たとえば、十月二十八日付けで、十一団体が市長、教育長、計画局長に宛てて提出した「志段味地区特定土地区画整理に伴う文化財の保護・保存と公開・活用について――質問と要望」は、「提言にあるように「資料館」を建設して、そこでこれ等の作業が継続的に行なわれる事によって順次地元に公開、還元されるべきであると考えますが、いかがでしょうか」と質し、これに対する十二月十七日付けの市長の回答は、「「資料館」の建設については、出土遺物・その他の調査資料等を勘案して検討いたします」であった。[17]質問と要望は、資料館を文化財の保存、調査、活用の「端緒」に位置づけるが、回答は「結果」においてとらえていて、まったくすれ違っている。十一月十二日の付帯要望以前に出された十月二十八日付けの質問と要望と、付帯要望以後十二月十七日付けの回答という、タイミングの差による違いの観があるが、そうではないことが次の経過に見て取れる。二回目の質問と要望は、一回目の回答に対して反論し、吉根の資料館について次のように質した。

Ⅲ．資料館に関して、先の『回答』では「出土遺物、その他の調査資料等を勘案して検討」するとされています。しかし、このことは「出土遺物」の量やその稀少性によって資料館建設の可否が決せられるということではない筈です。館蔵資料の無い状態で資料館・博物館が設置されていった例は多くあり、勿論その場合「出土遺物」だけではない筈です。過去の調査によって既に得られた資料も非常に多くあります。また、資料館は単に資料のいれものにとどまらず、地域の文化的価値を掘り出し啓発する機能をもった社会教育施設であることから見れば、そういう趣旨をよびかけ組織していく地域のセンターとしてまず考えられなければならないと思います。

Ⅲ．について

1）今回の吉根の事業計画の公益施設に資料館があがっていませんが、どういう事情によるものでしょうか。勿論、資料館設置も志段味地区全体のまちづくりの中で、その文化財保護・活用のマスタープランの中で位置付けられるものであり、マスタープラン不在の状態で、資料館が具体化しないのも当然といえます。しかし、そのことが、逆に吉根地区で具体的に資料館を作らないということを今の時点で決定する（＝事業計画にもりこまない）ことにはならない筈です。吉根地区の区画整理事業計画に資料館建設が登場しない理由とはいったい何でしょうか。[18]

そして、次の回答を得る。

Ⅲ　1)について

区画整理法の趣旨等から、資料館建設は区画整理とは別種の事業と考えられますので、設計図等に掲載してありません。資料館の建設計画は、文化財各分野の調査の進行等をみながら策定する考えです。[19]

二　詭弁「別種の事業」

土地区画整理法の目的は、「健全な市街地の造成を図り、もつて公共の福祉の増進に資すること」（第一条）にある。条文中の「目的」と回答中の「趣旨」の語のあいだに、ことさらに異なる意味を持ち込まなければ、資料館は「区画整理法の趣旨」から別種と言うのは当たらない。「等」を最大限に活用して別種とすることはできるかもしれないが、それは付会に過ぎる。

この回答が詭弁であるのは、上志段味の古墳資料館を見ればあきらかで、回答者の論理に照らせば、古墳資料館も区画整理とは別種の事業である。しかし、古墳資料館が別種呼ばわりされないのは、別種扱いされていないからで、吉根の資料館が別種呼ばわりされるのは、別種扱いされているからである。別種扱いをしているのは名古屋市にほかならない。

学校用地の問題を参照しよう。その多くが土地区画整理事業によっていたが、同じころ市内では土地区画整理事業が減少して学校用地確保を民地買収に頼らざるをえなくなっていた[20]。この事態は、回答者の論理にしたがえば、区画整理事業と学校用地確保がもともとは別種の事業であり、その本来的な姿があらわれるようになったにすぎない、ということになるであろう。しかし、別種の事業ではなく、「公共の福祉の増進に資する」同種の事業であったから、区画整理で学校用地が確保されてきたのである。このことを見ても、回答の「区画整理法の趣旨等から、資料館建設は区画整理とは別種の事業と考えられますので」は、吉根の資料館の用地確保を区画整理の計画に載せない理由にはならない。

こうした行政府の一方で、先に経過を一瞥した部会以後の議会のようすは次のとおりである。考える会の要請の紹介にあたった荒川直之議員が当時所属した日本共産党は、昭和五十八年度名古屋市一般会計予算に関連して、一九八三年二月二十三日に阪本貞一議員が[21]、翌二十四日に鈴木松助議員が[22]、吉根の区画整理について質問している。しかし、庄内川の治水問題に限られて、資料館のことはなかった。同年三月七日、建設環境部会からの報告も、その議決事項、委員からの付帯要望（十一月十二日の部会決定の付帯要望とは別）ともに資料館への言及はなかった。[23]

わずかに、組合設立認可直前、日本共産党名古屋市会議員団から市長宛提出された要求項目の最末尾に、「古墳資料館の建設（仮称）[24]」の文言が見える。提言の古墳資料館のことであれば、吉根の区画整理に関する要望書で上志段味の古墳資料館を持ち出すのは筋が違う。付帯要望の資料館のことであったときは、議会で触れられなかったこととあわせて、要望項目としては低位であったことがわかる。日本共産党でさえもがこのとおりであったから他党は推して知るべしで、吉根の資料館について行政府、立法府ともども、「住民、市民を無視、軽視し、住民、市民を尊重する」という撞着を生きていたことに想到する。

なお、念押しすれば、博物館を都市計画に位置づける体験は新しいものではない。満洲国国立中央博物館副館長の藤山一雄が世界の博物館を概観した際、ソビエト社会主義共和国連邦の都市コムソモリスク・ナ・アムーレについて「ソ聯政府はその都市計画に女郎屋や遊郭でなく、先づオペラ劇場、図書館、地学協会附属博物館等の建設を忘れず、各種の文化施設が大規模に実現せられ、就中その博物館は主街スターリン大街にアムールを圧して既に起ち上つて居ると言はれる[25]」と書いていたように、先行例はあった。[26]

区画整理やまちづくりにおいて、博物館や資料館をどのように配置するかという議論はあり得ても、別種の事業として排除したりされたりする関係のことがらではない。区画整理と資料館とを分断した市回答の誤りは、歴史から学ぶとき、博物館に関する名古屋市の後進性のあらわれであったとみなすことができるのである。[27]

四　資料館の意味

一　地域の物質と精神

吉根の文化財問題は、提言が公表された一九八一年十一月の時点で、調査され破壊される以外の展望を持っていなかった。提言には、吉根の文化財について楽観的なことはひと言も書かれていない[28]。教育委員会は、あからさまに吉根における文化財保護行政の敗北を告げることはなかったが、実際は吉根を捨てていた。そういう状況下にありながら、短期間のあいだに文化財の保護と資料館での活用を、自分たちのまちづくりのなかで構想した、考える会の想像力、創造力の優越は明記されてよい。

その吉根の資料館は、地域の資料が地域になく、他地域にあることを指摘する少なくない声のなかに位置づいていた。考える会の要望書署名集約の開始を告げるニュースは、項目のひとつを資料館問題にあて、次のように書いていた。

三、現在、区画整理を前提として教育委員会が吉根の民俗文化財の調査を進めていますが、今の計画では埋蔵文化財もとりこわされるものが多く、古い民具や出土品等も遠くの博物館へゆくことになります。

地元住民としては資料館をつくって地元に保存したいと願います[29]。

先述のように、吉根の古墳の発掘調査は一九五〇年代から一九六〇年代にかけておこなわれた。吉根が、守山市、名古屋市と変わるにつれて、出土遺物の保管場所は変わり、一九七七年に名古屋市博物館が開館すると、守山公民館から名古屋市博物館に移された。

発掘調査は、一九八二年当時において二十年から三十年前のことであったため、吉根の一定の世代の人には忘れられてはおらず、発掘の原因となった道路計画は進捗せず、発掘後の古墳も存在し続けていた。また、吉根に檀家を持つ観音寺には、富士ケ嶺古墳出土と伝えられる内行花文鏡があり、地元ではよく知られていた。

そして特筆されるのは、柴田隆氏のことである。すでに故人であったが、吉根の人が「しばたかさん」と親しみをこめて呼ぶのを幾度か聞いた。柴田氏は、志段味村村会議員、志段味村村長（二十三・二十四代）、守山市参与、守山市市会議員、名守合併調査特別委員会委員長、守山市史編さん委員などを歴任し[30]、文化財に通じる人でもあった[31]。文化財と資料館が、吉根の人たちに急速に受容されていったのも、柴田氏の体験が吉根の経験となって生きていたからのように思われる[32]。

そして、考える会の席上、「お神楽や木遣の練習では区画整理賛成派も反対派も一緒なって一生懸命やっている。これらを何とかして残したい[33]」と希望されることがあった。吉根の人たちが共有した物質、精神としての神楽、木遣り歌の列に、古墳も続いていた気配が、「区画整理の中でも、古墳を含めて守っていかないかんと反省している[34]」という述懐に、感じ取られもした。

さらに、考える会の一九八二年十月二十八日付けの文書には、「6．新グループえの脱皮」の項目に、「イ．「考える会」としての運動集結のときは新しい実質的な方向え結集した力を向ける。例へば『資料館友の会』とか『吉根の明るい環境を育てる市民の会[35]』と書かれていた。考える会の後継として資料館友の会を構想するところには、資料館が博物館の機能ばかりからでなく、地域から定義された機関としてあったことを知ることができる。資料館もまた、神楽や木遣り歌、古墳に続き、吉根の人たちが共有してゆこうとする物質、精神のひとつに位置づいていたのである。

二　博物館史のなかの資料館

さて、前項の引用文からわかるように、吉根の資料館は「遠くの博物館へ／地元に」の構造のなかで考えられていた。一見すると、略奪文物返還問題に通じる趣があるが、一八八四年の『興業意見』の陳列館・博物館論を参照するとき、それればかりではないことに気づく。

『興業意見』は、一八八一年に農商務省が設置されて以降、前田正名が中心になって編纂し、同省が刊行した文書である。殖産興業政策は陳列所や博物館の教育機能に期待し、さらに、博物館、美術館を興業の結果に位置づけ、興業のために陳列所を必要とする点に特色を持っていた。それは、西欧の技術や知識の直訳的導入であった明治前期の博物館への反省であり、陳列所を通じて現実の技術や知識を興業に動員するリアリズムであった[36]。

これに照らすと、江戸時代以来の技術や知識の場としての陳列所は、「地元に」あって利用できる資料館の趣旨に親しい。陳列所を活用して生産力を獲得し、その成果として博物館、美術館をつくるという行程はいまの時代にそぐわないが、見方を変えれば資料館を通じて郷土を学習し、その成果に立ち、博物館で地域、日本、世界を学ぶという教育の問題としてとらえることができる。教育には、狭義の教養や文化にとどまらず、産業に関する教育も含まれるならば、『興業意見』の陳列所に通じるところは大きい。「地元に」ある資料館の結果に、「遠くの博物館へ」が存在するという理解がもたらされるであろう。

また資料館は、学校の郷土室に似ている。郷土室と異なるのは、資料館が社会教育、生涯学習固有の施設となり得る点である。それは、郷土室が学校の付属ゆえに自明としてきた、教員の異動にともなう持続不可能性と荒廃、資料散逸の危機からの自由を意味する。

さらに、日本の博物館理論に照らすと、吉根の資料館は地域志向型博物館、第三世代の博物館に近しい[37]。しかし、これらが地域を「目的」とするモデルであったのに対し、吉根の資料館は地域を「理由」にする点で異なる。

四十年前に吉根でおこなわれた未発の資料館は、以上複数の観点から測るとき、中央博物館ではなく、学校の郷土室でもなく、地域志向型博物館や第三世代の博物館でもない、あえて言えば『興業意見』の陳列館の過程をはらむ、わが国近代の博物館発達史における独自の博物館体験としてとらえかえすことができるのである。

おわりに

吉根の区画整理は、一九八四年三月三十日に組合設立認可され、二〇〇八年三月十七日、組合解散認可をもって事業を終了した。その間、文化財問題はもっぱら教育委員会による調査として進められた。一度は、考える会の主題のひとつとなった文化財問題であったが、教育委員会に代行されて、考える会から切断されていった。多くの埋蔵文化財が破壊されたことは言うまでもない

ふりかえれば、吉根の資料館はデリケートであった。柴田隆氏を例にあげながら、吉根が志段味村、守山市であった頃の記憶の残る最末期の出来事として、吉根の資料館のあったことを先に見た。「志段味村、守山市であった頃の記憶」とは、江戸時代の吉根村にもっとも近い吉根でもある。区画整理は地域の旧態を更

新する。地域の旧態に依拠した資料館は、自動的に更新の対象となった。そのことに対して、資料館が無防備であったことは否めない。「資料館建設は区画整理とは別種の事業」という、差異を強調した行政による無視の方便は功を奏し、資料館が後景化してゆくのも早かった[38]。

吉根の資料館はできなかった。しかし、教育委員会が上志段味に構想した「古墳資料館」はできた。「民俗資料館」は、当初から場所が示されなかったそのとおりに、どこにもできていない。教育委員会は、自己の構想だけを忠実に尊重した。そのような教育委員会と「古墳資料館」に、吉根を尊重し、天白・元屋敷遺跡出土遺物を尊重する日は来るのであろうか。経験の教えるところは、教育委員会とそれに追随する彼、彼女たちの自己都合においてのみ、独裁的にそれはおこなわれる、ということである。

注

（1）犬塚康博「天白・元屋敷遺跡第三回シンポジウムの記録」地方史研究協議会編『地方史研究』第三八九号、地方史研究協議会、二〇一七年、一三一–一三二頁。

（2）この傾向は、近年、名古屋市見晴台考古資料館にもあらわれている。同館は、半世紀にわたり続けてきた市民参加の発掘調査を二〇一八年に中止した。この問題については、犬塚康博「「市民発掘　過渡期迎え中止」を読んで」、http://archaeologyscape.kustos.ac/wp-content/uploads/miharashidai_20190819.pdf（二〇一九年八月十九日公開）、を参照されたい。

（3）本章で用いる「吉根」という名の地域は、すべて二〇〇六年の町名変更前のそれを指す。

（4）ムラ（村）の下位の集合に対する呼称。江戸時代の地誌、絵図では、島、嶋の字があてられる。

（5）その結果、いわゆる「正史」には「公聴会／開催請求がなかったため開催せず」と記録されることになる。「名古屋市：三　名古屋都市計画事業吉根特定土地区画整理事業（市政情報）」、http://www.city.nagoya.jp/kankyo/page/0000076206.html（二〇二〇年五月二十九日閲覧）。

（6）「土地区画整理問題と地元住民のとりくみの経過」（未発表稿）を参照した。環境影響評価に関しては、「名古屋市：三：名古屋都市計画事業吉根特定土地区画整理事業（市政情報）」、を参照した。
（7）『名古屋市遺跡分布図（守山区）』、名古屋市教育委員会、一九八〇年、参照。
（8）吉根区画整理協議会「吉根特定土地区画整理について」、一九八二年二月十二日、「土地区画整理問題と地元住民のとりくみの経過」（未発表稿）による。
（9）中志段味の住民を中心とする、吉根の考える会とは別の団体。
（10）吉根の見学会は、最初七月四日（日）に設定し、六月二十日（日）にその下見調査をした。しかしその直後、地元に怪電話がありデマ情報が流れたため、七月四日開催を見送る判断が六月二十五日（金）になされる。「都市計画決定を促進する為の同意署名」が集められていた時期に重なり、区画整理の準備が大詰めを迎えるなか心理的に不安定な状態であったらしい。同意署名集約が終わったところで、見学会は開催された。
（11）（署名用紙）「要望書」、（吉根区画整理を考える会）、一九八二年、一-二頁。
（12）「守山区吉根の特定土地区画整理を了承／市議会建設環境部会」『中日新聞』第一四五二三号、中日新聞本社、一九八二年十一月十三日、一六面（市民版）。
（13）この経過は、三浦明夫「名古屋市守山区志段味地区（吉根、上・中・下志段味）の文化財を守る運動——経過と現状」『あいち歴教協会員ニュース』、事務局、一九八三年、二-四頁、に負った。
（14）『名古屋市会会議録』（定例会）昭和五十七年第一五号（九月二十八日）、六七-七六頁〔野田守之発言〕、参照。
（15）当日、部会がおこなわれている部屋に入室できなかった考える会およびその関係者が、部屋の外の廊下で待機していたところ、部会委員の荒川直之議員が一時退室し、その後戻ってきた際、「これでいいですね？」と歩きながら示した案が見返り案であった。提案ではなく通告であった。それを了とせずなおも協議したい関係者がいて、入室を急ぐ荒川議員を追いかけたが果たせなかった。忙中における咄嗟の判断は、迷惑施設の見返りとしての文化施設というステレオタイプであった。
（16）「勝手なことをされると困る」旨、当時の文化財の担当者は露骨にヘイトをあらわしていた。
（17）（自治労）名古屋市職員労働組合教育委員会事務局支部編『埋蔵文化財発掘調査体制の委託「合理化」に反対し、

文化財保護行政の拡充を求めて〈職場討議資料Ⅰ〉』、（自治労）名古屋市職員労働組合教育委員会事務局支部、一九八六年、六六・六七頁。

(18) 同書、七八頁。

(19) 同書、七九頁。

(20)『名古屋市会会議録』（定例会）昭和五十七年第一五号（九月二十八日）、八二-八四頁（教育長（栗田大六）発言）、参照。

(21)『名古屋市会会議録』（定例会）昭和五十八年第二号（二月二十三日）、一六三-一九九頁（阪本貞一発言）、参照。

(22)『名古屋市会会議録』（定例会）昭和五十八年第三号（二月二十四日）、一〇九-一一六頁（鈴木松助発言）、参照。

(23)『名古屋市会会議録』（定例会）昭和五十八年第五号（三月七日）、三二-四〇頁（遠山宗人発言）、参照。

(24) 日本共産党名古屋市会議員団団長鈴木松助「吉根特定区画整理組合設立許可申請受理延期を要請する申し入れ書（要旨）」『あかるい守山』号外（志段味地区版）、日本共産党守山区委員会、一九八四年一月二十一日、二頁。

(25) 藤山一雄『新博物館態勢』（東方国民文庫第二三編）、満日文化協会、一九四〇年、五頁。

(26) 藤山一雄および満洲国新京特別市の都市計画と博物館については、犬塚康博「新京の博物館」「満洲国」教育史研究会編『「満洲国」教育史研究』第二号、東海教育研究所、一九九四年、三〇-四五頁、同「藤山一雄の初期博物館論――「五十年後の九州」の「整へる火山博物館」――」『地域文化研究』第二二号、梅光学院大学地域文化研究所、二〇〇七年、一-一一頁（同『反博物館論序説――二〇世紀日本の博物館精神史』、株式会社共同文化社、二〇一五年、四四-五六頁、に収録）、を参照されたい。

(27) 名古屋市の博物館行政については、同「一九四五年以前名古屋の博物館発達史ノート」『関西大学博物館紀要』第一〇号、関西大学博物館、二〇〇四年、二八八-二九一頁、同「吉田富夫の遺跡公園論と博物館論」LOCI編『地域世界』二、LOCI、二〇一二年、二七-四二頁、を参照されたい。後者は改稿して、本書の「吉田富夫の遺跡公園論と博物館論」に収録した。

(28) 名古屋市文化財調査委員会の一委員は、一九八二年四月二十九日に催された名古屋市見晴台考古資料館友の会一九八二年度総会の特別講演「守山区志段味の埋蔵文化財の現況」で、「吉根の事を考えた場合、何のための文化財委員かわからなくなってくる。後手、後手にまわっている反省を、上中下志段味でしたいと思い、要望書を作りました。これが、「志段味地区文化財の取り扱いについて」というものです。吉根地区は、もう計画が設定され、困難な状況になっています。こういうやり方の反省から作りました」（音声反訳未発表稿による）と話した。

(29)『吉根区画整理を考える会会報』第二号、一九八二年、一面。

(30)『守山市史』、愛知県守山市役所、一九六三年、二五七–三〇六・六二三・六二四頁、参照。

(31)古墳の不時発見の報告者や、表面採集遺物の所蔵者としてその名が見える。久永春男・田中稔編『守山の古墳』、守山市教育委員会、一九六三年、一三・二九頁、名古屋市教育委員会編『守山の古墳　調査報告第一』、名古屋市教育委員会、一九六六年、二六・三〇頁、参照。

(32)吉根に柴田隆氏がいたように、上志段味には政治家で郷土史家の長谷川佳隆氏がいた。両者の似て非なることは、別の機会に考えてみたい。なお、長谷川氏と上志段味地区については、犬塚康博「遺跡と人の交通誌――名古屋市守山区大塚・大久手古墳群」千葉大学大学院人文社会科学研究科編『千葉大学人文社会科学研究』第三一号、千葉大学大学院人文社会科学研究科、二〇一五年、四八–六三頁、同「長谷川佳隆氏と歴史の里」『私たちの博物館　志段味の自然と歴史を訪ねて』第六八号、志段味の自然と歴史に親しむ会世話人会、二〇一六年、二九–四〇頁、を参照されたい。

(33)（岡本俊朗）『〔1〕6／11準備会』、（一九八二年六月十一日議事録）、三頁。

(34)同書、四頁。

(35)「吉根区画整理を考える会」運動の六項目」、一九八二年十月二十八日、二頁。

(36)犬塚康博「『興業意見』の陳列所・博物館論」千葉大学大学院人文社会科学研究科編『千葉大学人文社会科学研究』第二一号、千葉大学大学院人文社会科学研究科、二〇一〇年、三五〇–三五九頁、参照。改稿して、本書の「『興業意見』の陳列所・博物館論」に収録した。

(37)伊藤寿朗「博物館の概念」伊藤寿朗・森田恒之編『博物館概論』、株式会社学苑社、一九八一年（三版、一九七八年初版）、三–四三頁、竹内順一「第三世代の博物館」瀧崎安之助記念館編『冬晴春華論叢』第三号、瀧崎安之助記念館、一九八五年、八七–八八頁、参照。

（38）一九八一年から一九八三年の体験の後史を記すと、市民団体は「志段味の自然と歴史に親しむ会」を新設し、志段味・吉根地区の歴史と自然にかかわる資料、情報の収集保管、調査研究、公開教育活動を進めてゆく。また、労働組合とともに、区画整理を機に予定された埋蔵文化財調査体制の合理化すなわち埋蔵文化財センター問題に取り組み、これの設立阻止をも果たした。埋蔵文化財センター問題が、志段味・吉根地区の文化財・資料館問題と一体の重要課題であったことは、『志段味地区文化財の取り扱いについて』があらわしていたとおりである。

付記

本章をなすにあたり、吉根にお住まいの徳田百合子氏にご協力をいただきました。記して御礼申し上げます。

補記

注（2）で触れている中断された見晴台遺跡の発掘調査は、二〇二四年に再開された。

吉田富夫の遺跡公園論と博物館論

はじめに

失望の検見塚

検見塚（清須市）がいまの姿になることは、一九六九年にわかっていた。

昭和44年、環状2号線計画道路が検貝塚《ママ》周辺を走ることが判明したため、貝塚周辺地域の試掘調査を愛知県教育委員会が調査主体となり実施した。検見塚周辺には都市高速道路のためのインターチェンジが設けられその中での検見塚周辺地域遺物稠密部分の保存が確定的となった（略）[1]

同様のことは、一九七一年三月、朝日遺跡群保存会の要望書に対する回答でも言われている。

検見塚周辺については環状2号線計画にともない滅失する部分については記録保存をはかり、検見塚は環状2号線インターチエンジ内で保存整備するよう、建設省および町当局と協議を進めている。[2]

水田地帯に独立丘のようにしてあった検見塚を、インターチェンジ（清洲ジャンクション）のなかのものにすることを、愛知県教育委員会は保存と言うのであった。この保存論は、当時の共通理解になっていたとは言えず、それゆえに人びとは、行政の指導性に失望する。

さらには検見塚地区のシンボルともいえる県史跡の検見塚貝塚は残すとはいうものの、インターチエンジというコンクリートで挟まれた隔絶した別天地に仕立てあげようとしている。文化財保護に最も力を入れてしかるべき監督機関がかような態度を既に公表してしまっている事は、私たちを始め研究者、一般識者を落胆させてしまった。(3)

失望の検見塚。人びとは去り、別の人びとが集り、今日の検見塚ができあがる。

希望の検見塚

ところで、一九六九年十二月から一九七〇年一月にかけておこなわれた、前記「貝塚周辺地域の試掘調査」（朝日貝塚予備調査）

図1　検見塚（清洲町、1969年）

の調査主任をつとめた吉田富夫は、調査報告で次のように書いていた。

インターチェンジは平面交叉をするよう設計されてはいるが、さしあたり菱形の外縁に連絡道路が開かれるにとどまるというから、菱形に囲まれる全地域が道路面およびその他の何等かの施設に蔽われるわけではなく、県指定史跡である検見塚およびその周辺も、当然原状を変更することなく保存されるはずである。(4)

検見塚のゆくすえを、吉田は愛知県から聞かされていたのであろう。しかし、「保存されるはずである」として確信的に道理を説く、あるいは予告するのは、そうはならずに無理が罷りとおってゆく危惧を吉田が抱いていたからに違いない。上の引用文のあとに、逆接の「しかし」を介して希望を列記するのもそれゆえのことであった。

しかしできることなら、検見塚も孤立させてただ車中より望見させる程度にとどめず、四囲の道路を潜るなりして検見塚

図2　検見塚（清須市、2013年）

に近づき、あるいは登れるようにするとか、貝層断面なども地下水の排水を考慮しつつ見られるように工作したいものである。(5)

半世紀後の現状は、「孤立させてただ車中より望見させる程度にとどめ」ている。「四囲の道路を潜る」ことはあるが、「検見塚に近づ」けない。当然「登れ」ない。当時先進的だった蜆塚遺跡の貝層断面観察施設(一九六〇年)を念頭に置いたと思われる、「貝層断面なども地下水の排水を考慮しつつ見られるよう」な「工作」もない。吉田の心配していたとおりの、検見塚のいまがある。希望の検見塚。それは一度だけ、吉田富夫を生きたのであった。

一　吉田富夫の遺跡公園論

見晴台遺跡の遺跡公園論

検見塚に関する吉田富夫の希望、すなわち遺跡の保存活用論は、検見塚かぎりのものではなかった。同時期に吉田は、公園整備を間近に控えた見晴台遺跡(名古屋市南区)を主題にして、「埋蔵文化財のはなし――歴史のなぞとその解明――」という論文を書いている。前置きが長くなったが、本章はこの論文を検討してゆく。遺跡公園論は次のとおりであった。

(略)上述のいろいろな遺構(住居跡、濠状遺構、貝塚のほか、当時トピカルだった焼失住居跡、縄文晩期貯蔵穴など――引用者注)がそのまま展示されたり、復元家屋が建てられたりすることになるのも、もうそんなに遠い日のことではあるまい。そして完成の暁には、果実や花粉の調査で知られるはずの林相をそなえ、発見された獣骨等に基づいて、シカ・イノシシなどを飼い、当時の自然環境をもできる限り復元し、できれば夏季などのキャンプに復元家屋を貸して弥生時代の生活を実際に送らせてみてはどうかなどと、夢は果しなくひろがっていく(6)。

公園の自然、人文の要素が、発掘調査によって得られた知識や情報から帰納することに忠実であり、テーマやアミューズメントを先行させた演出が極力抑えられているため、スタンダードな遺跡公園論になっている。また、公園計画に関連して吉田は、一九六六年八月に登呂遺跡と蜆塚遺跡を見学していて、その成果を踏まえていることも、この公園論をオーソドックスなものとしているように見受けられる。ちなみに、吉田の挙げた項目のうち現在までに実現されているのは、遺構展示、復元住居、林相の復元である。

これに続けて、遺跡公園の博物館施設についても、吉田は書く。

　ここから出土した遺物は、もちろん小博物館に展示され、復元図・想像図などを豊富にまじえて、理解を容易にさせる。学習室もあって、いつも一学級ずつ引率されて来た社会科の実習クラスが、スライド等による学習のほか、粘土を使って土器を作つ《ママ》てみたり、破片から実例図《ママ》をかく方法を教わったりしたら、どんなに楽しいことであろう。一日も早く完成するのを期待しようではないか(7)。

学校教育を延長したイメージとともに、専門教育でおこなわれる考古学実習のような体験的要素も見られる。

こうした見晴台遺跡での思索を導き手としながら、鉾ノ木貝塚（緑区）、小幡長塚古墳（守山区）、瓢箪山古墳（同）、白鳥塚古墳（同）、白鳥第一号墳（同）、東谷第十六号墳（同）を挙げて、名古屋市における遺跡公園施策継続の可能性を説き、さらに古窯跡の保存にも言い及ぶ吉田であった。

ところで吉田の遺跡公園論は、同じく見晴台遺跡の公園化に関して各論を列記した「保存に関する意見」が、一九六六年に披露されている[8]。これを発展的に継承したのが、「埋蔵文化財のはなし――歴史のなぞとその解明――」の所論とみなせる。一九六六年は単に「公園」の名称を用い、二年後の一九六八年になると「史跡公園」の語が登場する[9]。これは、行政における公園計画の性格変更に拠っていた。

遺跡公園論と博物館論の構造化

吉田の主題は遺跡の取り扱いにあったから、遺跡公園論に重点が置かれ、陳列館や展示室がそれに従属するのは当然だったが、やがて遺跡公園論と博物館論とが構造化されてゆくのを次で知ることができる。

そこで工事計画を曲げても永久保存を要する場合と、計画通りに工事の実施はするが、事前に発掘調査を行なって記録保存にとどめる場合とができて来る。前者の場合には史跡公園設置という考え方が、後者の場合には博物館という施設の必要が浮かび上がって来る[10]。

総じて、開発と保存を前にした埋蔵文化財処遇のリアリズムであり、そのなかで遺跡公園は、より原理的位置を占めていたと言える。

検見塚は、「工事計画を曲げても永久保存を要する場合」に相当しながら、愛知県指定史跡でありながら、遺跡公園とはならないことが予想された。検見塚の不具を吉田が危惧していたことは、先に見たとおりである。吉田のリアリズムをも否定する現実がおとずれようとしていた。

いっぽう、一九七一年七月十九日、名古屋市長杉戸清が見晴台遺跡の遺跡公園化を発表する。吉田の遺跡公園論は、現実との調整段階へと進んでゆくのであった。

二　吉田富夫の博物館論

吉田富夫と博物館

さて、吉田富夫の晩年の著作には、必ずと言ってよいほど博物館への期待が述べられている[11]。名古屋市にまだなかった歴史系博物館について、一九七一年以前にこれほど言辞を投じた人はほかにいないであろう。

一九六九年二月に名古屋市の人口が二〇〇万人を突破すると、それを記念する事業のひとつに博物館が掲げられた。一九七一年度に基本設計の検討がはじまっているため、その前年度中には吉田も新博物館の話題に接していたと思われる。吉田の博物館論が教育委員会の機関誌で示されたのは、見晴台遺跡の遺跡公園化に加えて、博物館建設の気運の高まるなかでのことであった。まと

図３　第9次見晴台遺跡発掘調査（1971年7月、右の立つ人が吉田富夫）

まった博物館論となっているのは、そのためかもしれない。

ところで、吉田が博物館一般を考えるようになったのはいつだったのか。じしんによる証言には接していないが、真っ先に想い起こされるのが浜田青陵の『博物館』（一九二八年）である。同書は、「博物館」の語をタイトルにもつ、わが国で最初の図書であった。刊行翌年の一九三〇年十月から一九三二年四月にかけて吉田は、浜田のもとで考古学を学んでいたから、同書を読んでいたはずである。その形跡を吉田の博物館論に見ることはできないが、浜田のもとで、博物館と考古学とが同時平行して吉田にもたらされたことは疑い得ない。

また戦後の愛知県は、博物館の理論と実践の活発な地域であったから、なんらかの機会に吉田がその活動に接していた可能性も考えられる。たとえば、日本モンキーセンター学芸員だった廣瀬鎮の書『博物館は生きている』は一九七二年の発刊であるため、その前年に亡くなる吉田が同書を知ることはできない。しかし、その廣瀬が強く支援し続けた荒木集成館の開館は一九七〇年十月三十一日であり、同館創立館長で名古屋考古学会同人だった荒木実を介し、同会会長の吉田と廣瀬との接触、交流があったことは大いに詮索されるところである。

博物館の公開・教育機能

本題にはいろう。吉田富夫は、最初に「博物館はまず収蔵庫でなければならない」とひとこと触れて、収集・保管機能の先験性を指摘する。そして、「と同時に」とつなげ、「教育の場でなければならない」として公開・教育機能をも義務化する。(12) しかし、調査・研究機能に言及しない。その理由は不明だが、吉田が読者に伝えようとした趣旨は、紙幅の割きようからしても、あきらかに博物館の公開・教育機能にあった。(13)

わが国の博物館における公開・教育機能は、一部の分野、一定規模の博物館を除き、長らく貧しい様相を呈してきた。それゆえに、理論において博物館教育論が喧伝されてゆく。しかし、それすらもスローガン的な「マスト」や理論なき実践報告が多く、決して豊かと言える状況ではなかった。公開・教育機能が領導してゆく博物館の未来を描いた書『ひらけ、博物館』を、博物館研究者の伊藤寿朗が世に問うたのが一九九一年である。吉田の二十年後もなお、博物館の公開・教育機能は強く論じられていた。

いまでこそ、博物館の公開・教育機能は実践的に普及、定着した観があるが、一九九〇年代以降に進んだ博物館のサブカルチャー化において、公開・教育機能がマネジメントやマーケチング、集客など、商業の語りに変奏されていったためである。[14] サブカルチャー化以前の吉田にとり、博物館の公開・教育機能を論じることは、ほかのなにものでもないそのものであり、素朴であった。商業以前の公開・教育機能を、吉田と吉田の周辺の言説に見てゆこう。

三 「禁止するのでなく」と「こわれたら、くっつければいい」

「禁止するのでなく」「自由に」

吉田富夫は、外国の博物館活動を参照して、博物館の公開・教育機能を主張する。

外国では常に催しものを行なって、いつも大衆を博物館に引きつけている。静的な物置きにしておかずに、動的に活用し続けているのである。「さわってはいけません」と禁止するのでなく、備品を貸与して自由に研究させるのである。博物館における学習活動ということが、珍しいことではなくなって

いる。(15)

吉田が止目しているのは、大衆との関係における博物館の活動である。動的であることの例に、貸出博物館、アウトリーチを掲げる。

ここで、名古屋市見晴台考古資料館職員だった岡本俊朗の「こわれたら、くっつければいい」を想起したい。一九八一年暮れ、保育園の工事に際して資料館が発掘調査をおこない、保育園職員と相談のうえで、出土した遺物を用いながら、資料館職員岡本が、園児、保育士にレクチャーする場面が片山千鶴子によって描写されている。

次に遺物の見学をしました。

完型に近い大きな土器、そして須恵器、動物の骨など、子どもたちの前に山と積まれた感じで並べられました。

「さあ、さわってみろ。これとこれはどこが違うか」

「イロガチガウ。コッチハチャイロ、コッチハネズミイロ。」

「コッチハ　ツルツル。コッチハザラザラ」

四歳や五歳の子が、大きな弥生の壷をかかえています。

保母はヒヤヒヤした顔で、子どもたちを見守っています。

ひげの男は調子に乗ってきました。

「壷の中もさわってみろ。どうだ。」

保母はもう我慢できなくなって言いました。

「大切な物だからこわさないでね。落としたら割れちゃうから気をつけてね。」

するとひげの男は保母をにらみながら、

「こわれたら、くっつければいいのです！」

と一喝。(16)


岡本の実践は、まさしく吉田の言う「「さわってはいけません」と禁止するのでなく、備品を貸与して自由に研究させるのである」である。現代風に筆者は、「ハンズオンは園児たちの研究なのだ」と言おう。一九七〇年に吉田が外国の博物館を介して説いた理想が、その十年後に現前する出来事であった。

「丁寧に丁寧に」と「無造作に」


岡本俊朗は、高校時代に考古学研究者の飯尾恭之を通じて考古学を知り、そこから吉田富夫と出会い、さらに考古学を学ぶべく大学に進み、帰郷して資料館職員に就いた人である。そうした岡本が、吉田の博物館論を知っていたかどうか、それぞれの理論、実践の赴くところが何処にあったかは知らない。しかし、人びとによって体験され創造されるものとして土器や遺跡、博物館を了解していたと思われる点において、二人の共通を感じるのである。

岡本の例で、吉田の博物館論を説明するかっこうとなったが、岡本について付言すると、片山は次のように結語していた。

やさしい冬の陽ざしの中で、小さい子どもたちに囲まれて、ひげの男は子どものようにはしゃいでおりました。

「こわれたら、くっつければいい」と言いながら、丁寧に丁寧に掘った遺物を、子どもたちに無造作にさわらせているのです。この時、岡本俊朗氏の哲学を見たような気がしました。(17)

「丁寧に丁寧に」と「無造作に」という両極のあいだにある多様な体験、分節することのできない経験の全体性が、岡本に了解されていたことを片山は見抜いている。そして、片山の慧眼に助けられて私たちもそれを知ることができるのであった。

四　博物館以前から博物館史へ

博物館以前の博物館実践

博物館から大衆に向けた活動を見たのち、吉田富夫は、大衆から博物館に向けた行動を見る。博物館と大衆の双方向の体験として、吉田が博物館をとらえていたことは注意される。

したがって大衆と博物館との間の関係は、一層緊密である。珍しいみやげを自家に死蔵せず故郷の博物館へ寄贈する旅人は、きわめて当然のことだと考え、孤独な老人が死後にその収集品を博物館に寄贈することを約束して安心する例は、よく見聞きするところである。個人の収集が核をなしてでき上がった博物館もよくあるし、第一どんな中小都市でも、まずその歴史を知らせる博物館のないところはないほどである。[18]

この外国例には、吉田のかかえていたテーマと重なるものがあった。「旅人」や「孤独な老人」の喩えとは事情が異なるが、旧鳴海町長で雷貝塚の発見者であった野村三郎について、吉田は次のように書いていた。

ご自身のコレクションの将来については、ひときわ意を注がれて、私すべきものではないと公共展示施設の出現を心から待っておられたし、また代表的遺品の写真集刊行も思い立たれたが、そのいずれもが実現せぬうちに、生死は時を待たず、遂に昭和三十九年十一月二十七日九十五才を以て、その高潔な一生を終えられた。[19]

一九六〇年代のこの文章に用いられた「公共展示施設」の語は、一九七一年になると「これら遺物は、早く博物館ができて、出陳される機会の来るのを待っている[20]」と「博物館」に変わる。このように吉田が書くことによって、野村の遺志が社会に定着されていったことは記憶されてよい。野村コレクションは、一九八八年度に野村家から名古屋市博物館へ寄贈された。

また、樋口独峯（敬治）や丹羽主税らの蒐集品も、各氏から吉田に託され、吉田の死後、吉田コレクションとともに吉田家から同館に寄贈されてゆく。丹羽の収集品は、開館間もない荒木集成館で「丹羽主税考古遺品展」として、吉田らの手により公開されてもいた。

博物館ができる以前に吉田は、吉田より年長の人たちとじしんのコレクションを通じて、「個人の収集が核をなしてでき上がった博物館」をみずから実践し、博物館を生きたのである。

博物館史のなかの吉田富夫

ところで、新しい博物館が名古屋にできようとするときに吉田は、「名古屋にまだそのこと（博物館のこと――引用者注）がないのは恥ずかしい次第である[21]」と書いた。世人のよく用いるレトリックだが、名古屋市の博物館発達を概観するとき、正当な認識であったことがわかる[22]。名古屋市博物館ができる前の名古屋には、公立の歴史系博物館がなかった。単になかったのではない。博物館をつくろうとしながらつくり得なかったのであり、それが名古屋の近代であった。

名古屋の行政が最初に設けた博物館施設は、ジャンルを問わなければ、一九一八年に開園した名古屋市鶴舞公園附属動物園である。私立の浪越教育動植物苑廃止のあとを受けるものであった。一九二〇年代後半になると市は、「大正天皇即位記念」「市民の精神統一」をスローガンに掲げて「史伝参考品陳列館」設置を計画する。これは、いわゆる歴史系博物館であり、募金活動を進めたにもかかわらず実現しなかった。昭和になると、昭和大典記念をきっかけにして全国的な博物館建設ラッシュが起きるが、名古屋の行政に動きはない。一九三一年に開園した名古屋城は、宮内省からの下賜であった。そうした経緯からすると、一九三七年にで

図４　名古屋市教育館の踊り場（1969年当時名古屋で唯一の考古資料の常設陳列）

きる名古屋市立東山動物園・植物園には、その建設費などを民間からの寄附に負うとは言え、無柵放養式、東洋一の温室といった動物園や植物園の新しい理論と実践を了解するという意味で、博物館に積極的な行政を認めることができる。しかし、同年に開催された名古屋汎太平洋平和博覧会の展示館「近代科学館」を、中村公園に移設して科学博物館にする計画が、市によって発表されたにもかかわらず立ち消えになるなど、博物館をめぐる名古屋の行政は一貫性に欠けていた。

これと同時代を生きた吉田が、博物館をめぐる行政の動向を、そのつどのように観ていたのか知るよしもないが、「名古屋にまだそのことがないのは恥ずかしい次第である」ということばは、一九七〇年の時点での総括としては的を射ていたと言える。

考古学研究者による遺跡公園論、博物館論は、研究や教育の機関に籍を置く研究者によってよくおこなわれてきた。発掘して得た資料の処遇において、博物館施設は考古学研究者には親しいものとしてあり、多くの実践も各地に見ることができる。そうした考古学研究者の博物館運動に吉田富夫の遺跡公園論、博物館論を加え、博物館史に位置づけたいと思う。

おわりに

以上、吉田富夫の遺跡公園論と博物館論をながめてきた。一九六〇年代末の両論は、現在も陳腐ではない。これを公にした翌年に吉田は他界し、所論を継承、振興する人もなかったため、忘れ去られたのは残念であった。

吉田亡きあと、六年後に名古屋市博物館が、七年後には遺跡公園とともに名古屋市見晴台考古資料館もできる。そして、吉田が遺跡公園の可能性を説いた遺跡のうちの二つ、白鳥塚古墳と白鳥第一号墳が、歴史の里の一部として二〇一九年に公開された。果たして、吉田の希望は実現しているであろうか。

注

(1) 柴垣勇夫「調査の経過」『貝殻山貝塚調査報告』、愛知県教育委員会、一九七二年、一頁(奥付なし)。
(2) 飯尾恭之『朝日遺跡群の土器』、朝日遺跡群保存会、一九七一年、二頁。
(3) 同書、三頁。
(4) 吉田富夫「結言」愛知県教育委員会編『朝日貝塚予備調査報告』、愛知県教育委員会、一九七〇年、一五頁。
(5) 同論文、一五頁。
(6) 同「埋蔵文化財のはなし――歴史のなぞとその解明――」名古屋市教育委員会事務局総務部調査企画課編『教育だより』昭和四十五年一月号、名古屋市教育委員会、一九七〇年、八頁。
(7) 同論文、八頁。
(8) 同「結語」名古屋市教育委員会編『見晴台遺跡第Ⅰ・Ⅱ・Ⅲ次発掘調査概報』、名古屋市教育委員会、一九六六年、五三‐五四頁、参照。
(9) 同「付言」名古屋市教育委員会編『見晴台遺跡第Ⅳ・Ⅴ次発掘調査概報』、名古屋市教育委員会、一九六八年、三四頁、参照。
(10) 同「埋蔵文化財のはなし――歴史のなぞとその解明――」、七頁。
(11) たとえば、吉田富夫著・名古屋市経済局観光課編『名古屋のおいたち――見てまわろう名古屋の文化史――』、名古屋市、一九六九年、一三六‐一三七頁、吉田富夫「故丹羽主税氏の業績」『集成館パンフレット』№3、荒木集成館、一九七一年、一頁、同「おわりに」(遺跡ここかしこ)『中日新聞』第一〇七一一号、一九七二年三月二十日、一二面、参照。
(12) 同「埋蔵文化財のはなし――歴史のなぞとその解明――」、九頁、参照。

（13）本章は、伊藤寿朗による機能分類を用いた。伊藤寿朗「博物館の概念」伊藤寿朗・森田恒之編『博物館概論』、株式会社学苑社、一九八一年（三版、一九七八年初版）、七‐八頁、参照。
（14）ここで挙げた、廣瀬鎮『博物館は生きている』、伊藤寿朗『ひらけ、博物館』、博物館サブカルチャー化などについては、犬塚康博『反博物館論序説——二〇世紀日本の博物館精神史』、株式会社共同文化社、二〇一五年、を参照されたい。
（15）吉田富夫「埋蔵文化財のはなし——歴史のなぞとその解明——」、九頁。
（16）片山千鶴子「こわれたら、くっつければいい」岡本俊朗追悼集刊行会編『岡本俊朗遺稿追悼集　見晴台のおっちゃん奮闘記——日本考古学の変革と実践的精神——』、岡本俊朗追悼集刊行会、一九八五年、二三〇‐二三二頁。
（17）同論文、二三一頁。
（18）吉田富夫「埋蔵文化財のはなし——歴史のなぞとその解明——」、九頁。
（19）同「故野村三郎氏の考古学的業績」名古屋市教育委員会『鳴海のあけぼの』（文化財叢書第四二号）、名古屋市教育委員会、一九六六年、五頁。
（20）同「雷貝塚（緑区）」（遺跡ここかしこ）、『中日新聞』第一〇六〇四号、一九七一年十二月三日、八面。
（21）吉田富夫著・名古屋市経済局観光課編、前掲書、一三七頁。
（22）犬塚康博「一九四五年以前名古屋の博物館発達史ノート」『関西大学博物館紀要』第一〇号（関西大学博物館開設十周年記念）、関西大学博物館、二〇〇四年、一八三‐一九一頁、参照。

図表説明

図1　検見塚（清洲町、一九六九年）
筆者撮影。
図2　検見塚（清須市、二〇一三年）
筆者撮影。
図3　第九次見晴台遺跡発掘調査（一九七一年、右の立つ人が吉田富夫）

筆者撮影。

図4　名古屋市教育館の踊り場（一九六九年当時名古屋で唯一の考古資料の常設陳列）

筆者撮影。

Ⅳ　植民地

新京動植物園考

一　古賀忠道、佐藤昌、中俣充志、藤山一雄

「あまり日本の動物園のまねはしないで下さい(1)」。

これは、一九三八年夏、新京動植物園計画指導のため新京特別市に招聘された恩賜上野動物園園長の古賀忠道が、同市の関係者に「大いに主張(2)」した主旨である。古賀にとって同園の計画は、〈日本ならざる未来〉と言いうるものであった。

その七年後の新京動植物園について、佐藤昌は「残念ながら日本の敗戦、満洲国の滅亡によって、この動植物園は遂に今日廃墟に化してしまった。したがって古賀君の記念的な動物園はなくなってしまったのである(3)」と戦後に記した。新京特別市公署公園科長として新京動植物園を担当した佐藤は、古賀の大いなる「主張」に接していたに違いない。ふたりの交点に、「日本の動物園のまね」をしない「古賀君の記念的な動物園」たる新京動植物園があった。

この七年は、新京に本館を置いた満洲国国立中央博物館の六年半とも似かよう。そこにもまた、副館長藤山一雄にとって〈日本ならざる未来〉があったことは、従前の作業で見来ったとおりである。「館長藤山一

雄先生には個人的に面接もあり、親しく講演をきいた事もあります。博識と見識ある文化人として常に尊敬していたお方でした[4]」と佐藤は短く書く。さらに、名古屋市博物館の展覧会図録『新博物館態勢[5]』に接して、「特に藤山一雄氏の関係資料の数々は当時の氏の面影を「ほうふつ」させます。私が満洲緑地協会を創設した時、この協会の評議員にお願いしたのも、氏の博識と芸術に対する深い識見とによるものでした[6]」とも。

佐藤昌（一九〇三年生）を介して、古賀忠道（一九〇三年生）と藤山一雄（一八八九年生）がつながる。古賀と藤山が面識を有したか否かは不明である。少なくとも、藤山の著作に古賀の名は登場しない。しかし、一九三九年十一月十一・十二・十三日、復興間もない帝室博物館を会場にして開催された第九回全国博物

図1　第９回日本博物館協会大会出席者

前列座る人の左から2人目と3人目のあいだの後ろで立つ人が藤山一雄。藤山の左4人目（立つ人の後列）長身の人が中俣充志、中俣の左隣同じく長身の人が古賀忠道。前列座る人の左から6人目が棚橋源太郎。

館大会の出席者名簿にふたりの名がある。[7] しかも、この大会の二日目に藤山は、「満洲国内に於ける博物館事業の現況」と題する講演もおこなっていた。このとき、古賀と藤山は出会っていたはずである。新京動植物園園長の中俣充志（一九〇四年生）も出席し、記念撮影では古賀と並んで写っていた（図1）。

一九三八年、古賀が新京特別市に招聘され、翌一九三九年、藤山が日本博物館協会に招待される。一九三〇年代末の博物館界で、日本と満洲とを交通した〈日本ならざる未来〉とは何であったのか。一九四〇年代に向けて、何がおこなわれようとしていたのであろう――。これまで筆者は、藤山一雄と満洲国国立中央博物館をめぐって考えを進めてきたが、今回は、新京動植物園について検討をおこないたい。

同園については、戦後、高碕達之助の『満州の終焉』[8]や『満洲国史』[9]、古賀忠道の「動物と私」[10]など、おもに当事者の回想において記されたのち、『上野動物園百年史』[11]や佐藤昌の『満洲造園史』[12]などの分野史において記録されてゆく。中俣充志の「新京動植物園の建設計画」[13]の所収誌『博物館研究』が、一九八〇年に復刻されたのもこの動向に位置づく。

同園が研究対象として登場したのは、越沢明の『満州国の首都計画』においてであり、新京特別市の都市計画のなかで言及された。[14] そして筆者は、満洲国国立中央博物館の調査を進める途上で新京動植物園に関する情報に接し、「新京の博物館」にて概観した。[15] 名古屋市博物館特別展「新博物館態勢　満洲国の博物館が戦後日本に伝えていること」（一九九五年）では、関係資料の集成・公開ならびに図録への写真掲載と解説とをなし、[16] こののち一部資料の分析を「新京動植物園のライオン」[17]でおこなった。

これと時期を同じくする頃、新京動植物園を素材にした村上春樹の作品が公にされる。[18] これに対し川村湊は、村上の作品が新京動植物園という事実に基づきながらも事実にない物語のあることを指摘し、文学において満洲国が素材となることの思想的意味を問うた。[19] 近年は、演劇にも登場している。[20]

図 2　新京動植物園計画図

原図の「凡例」表記は次のとおり。1. 正門　2. 噴水　3. 猿山　4. 象　5. 事務所　6. 演劇場　7. 麒麟　8. 海獣　9. 満洲鹿　10. 毛皮獣研究所　11. 附属農園　12. 水禽放養池　13. 虎　14. ライオン　15. 豚放養場　16. 黄羊放養場　17. 馬場　18. 釣堀　19. 大温室　20. 水族館　21. 花壇　22. 見本園　23. フライングケージ　24. 孔雀　25. 児童動物園

二　新京動植物園の計画

新京動植物園の計画は、中俣充志の「新京動植物園の建設計画」によって知ることができる（図2）。以下、これに即して眺めてゆこう。

同園は、伊通河の支流一〜二条が流れ、起伏に富んだ地形の敷地の「面積は二十三万五千坪[21]」を数えた。敷地面積は、同園を考える際の重要な与件である。しかし、値は文献によって異なる（表一）。同園が新京特別市公署公園科の所管であったことを考慮して、ここでは七一万七六二七平方メートルを採用しておきたい。

七一万七六二七平方メートルは、このなかでは最小値だが、当時国内の動物園と比較するとき、突出した数字であることがわかる（表二）。一九三七年に移転開園した名古屋市の東山動物園（一六万六五五一平方メートル）と東山植物園（約一八万平方メートル）の敷地面積は、あわせて約三五万平方メートルであっ

表一　新京動植物園の敷地面積値の異同

文献	坪数	平方メートル数
中俣充志「新京動植物園の建設計画」	二三万五〇〇〇	（七七万五五〇〇）
新京特別市公署公園科『新京特別市公園概況』		七一万七六二七
日本博物館協会編『大東亜博物館案内』		七八万
満洲国史編纂刊行会編『満洲国史』各論	二三五万五〇〇〇	（七七七万一五〇〇）
佐藤昌「古賀忠道君を偲ぶ」	三〇万	（九九万）

た。当時、東山動物園のみで「東洋一の動物園を標榜したが、その二倍を超える敷地面積を有した新京動植物園のなんと広大であったことか。

新京動植物園は「動物園と植物園とを混合[22]」する計画であった。動物園と植物園の併設は、福岡市記念動植物園や名古屋市東山動物園・植物園でおこなわれていたが、これらでは園域が明確に区分されていた。新京動植物園では、おおむね東側を動物園域とし、「西側に植物園の主体をなす植物温室を設け、これに栽培場見本園を附属[23]」するとしながらも、ここに「水族館愛玩動物舎、児童動物園、乗馬場、釣堀、水禽舎の如く軟かい感じの動物園[24]」の諸施設をも配置している。これが大局的な園域区分の特徴とすれば、動物園と植物園の「各その主体となるべき処はあつてもこれを判然と区画する事なく動物舎に対してはその動物の産地種類に従つて夫々適応した植物を配置し又植物温室に於ても夫々適当な禽獣を配列して動植物を混然一体となし観る者をして恰かも自然界に於

表二　全国主要動物園の敷地面積一覧（一九三七年）

園齢	名称	面積	
		坪	平方メートル
二	仙台市動物園	八一四六	二万六八八一
五十六	上野恩賜公園動物園	一万二六三七	四万一七〇二
四	井之頭恩賜公園動物園	二八〇〇	九二四〇
二十二	甲府市動物園	二五〇〇	八二五〇
二十	名古屋市東山動物園	五万〇四七〇	一六万六五五一
三十八	京都市記念動物園	一万二二九三	四万〇五六六
二十三	大阪市天王寺動物園	一万八三一三	六万〇四三二
十	神戸市諏訪山動物園	一二五〇	四一二五
十四	阪神パーク動物園	二五〇〇	八二五〇
六	宝塚動物園	二五六〇	八四四八
八	栗林動物園	一八八八	六二三〇
五	到津遊園動物園	一万四五〇〇	四万七八五〇
五	福岡市記念動植物園	五〇九六	一万六八一六
九	熊本市動物園	五七九五	一万九一二三
十二	鹿児島市鴨池動物園	三〇〇〇	九九〇〇
二十三	台北市動物園	一万三七四五	四万五三五八
二十九	昌慶園動物園	五万五〇〇〇	一八万一五〇〇
—	新京動植物園		七一万七六二七

ける動植物の生育状態を髣髴たらしむる」[25]とは、その細部と言える。しかし、これこそ細部にとどまらない新京動植物園の博物館思想、その斬新であった。つまり、すでに動物学者のあいだで主題化されていた、分類学的展示から生態学的展示への明らかな転換と定着だったのである。[26]

動物園における「無柵式放養場」[27]（以下、無柵放養式と称する）の採用は、新京動植物園の主題の一つである。無柵放養式は、一九〇七年、ハンブルク郊外のシュテリンゲンに開園したハーゲンベック動物園の展示手法で[28]、日本の動物園関係者は異口同音にこれの日本での実現を願っていた。上野動物園のホッキョクグマ展示が一九二八年に採用し、一九三七年、名古屋市の東山動物園が当初からライオンとホッキョクグマの展示で無柵放養式を計画し実現する。広い敷地を有したことと、新規造営であったことがこれを可能にしたわけだが、東山動物園を凌駕する広大な敷地において、同様に新設の新京動植物園が無柵放養式を全面的に採用するのは、動物園の理論と歴史の必然的な統一であった。

「特殊気候の関係上熱帯動物改（放）容場を互ひに連結して馬蹄型となし、その中央部に暖房室を設けて各室に通じ夏期は運動場に放養し冬期は寝室に於て観覧せしむる」[29]ことも、新京動植物園の主題である。当時日本最北の動物園は北緯約三八度の仙台市動物園だったが、それをさらに北上する北緯約四四度の新京における動物飼育は、日本の動物園関係者には未知の体験であった。これを政治的に言うと、「新京に於て世界各地の動植物を飼養育成しその完全なる生育状態を示すはそれが直ちに満洲国の気候風土に対する誤れる認識を是正し安住の地なることを雄弁に実証し以て移民政策に寄与する」[30]となる。もちろん、北緯約五三度のハーゲンベック動物園が念頭にあったことは言うまでもない。ハーゲンベック動物園の主たるテーマも、「風土に馴らす」[31]ことであった。

目的に掲げられた、「各種動植物を蒐集飼育育成し、一般の観覧に供し学術研究並に社会教育の参考に資し、併せて民衆の慰安体育の向上に力むるを以て目的とす[32]」のくだりは、中俣が括弧書きで記した文章であり、文体をも考慮すると、設置条例など法制度の存在が予想された。しかし、そうではなかったようである[33]。このなかで、「各種動植物を蒐集飼育育成」および「一般の観覧に供」することは通有だが、「学術研究並に社会教育の参考に資し、併せて民衆の慰安体育の向上に力むるを以て目的とす」とした点は注意される。

一九〇〇年代中葉以降のわが国では、各地に動物園、水族館、植物園が登場し、大正期には娯楽施設として急速に普及していった。こうした動物園の現状に対し、「動物園は兎角猛獣奇鳥を蒐めた趣味的娯楽場に堕し勝で「動物学」とは凡そ縁遠いものとなる嫌があり学術界からは当事者の注意を促されてゐる実情にある[34]」という定型化した批判が、遅くとも一九三〇年代には動物学の側からおこなわれていた。これに見られるような、〈娯楽か、学術研究・社会教育か〉という問いが動物園界では繰り返されてきたわけだが、新京動植物園では「学術研究並に社会教育の参考に資」することが前面におしだされ、〈娯楽〉の字句は姿を消す。もちろん、既存の動物園においても動物学からの再編がおこなわれていたが、新京動植物園は計画当初から動物学など学術の主導下に置くことを、その目的に明記していたのである。

その具体的方策として掲げられた項目のうち、「学術方面に於ても」「園内動植物の調査研究及び之が発表をなし又天然紀念物となるべき動植物の保護保存に力を致し更に園内講義室を設けて小中学校教室の延長として提供し動植物の講義講演を行ひ、又畜産動物、畜産製造、動植物の病理研究室をも設け[35]」るというのが、〈学術研究〉である。

「従来軍閥政治に虐げられ、教育の程度低く国家の何たるかも知らず、ひたすら為政者の搾取から遁れんとする自主的観念に培れ来つた満洲住民に対し動植物園の如き一般的な軟か味ある文化施設を設けて社会知識の開発に力め又国内各地各人の捕獲採集した動植物を寄贈せしめ或は購入して宣伝し、不言不語の裡に国民の歓心を国都に集中せしめ従つて国家観念を涵養せしめんとする」(36)こと、および「酷寒酷暑の候に於ける婦女子の戸外運動を促して体育保健の向上に力め殊に第二国民に対しては児童遊園等の娯楽機関の外児童動物園を区画して児童と動物とを仲よく遊ばしめ或は又簡単なる説明を加へた実物模型絵画等を陳列して児童の智識慾と研究心の芽生へを促し、一方動物愛護の精神より進んで博愛心へ導く思想善導の教壇とする」(37)ことが、〈社会教育〉となる。

〈娯楽〉は、辛うじて「児童遊園等の娯楽機関」として児童に対してのみ残存し、しかも動物でも植物でもない「遊園」へと、いったん外化されたのちに内面化されている。娯楽施設たる動物園で就労してきた動物学関係者たちによる、動物園の全面的な読みかえがここにある。「斯くの如き配列の処々に緑地を設け、或は国産花物を栽植し勝景の箇所には休憩所、食堂を置き、是等各施設の間を縫」う「苑路は観覧順序を考慮に入れ力めて自然味を出し敷地の広大なるを利用して、都人のハイキングコースとして利用せしめる」(38)ことも、〈娯楽〉と言うよりは「慰安体育」に相当するだろう。

趣を異にするのが「園内に毛皮獣研究所、養兎場、養鶏場、薬草栽培場等を設けて政府の産業政策に呼応し附属農園によつて資料《飼》の自給自足を計り各種の生産事業を興して収入の大部分を作り、入場料金に拘泥しない方針」(39)への言及である。先に見た同園の目的の文章にも、これに直接かかわる文言はなかった。動物園の生産事業については当時の動物学者のあいだでも意見の相違があったが、平時における産業への接続を動物園の側から提起したものと言える。つまり、じきに空襲危機や飼料難を表向きの理由に動物処分をおこなう日本各地の動物園が、そののち養鶏や養豚をおこなうという「代用」の合理化とは異なる経営がこの方針には見て取れる。就中「附属農園によつて資料《飼》の自給自足を計」ることは、動物園経営の生命線であった。動物園における飼料の財政問題は常に動物園関係者の重大かつ現実的な問題であり、同園ではこれの解決が当初より目指されていたことがわかる。
「畢竟するに本園は飽くまで学術的にして而も生産的方面に進む方針[40]」が、正しくとられていたのである。

三　新京動植物園の実際

新京動植物園計画は、一九三八年、「新京特別市の副市長関屋悌蔵と総務長官の星野直樹から出た話であった[41]」。これ以後、終焉を迎えるまで、一九四〇年九月十五日の開園を境におおむね前・後期に区分することができる。

前期は、「第一期工事」とよばれた期間に相当し、園内整備工事のほか動物収集がおこなわれた。計画策定に際して指導をおこなった上野動物園園長の古賀忠道に推薦され、中俣充志が園長に就任する。中俣は、東京帝国大学農学部獣医学科で古賀の一年後輩にあたり、前任地の仙台市動物園園長への就任も古賀の推薦によるものであった。この中俣にともない、同じく仙台市動物園の職員であった瀬戸川豊忠、山家英、渡辺勇五郎が新京に移る[42]。新京動植物園のスタッフの中心が、仙台市動物園の人たちで占められたのは、動物の北方馴化ゆえのことであったに違いない。

古賀の来京後の八月に工事がはじまる[43]。この時期の状況を記録した瀬戸川豊忠の写真から判明するのは、以下のことがらである[44]。

(1)　シカ舎とシカ放養場、仮設トラ舎が設置されている。
(2)　猿山、正門、事務所、外周壁の工事が着工されている。

(3) 一九三九年五月、瀬戸川豊忠と中俣充志が、動物収集のため哈爾浜へ出張している。
(4) 一九三九年七～八月、瀬戸川と山家英が、動物収集のため内蒙古へ出張している。
(5) 一九三九年十月、瀬戸川と一ノ瀬幸三が、動物収集のため牡丹江省へ出張している。

そして一九四〇年八月、上野動物園からライオン二頭を受贈する。(45) 開園直後に収容していた主な動物について、「マンシウアカシカ、北満ヒグマ、カウライタヌキ、キスナヒツジ、赤狼、穴熊、タヌキ、キツネ。ハリネズミ、マンシウワシ。ハゲワシ、ツル、ノロ、スプシヤン、ライオン、トラ、大山猫、サル等の外、鳥も沢山居ります。／虎は六頭居ります（略）。又八月に東京市から　皇帝陛下に贈られたライオンの赤ちやん二頭はもうすつかり慣れて元気です」(46) とある。同園はこの開園を一つの区切りとし、開園後の十月一日に第一期工事竣工式もおこなった。(47) なお調査研究は、前期・後期の区別なく続けられ、園内の鳥類観察が着手されている。(48)

一九四一年二月には、古賀忠道がふたたび新京を訪れ、新京動植物園の指導にあたる。動物収集と施設整備が進められてゆくが、この時期の特筆事項は、満洲重工業開発株式会社副総裁（当時）高碕達之助による動物および資金の寄附であろう。一九三九年夏に渡満し新京動植物園を見た高碕は、「動物園とは名ばかり、猿が十匹位に虎、その他が若干いるに過ぎない」として、「この動物園の拡充を、政府の力を借りずに、自分の財力の許す範囲でやつてみた。先ず、こゝに熱帯動植物を移植することゝし、自ら設計して、(49) 温室を建築し、それに、私が日本で飼つていた鰐、蛇、亀類、それに各種の熱帯動物を移し始めた」。(50) 爬虫館は、一九四二年九月十五日頃の完成で、オオニシキヘビ、ゾウガメ、アリゲーター科とクロコダイル科のワニなど四〇頭が収容される予定が報道されている。(51) なお、一九四三年九月に、中俣が上野動物園園長に宛てて、処分の迫る動物を一時預かる旨打電した際、「セツビ　ノカンケイゼ　ウサシアタリハチウルイゼ　ンブ」[52]としたのは、高碕の寄附金による爬虫館に収容することを前提にした提案だったと思われる。高碕は、このほかにハンプシャー種の豚五頭[53]、ダチョウ二羽、エミュー一羽[54]を寄附した。

一九四二年八月一日に入場料徴収がはじまり、大人二〇銭、軍人一〇銭、学生・生徒一〇銭、大人三〇人以上の団体が二割引、学生・生徒の団体が五割引という料金が設けられている。[55]また、このとき定められた開園時間は、八月が午前八時から午後六時まで、九月が午前八時から午後五時まで、十月が午前九時から午後四時までであった。同年九月十七日には、キツネ五〇頭の競争入札が市会計科主催で実施されてもいる。[56]

日本博物館協会が集約した一九四四年段階の同園に関するデータは、「土地面積　七八〇、〇〇〇平方米。／収容動物　哺乳類二一種二八六点、鳥類三三種七五四点、爬虫類六種三五点。／教育事業　一般施設の完備と同時に、園内に養鶏場、毛皮獣研究所、養豚場、乳牛舎或は薬草園を設けて飼育管理の改善、兎禽畜の払下等を行つてゐる。／年経費　経営費一五、〇〇〇円、建築事業費五〇〇、〇〇〇円。／入場延人員　康徳九年八月開館後の平均一日入場者一、三〇〇人」[57]であった。

四　日本ならざる未来

新京動植物園の前期と後期それぞれのはじまりに、古賀忠道が登場しているのは象徴的である。「古賀君の記念的な動物園」と呼ばれたゆえんもここにあるだろう。新京動植物園の施設、目的、事業のすべてが、〈日本ならざる未来〉をあらわしていた。就中、動物の北方馴化と無柵放養式が新京動植物園計画の主題であったことから、計画のめざすところは〈極東のハーゲンベック動物園〉だったと言うこともできる。

ところで、別稿でそうしたように、本章も北方馴化や無柵放養式とともに「児童動物園」を新京動植物園の特徴に掲げるべきだったかもしれない。しかし、以下の理由からこれをおこなわなかった。

確かに、戦前・戦中の日本でなしえなかった子ども（児童）動物園を、新京動植物園は実現の俎上にのせた。そしてこの事業が夭折したのちに古賀忠道は、一九四六年十一月の「博物館並類似施設振興に関する協議講習会」（文部省・日本博物館協会主催）において「動物園将来の諸施設と子供動物園に就て」を講演し[58]、さらに一九四八年七月の「文化観覧施設講習会」（日本博物館協会主催、文部省後援）でも「子供動物園の構想」を講義して[59]、指標のごとく「子供動物園」を喧伝し、戦後の新しい動物園の進路を方向づけていた。そして、自身が園長をつとめた上野動物園では、一九四八年四月に子供動物園を開設する[60]。植民地動物園のシンボルとなっていたかもしれない子ども動物園は、戦後平和と民主主義の動物園のシンボルへと変節したかのように見える。しかし、新京動植物園に対する古賀の指導に「児童動物園」があったわけではなかったらしいことと[61]、一九四五年以前の博物館界で「児童動物園」の必要を説いたのは動物学者の岡田弥一郎ぐらいであり[62]、必要の認識はあったものの、戦後喧伝されるほどではなかったのである。

さて、新京動植物園の消滅以降中俣は、一九四六年六月から一九四七年八月まで留用されて長春大学教授を務め、そののちに引き揚げた[63]。しばらくは、「ラムネを売ったりしながら苦しい生活を続けていた[64]」と言う。そして三度古賀の推薦を得て、北海道に最初で戦後最北となる札幌市円山動物園の園長に就任する（一九五〇年九月〜一九六四年七月）。中俣の、仙台、新京での経験が買われての人選であったに相違ない。円山動物園では、チンパンジー、アシカ、カンガルー、ゾウなどを調教しショーをおこなった。また、開園十周年記念事業として「夜の動物園」を実施し、「ホタルや花火を配ったり、アトラクションを行ったり[65]」もした。こうしたようすには、新京動植物園計画の〈日本ならざる未来〉は見られない。〈娯楽〉を外部化した動物園の博物館運動は、動物そのものをふたたび〈娯楽〉化したのであろうか。

　札幌以後の中俣は、より北方の旭川市旭山動物園建設委員（一九六四年八月～一九六七年五月）、同園名誉園長（一九六七年六月～一九七二年三月）を歴任し、一九七五年五月十一日に他界する。

　北上するわが国の動物園に、いつも中俣充志の姿があった。古賀忠道とともにあった。公園の附属施設に過ぎなかった動物園が、新京動植物園計画において公園そのものとなるには、佐藤昌の存在が不可欠だった。動物の北方馴化は北海道の動物園の経験へ、無柵放養式は多摩動物公園での本格的採用へとそれぞれいたる（図3）。〈日本ならざる未来〉は、未来の日本で再演される。しかし不完全に――。

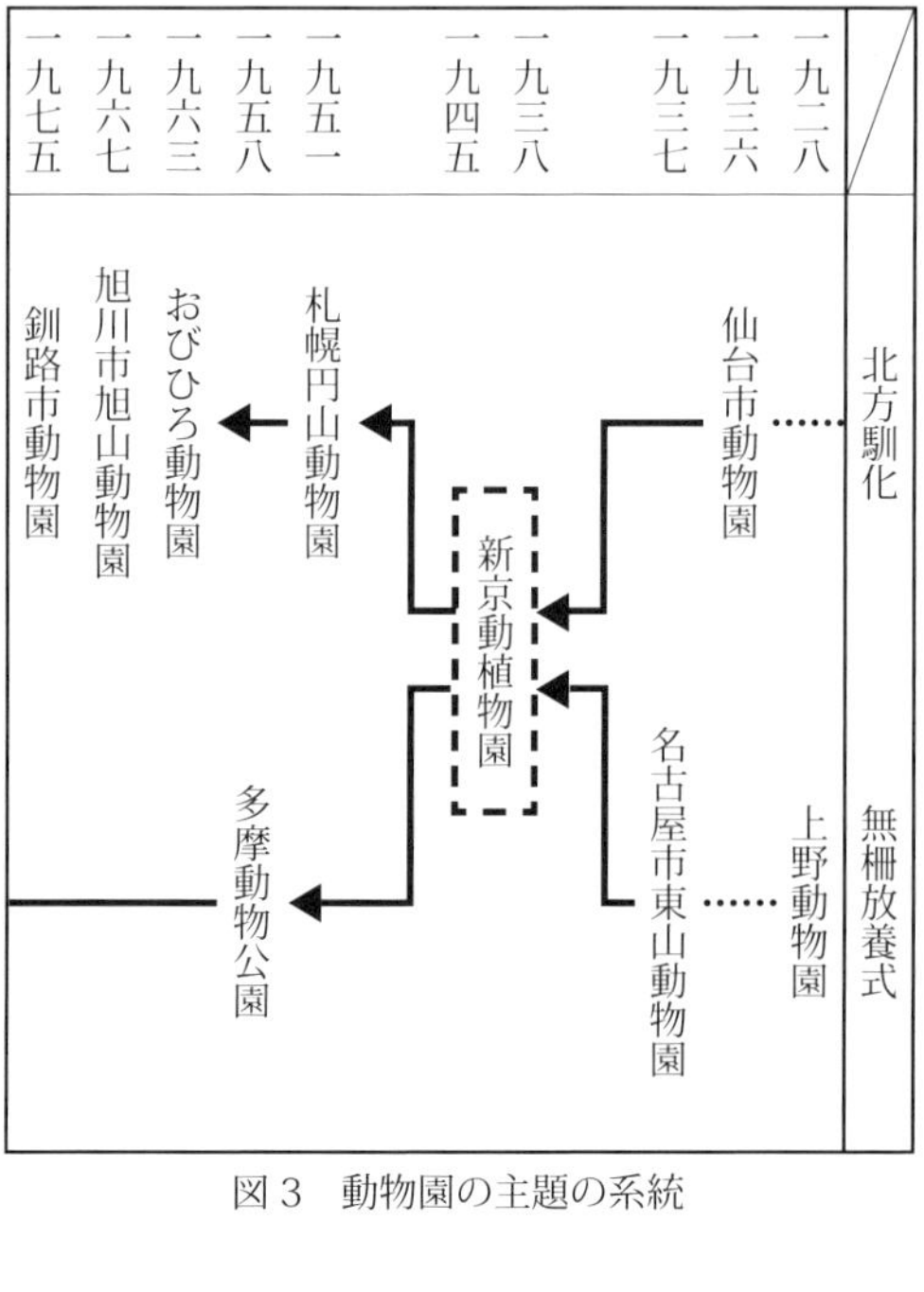

図3　動物園の主題の系統

＊

　いま私たちは、旭山動物園ブームに遭遇している。無柵放養式は同園にも採用されたが、敷地の狭隘と急傾斜地ゆえそれ以上には発展せず、やがて同園の言う行動展示の手法が生み出されてゆく。

　ところで石川千代松は、「ステルリンゲンのハーゲンベック動物公園では、深い池を掘り、その周囲の壁をがらす張りにして外から水中が見えるようにし、水中のぺんぐぃんの活動を観察し得るように造るつもりだといふ話を、私は、欧洲大戦の前にハーゲンベック自身から聞きましたが、それはたぶん出来上らなかつたかと思ひます[66]」と書いていた。このことはさらに、「また欧洲大戦のために結局それは出来ませんでしたが、南洋の動物を見せるために、地下に大きな池をつくり、その四方をトンネルにしてガラスで張り、外部からイルカやアシカなどが水中に泳いでゐる有様を見ることの出来るやうにし、また外の壁には、活動写真で景色が見えるやうにするつもりであつたと、ハーゲンベツクはいつていました[67]」とも書かれてゆく。ハーゲンベック動物園に、第一次世界大戦によって潰えた、当時未発の展示手法があったらしいのだ。これが、理性の狡知のごとく、旭山動物園の行動展示に再演されていることに気づかないわけにはいかない。またしてもハーゲンベックである。〈日本ならざる未来〉には、いつもハーゲンベックがあった。しかし、それは〈ドイツなる未来〉の意ではない。動物園という理性の自己実現は、ときとところを選ばずあらわれると言うべきであろう。〈日本ならざる未来〉は、いまも〈日本の外部〉で息づいているのかもしれない。

注

（1）古賀忠道「動物と私」その一一『うえの』第四七号、上野のれん会、一九六三年、四一頁。なお、本章における引用は、旧字体から新字体への改変、新聞記事のルビの削除にとどめ、かなづかい、拗促音、句読点、地名、誤脱字などは原文のままとした。年号表記はすべて西暦年でおこない、人名の敬称は省略した。地名は基本的に当時のものを用いた。人名の旧字体、新字体は統一していない。

（2）同論文、四一頁。

（3）佐藤昌「古賀忠道君を偲ぶ」古賀忠道先生記念事業実行委員会編『古賀忠道　その人と文』、古賀忠道先生記念事業会、一九八八年、一五二頁。

（4）一九九四年六月一日付葉書。

(5) 名古屋市博物館編『新博物館態勢　満洲国の博物館が戦後日本に伝えていること』、名古屋市博物館、一九九五年。
(6) 一九九五年十月三十日付書簡。
(7)「第九回全国博物館大会出席者名簿」『博物館研究』第一二巻第一一号、日本博物館協会、一九三九年、六‐七頁。
(8) 高碕達之助『満州の終焉』、実業之日本社、一九五三年、参照。
(9) 満洲国史編纂刊行会編『満洲国史』各論、満蒙同胞援護会、一九七一年、参照。
(10) 前掲「動物と私」その一一、三八‐四一頁、同「動物と私」その一三『うえの』第四九号、上野のれん会、一九六三年、四〇‐四三頁、参照。
(11) 東京都『上野動物園百年史』、第一法規出版株式会社、一九八二年、同『上野動物園百年史』資料編、第一法規出版株式会社、一九八二年、参照。
(12) 佐藤昌『満洲造園史』、財団法人日本造園修景協会、一九八五年、参照。
(13) 中俣充志「新京動植物園の建設計画」『博物館研究』第一三巻第二号、日本博物館協会、一九四〇年、三‐四頁、参照。
(14) 越沢明『満州国の首都計画』、日本経済評論社、一九八八年、参照。
(15) 犬塚康博「新京の博物館」「満洲国」教育史研究会編『「満洲国」教育史研究』第二号、東海教育研究所、一九九四年、三〇‐四五頁、参照。
(16) 名古屋市博物館編、前掲書、参照。
(17) 犬塚康博「新京動植物園のライオン」『博物館史研究』No.4、博物館史研究会、一九九六年、三六‐三八頁、参照。
(18) 村上春樹「動物園襲撃（あるいは要領の悪い虐殺）」『ねじまき鳥クロニクル』第三部〈鳥刺し男編〉より」『新潮』第九一巻第一二号、新潮社、一九九四年、六‐二四頁、参照。
(19) 川村湊「『大東亜』の戦後文学第二回　満洲追憶」『文学界』第四九巻第九号、文藝春秋社、一九九五年、一九六‐二一〇頁、同「ねじまき鳥・オウム・カナリア」満蒙開拓団調査研究会編『「満蒙開拓団」の総合的研究　研究中間報告論文集』、一九九七年、一五一頁（初出は『南信濃新聞』、一九九五年八月十日）、同『満洲崩壊』、文芸春秋社、一九九七年、参照。
(20) ニットキャップシアター・電視游戯科学館「新京の動物園」製作事務局「新京の動物園」、http://shinkyo2002.at.infoseek.co.jp/（二〇〇六年十一月二十一日閲覧）、参照。
(21) 中俣充志、前掲論文、三頁。
(22) 同論文、三頁。
(23) 同論文、四頁。
(24) 同論文、四頁。
(25) 同論文、三頁。
(26) 川村多実二「動物園の改善策」『博物館研究』第一三巻第一号、日本博物館協会、一九四〇年、一-五頁、参照。
(27) 中俣充志、前掲論文、三頁。
(28) カール・ハーゲンベック『動物会社ハーゲンベック』、平野威馬雄訳、白夜書房、一九七八年、二八〇-二八三頁、参照。
(29) 中俣充志、前掲論文、三頁。
(30) 同論文、四頁。
(31) カール・ハーゲンベック、前掲書、二七四-三〇五頁。
(32) 中俣充志、前掲論文、四頁。
(33) 佐藤昌氏のご教示による（一九九四年八月十八日付書簡）。
(34)「大阪市立動物園で一般動物の調査」『博物館研究』第九巻第一〇号、日本博物館協会、一九三六年、一二頁。
(35) 中俣充志、前掲論文、四頁。
(36) 同論文、四頁。
(37) 同論文、四頁。
(38) 同論文、四頁。
(39) 同論文、四頁。

(40) 同論文、四頁。

(41) 佐藤昌、前掲論文、一五一頁。

(42) 金田寿夫氏に教示いただいた中俣の履歴によると、一九三九年十月から一九四五年八月まで、満洲国国務院大陸科学院馬疫研究処（職名不明）と新京動植物園園長を兼務したとある（一九九二年一月二十二日付ファクシミリ）。しかし、瀬戸川豊忠の写真の分析結果では、一九三九年五月の時点で中俣は在京している。したがって、一九三八年十二月に仙台市動物園を退職してほどなく新京に渡ったものと考えられる。

(43) 佐藤昌氏のご教示による（一九九四年八月十八日付書簡）。当初から第一期、第二期と工期が予定されていたわけではなかったと言う。なお、六月着工とする異説もある。「いよく開いた／新京の動植物園」『新満洲』第四巻第一一号、満洲移住協会、一九四〇年、二〇一頁、参照。

(44) 名古屋市博物館編、前掲書、七四頁、参照。

(45) 犬塚康博「新京動植物園のライオン」、三六－三八頁、参照。

(46) 「いよく開いた／新京の動植物園」、二〇一頁。

(47) 「南嶺動物園」『満洲グラフ』第八巻第一二号、南満洲鉄道株式会社、一九四〇年、頁数なし、参照。

(48) 島津久健・高須賀大三郎「新京動植物園敷地内にて観察せし鳥類に就て（予報）」『満洲生物学会会報』第三巻第三号、満洲生物学会、一九四〇年、九六－九八頁、のほかに、満洲生物学会例会（一九四二年四月十九日、中銀倶楽部）で高須賀大三郎・一瀬幸三「新京附近の野鳥」の講演がおこなわれている（「会報／康徳9年度満洲生物学会例会記録」『満洲生物学会会報』第五巻第二号、満洲生物学会、一九四二年、九五頁、参照）。

(49) 爬虫館の設計は新京特別市の建築技師によるものであった。佐藤昌氏のご教示による（一九九四年八月十八日付書簡）。

(50) 高崎達之助、前掲書、八〇頁。

(51) 「ジャングルその侭／爬虫類館近く開場」『満洲新聞』、一九四二年九月七日、参照。

(52) 名古屋市博物館編、前掲書、七七頁。

(53) 「動物園の珍豚」『満洲新聞』、一九四二年三月二十二日、参照。

(54)「南方から珍鳥／ひくひ鳥と駝鳥／南嶺に熱帯の爬虫館も完成」『満洲新聞』、一九四二年六月三十日、「虎の放ち飼ひ／南嶺動植物園名実共に東洋一／駝鳥も近くお輿入れ」『満洲新聞』、一九四二年七月二十六日、「駝鳥クンお輿入れ」『満洲新聞』、一九四二年九月四日、参照。

(55)「入場料を徴収／南嶺動物園」『満洲新聞』、一九四二年七月二十八日、参照。日本博物館協会編「大東亜博物館案内」『博物館研究』第一八巻第一・二・三号、日本博物館協会、一九四五年、三頁、は、この日より「その一部を開園して一般の観覧に供することとなつた」とする。

(56)「動物園の狐を入札」『満洲新聞』、一九四二年九月六日、参照。

(57)日本博物館協会編、前掲論文、三頁。

(58)「博物館並類似施設振興に関する協議講習会要項」『博物館研究』復興第一巻第一号、日本博物館協会、一九四六年、六‐七頁、参照。

(59)「文化観覧施設講習会」『博物館研究』復興第二巻第二号、日本博物館協会、一九四八年、四‐五頁、参照。

(60)東京都『上野動物園百年史』、二〇八‐二一二頁、参照。

(61)佐藤昌氏のご教示による（一九九四年八月十八日付書簡）。

(62)岡田弥一郎「動物園の施設に対する希望」『博物館研究』第一〇巻第一〇号、日本博物館協会、一九三七年、二一‐三頁、参照。

(63)金田寿夫氏のご教示による（一九九二年一月二十二日付ファクシミリ）。

(64)ＳＴＶラジオ編『続　ほっかいどう百年物語』、中西出版株式会社、二〇〇二年、三一六頁。

(65)同書、三二一‐三二二頁。

(66)石川千代松『動物園』（日本児童文庫四三）、アルス、一九二八年、二一二頁。

(67)「博物館の話」（二）『博物館研究』第七巻第二号、日本博物館協会、一九三四年、九頁。

図表説明

図1　日本博物館協会第9回大会出席者

『博物館研究』第一二巻第一一号、日本博物館協会、一九三九年、七頁、を改変して筆者作成。

図2　新京動植物園計画図

「新京動植物園計画図」中俣充志「新京動植物園の建設計画」『博物館研究』第一三巻第二号、日本博物館協会、一九四〇年、三頁、を改変して筆者作成。

図3　動物園の主題の系統

注に掲げた文献などに基づき筆者作成。

表一　新京動植物園の敷地面積値の異同

各文献に基づき筆者作成。

表二　全国主要動物園の敷地面積一覧（一九三七年）

新京動植物園の値および平方メートルの値以外は「全国主要動物園一覧表」『博物館研究』第一一巻第二号、日本博物館協会、一九三八年、六頁、に基づき筆者作成。平方メートル値は換算した際に小数点以下を切り捨てた。

付記

本章をなすにあたっては、次の方々にご協力いただきました。記して謝意を表します（順不同、敬称略）。佐藤昌、佐藤秀樹、山崎康次、金田寿夫、小森厚、大内秀夫、上野のれん会、武智英生、瀬戸川昶子、山家英、山家ハルヨ。

補記

春山行夫は、「新京の二十三万坪といふ敷地には、中央部に伊通河の支流が貫流し、自然林に蔽われた丘陵などもあつて、自然公園の形態をもつてゐるが、同様の施設では名古屋の東山公園が八十一万坪を擁してゐるので、一歩を譲らねばならない」と書いた。新京動植物園を東山公園全体と比べれば、春山の指摘のとおりである。（春山行夫『満洲の文化』、奉天大阪屋号書店、一九四四年（再版、一九四三年初版）、一二五頁）。なお東山公園は、都市計画公園であることが先行している。その後そのなかに、植物園、動物園が設けられてゆくのであった。

ゴジラ起源考

はじめに

一九五四年に映画『ゴジラ』が封切られてから、六十余年が経つ。この間、本章脱稿後に公開される新作を含め、二十九作品が製作されてきた。二〇一六年以降の計画もあると聞く。ハリウッドにまで進み、時代、地域を越えてゴジラは受容されてきた。そのたびにゴジラは、変容もしている。一作目のゴジラは死滅したにもかかわらず、別の個体をして二作目がおこなわれたように、その都度の合理性のもとで変わりながら継続して来た。

半世紀余のあいだ、ゴジラがどのように変わってきたかは、興味深いテーマである。すなわちそれは、ゴジラに表象された人びとの物質と精神とが、どのように移ろってきたかを問うことに等しい。今後のゴジラの変容についても同然である。変わり果ててゆく私たち自身への問いとなるだろう。

変容を言いつつ、「時代、地域を越えて」と書いた。ゴジラは、個体を変えながら、時間、空間を超える生である。それは、人びとから見られてもいる。その点においてゴジラは、天皇に近しいのかもしれない。万世一系のフィクションと、ゴジラの長寿、不老不死、ロングセラーは、構造が似る。

本章は、そうしたゴジラの起源について考えようとするものである。これは、満洲国および日本の博物館研究の途上で[1]、筆者が遭遇し想い到ったことがらにもとづいている。ゴジラの来し方に関するささやかな検討が、ゴジラの行く末のよすがになれば望外の喜びである[2]。

一 ゴジラ論

最初に、これまでのゴジラ論を概観しておきたい。ゴジラ論は、ゴジラの事実を記述するそれと、ゴジラを解釈し批評するそれとに括ることができる。

まず、特撮映画の研究と、ゴジラ原作者・香山滋の作品を収集し解説してきた竹内博のしごとが重要である。ゴジラの事実学は、竹内の研究を核として、ゴジラ映画製作関係者の証言などを記録しながら形成されてきた。

一方、事実を超えたところでの批評が、たいへんよくおこなわれてきたことも、ゴジラ論の特徴である。それは、「「ゴジラ」に姿をかりている原・水爆」と定義し、「私も、その運動（原水爆禁止運動のこと――引用者注）のひとつとして、小説の形式で参加したのが、この物語です[3]」と香山自身が言うように、あらかじめ社会批評が埋め込まれていたことがはたらいているのであろう。

そして、原水爆実験とそれへの反対運動という一九五〇年代半ばのコンテクスト――直前には一九四五年の広島・長崎への原爆投下と敗戦があることは言うを俟たない――が、二〇一一年三月十一日の東日本大震災（地震、津波、余震、福島第一原子力発電所事故等）に接続し、批評としてのゴジラ論をあらためて顕現させたのは記憶に新しい。川本三郎、武田徹、赤坂憲雄、加藤典洋らを引きながらおこなわれた、笠井潔の所論に登場するキイワードは、戦没兵士、戦艦大和沈没、戦死者の亡霊、ビキニ水爆実験、第五福竜丸、広島、長崎、東京大空襲、皇居などであった(4)。戦死者や広島、長崎を斥けながら、第五福竜丸と東京大空襲を象徴する、戦争映画としてゴジラを見る山田正紀もいた(5)。論者によって異同はあるものの、また多少の誤差はあるかもしれないが、「一九四五年三月から一九五四年三月、日本およびその南方の海域」が、ゴジラ解釈のいずる時間、空間と、概括することができる。このうち戦没兵士、戦死者一般はこの時空に限られないが、笠井において、川本による「沈んでいく戦艦大和」「〝海からよみがえってきた〟戦死者の亡霊(6)」から立論されていたため、この整理に大過ない。

これらが、ゴジラに外在的な事項を援用しながらゴジラを解釈してゆくのに対して、ゴジラに内在してゴジラと格闘するゴジラ論があった。高橋敏夫の一連のそれである(7)。高橋のゴジラ論の最初の著書は、そのあとがき冒頭で「はたして、ここで、見慣れたゴジラが見慣れないゴジラになったであろうか(8)」と書いていた。「見慣れたゴジラ／見慣れないゴジラ」にあきらかなように、高橋はつねに二項を構え、その矛盾においてゴジラを思考した。説明するゴジラ論、解釈するゴジラ論でなかったのが、高橋のそれである。弁証法のレッスンをしているかのようであった。

ゴジラ論のすべてに接していないが、おおよそ以上のような、事実の記述、解釈、思考として、現在もなお進化あるいは退化しつつ継続しているものと思われる。

二　G作品検討用台本

熱河省

「「G作品検討用台本」は、映画「ゴジラ」のために書き下ろされた、厳密な意味での原作である。総てはここから始った[9]」と、竹内博は書いた。本章は、その「G作品検討用台本」（以下、原作と称する）を中心にすえて、検討をおこなってゆく。

映画『ゴジラ』に関する香山滋の作品は、ほかに『怪獣ゴジラ』（岩谷書店、一九五四年）と、映画を小説化した『ゴジラ』（島村出版株式会社、一九五五年、同書の「東京編」を、以下、東京編と称する）があり、必要に応じてこれらを参照した。

さて、原作に次の文章がある。

芹沢大助の家。

元北京大学教授、薬物化学者で山根恭平とは親交が深い。嘗て、大学の休暇を利用して熱河省へ山根が化石採掘に行ったとき、助手として同伴。狼におそわれた危い間際を山根恭平に救われたので山根を命の恩人と思っている。その際、片目を失い、顔半面ひどい傷のヒッツリで醜い。妻は数年前病死、ひそかに恵美子を慕っているがあきらめている。恵美子もそれはうすうす知っている。[10]

あらかじめ言うと、芹沢の顔の状況は、映画では実験によるもの[11]、東京編では戦争によるものとされ[12]、

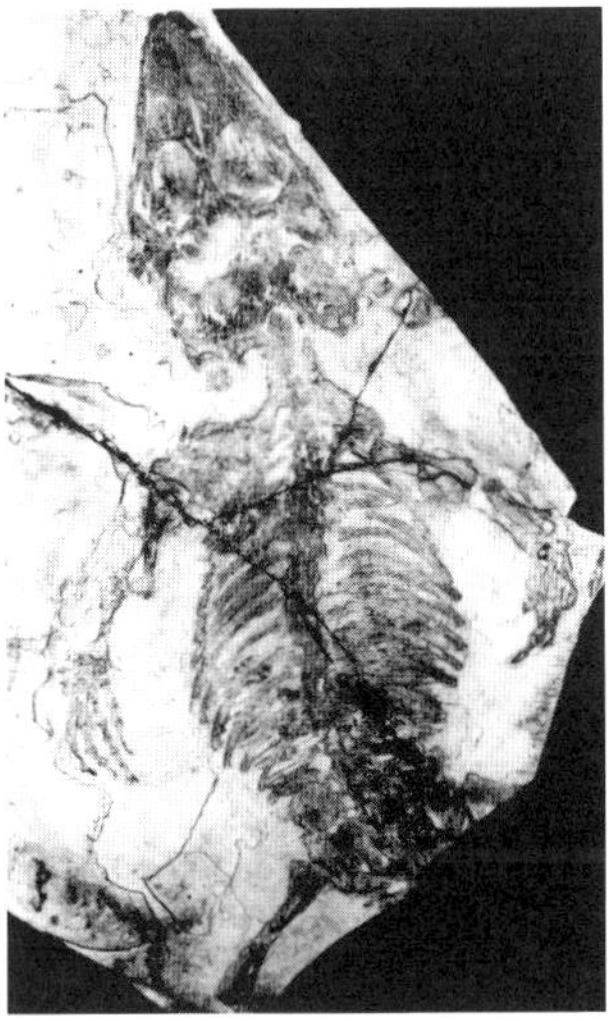

図1　文珠竜

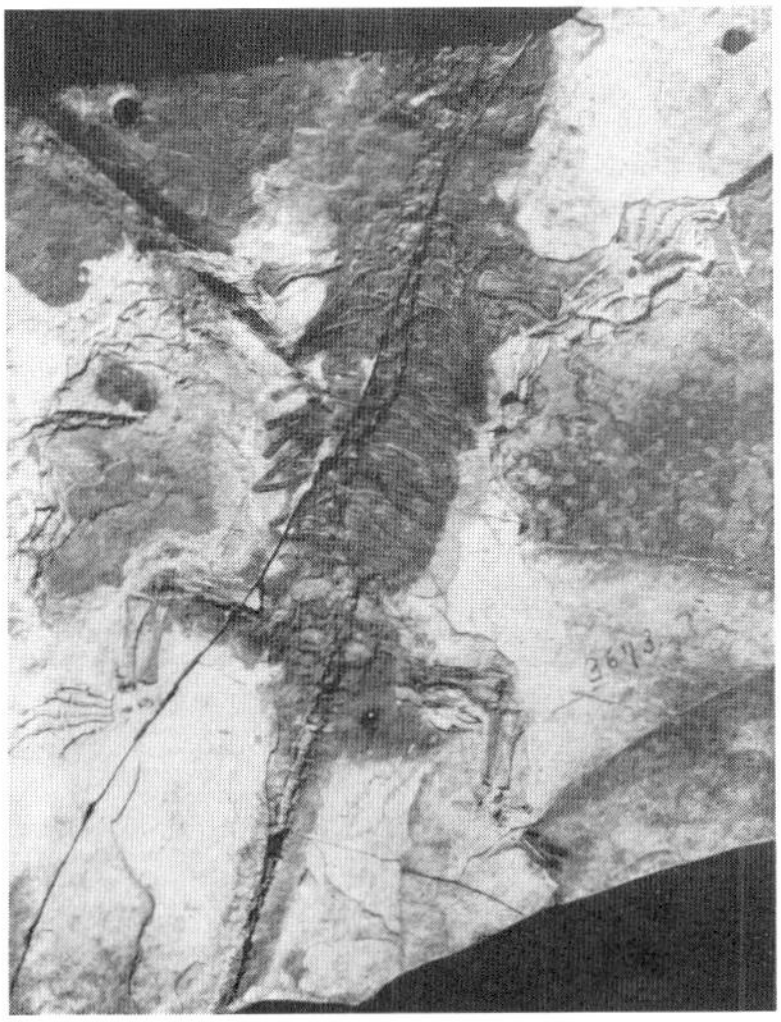

図2　東洋吻嘴竜

後者を受けて以後のゴジラ論が戦争の表徴としていった観があるが、原作では戦争の影も形もなかった。原作とは、このようにして世人の期待、空想を裏切るものなのかもしれない。その逆に、思いがけない示唆もある。注意されるのが、熱河省での化石採掘のくだりである。

　熱河省は、原作が書かれる前の一九三二年から一九四五年まで、満洲国の一省だった地域である。中生代の地層が発達し、淡水産魚類、甲虫類、淡水産甲殻類、植物の化石など多くを産出することで知られ、清の乾隆帝も化石を発掘していた[13]。

恐竜化石

ところで、満洲における恐竜化石は、黒竜江（アムール川）支流の烏雲河の畔でロシア人によって一九一四年に報告され、一九一六年から一九一七年にかけて発掘された満洲竜 *Mandschurosaurus* が周知であった。その後満洲国時代になると、熱河省の文珠竜 *Monjurosuchus splendens*（図1）、東洋吻嘴竜 *Rhynchosaurus orientalis*（図2）、矢部竜 *Yabeinosaurus tenuis*（図3）が知られるよ

図３　矢部竜

うになり[14]、熱河省東の錦州省では、一九三九年に足跡化石群が発見、調査されて、熱河竜 *Jeholosauripus*（図４・５）と命名されている[15]。

一九四五年以前における日本人地質古生物学者の恐竜体験には、一九三四年、樺太の川上炭坑地内から発見された日本竜 *Nipponosaurus sachalinensis* が有名だが、これに続くものとして満洲国の恐竜はあった。日本竜の研究にたずさわった北海道帝国大学理学部地質学鉱物学教室創設教授・長尾巧は、東北帝国大学理学部地質学古生物学教室創設教授・矢部長克の門下であり、満洲国の恐竜研究も矢部一門の遠藤隆次、野田光雄、鹿間時夫らによって進められている。一九三〇年代から一九四〇年代前半は、日本の地質古生物学における恐竜研究の高度成長期だったのである。

そして香山滋は、地質古生物学を趣味とする人であった[16]。香山は、満洲国で発見された恐竜化石の報告に、リアルタイムで接していたのではないだろうか。満洲国国立中央博物館（以下、国立中央博物館と称する）の『国立中央博物館時報』や『満洲帝国国立中央博物館論叢』はそこになかったとしても、国内の刊行物で知ることができたと思われる[17]。熱河は、香山のほかの作品にも見られ、ゴジラの原作に登場するのを知るとき、香山の地質古生物学に対する造詣のいかんがわかるとともに、恐竜を媒介項にした「ゴジラ－恐竜－熱河省」という、ゴジラの存在論的ゆえんに想到しもするのである。

もちろん、まったくの作りものの可能性が、ゴジラにないわけではない。しかし、「ぼくが、小説を書く上での、たのしみのひとつは、架空の動物を創造することである[18]」と言う香山がいる一方で、「『オラン・ペンデク』なる矮小人間も、でっちあげられた架空生物だと見られる虞れが多分にあるが、多少の潤色はほどこしてあるが、これは現実に、いまもスマトラの奥地に生存しており、その幾体かの標本は、オランダの国立博物館に秘蔵されている[19]」として、架空でない場合のあることを言う。ゴジラに関する直接の言及はないが、「この種の空想科学物語を、小説として手がけたのは、しかしこれ（ゴジラのこと——引用者注）が初めてではありません[20]」として、シーラカンス、北京原人、オラン・ペンデクを扱った作品を挙げ、自身の作品のなかで「一聯の系列[21]」である旨も書きつけていた。ゴジラは、架空でなかったのである。

元北京大学教授

芹沢が北京大学教授であったことからは、つぎの理解が得られる。原作で芹沢は、四十歳の設定であった[22]。一九一四年生まれとなり、順調に進学すると一九三六年に大学を卒業する。現実に置くと、これ以降に北京大学の職を得たであろうから、一九三七年の盧溝橋事件以降、従前の北京大学が日本の中国侵略を避けて、長沙に移転する前後のことになる。一九四六年十月、北京に同大学が戻る以前に、汪兆銘政権下で開学した同名の大学があるため、時期的にはこれが該当する。戦後の留用も考えられるが、山根にともなって熱河省へ化石採集にゆくことを踏まえれば、それは戦後の混乱期と言うよりは、一九四五年以前が妥当である。

山根のプロフィール「元北京大学教授、引揚後、引退して研究に没頭しているやもめ。研究のこととなると半気狂とおもわれるほど偏執的である。だが、ひとり娘の恵美子には、やさしい世間並みの老父親[23]」も、参考になる。引き揚げであるため、山根は敗戦を中国で迎えている。特別な事由がないかぎり、芹沢も同様だったと見てよい。
先の「ゴジラ‐恐竜‐熱河省」の右翼には、満洲国（ならびに汪兆銘政権——以下、省略する）、総じて日本の中国侵略が接続して、ゴジラの存在つまり理由性動機を形成するのである。

大戸島

ところで大戸島は、原作、『怪獣ゴジラ』、映画、東京編のいずれにも同名で登場する。船舶が遭難する場所の経緯度もほぼおなじで、最寄りの港が大戸島とされ、同島の場所もおなじであっただろう。『怪獣ゴジラ』には、「小笠原南端」[24]が明記されていた。ちなみに、原作が指す北緯二四度東経一四一度は、現実の南硫黄島西南西約四九・五キロメートルの地点にあたる。

原作とそのほかとで異なるのは、たとえば東京編でゴジラは、日本語を母語とする島民自身の「昔の云い伝え」[25]であるのに対して、原作では「この島の土人の伝説」[26]として、日本語を話す島民から客体化されている点である。「奴らのいうゴジラちゅう化け物はな、わしらのいう海坊主と同じ作り話じゃよ」[27]にあきらかなように、「奴ら／わしら」の二項がある。「はやくも噂（ゴジラ出現の——引用者注）を聞き伝えたか、土人部落から、祈禱の合唱が太鼓を交えて、きこえてくる」[28]からは、その前近代的な雰囲気も醸されていた。このように原作で大戸島は、土人と土人でない人からなるふたつの集団が暮らす島として描かれていたのである。

複数の社会を舞台にした作品は、香山滋にはよく見られる。ゴジラにかぎって言うと、原作の大戸島は「本州の東南、太平洋上に浮ぶ一孤島」[29]であったから、最大限、旧南洋庁が統治した地域の島が想起され、『怪獣ゴジラ』の「小笠原南端」に即せば、最小限、日本人が移住する前から日本語を母語としない先住者の社会があった小笠原諸島となる。いずれの地域も、一九五四年の映画製作時は日本に主権がないため、原作の大戸島は、戦前の社会を背景に有する発想のもとにあったことが考えられ、上に見た「『ゴジラ - 恐竜 - 熱河省』- 満洲国」との歴史的、社会的整合性が了解できるのである。ただし、『怪獣ゴジラ』以降、大戸島の社会構成が一重化されたため、原作の戦前的自明性は忘れられてゆく。

三　足跡とトリロバイト

図４　熱河竜 の足跡化石（単体）

足跡

映画『ゴジラ』では、ゴジラの被害を受けた大戸島を、山根、恵美子、尾形らがおとずれ、ゴジラの足跡と三葉虫を認める場面に注意がゆく。

最初に登場する足跡は、接近しすぎていてわかりにくいが、ゴジラがはじめて人びとの前に姿をあらわし、海へ消えたあとのシーンで、全体のようすを知ることができる。砂浜に、四指性、二足歩行の足跡と、両の足跡のあいだに尾を引きずってできたと思われる大きく蛇行する条線が残されていた(30)。

ゴジラの設定は、水爆実験であらわれた恐竜である。恐竜の足跡化石の、日本人にとって直接かつ最初の体験と言え

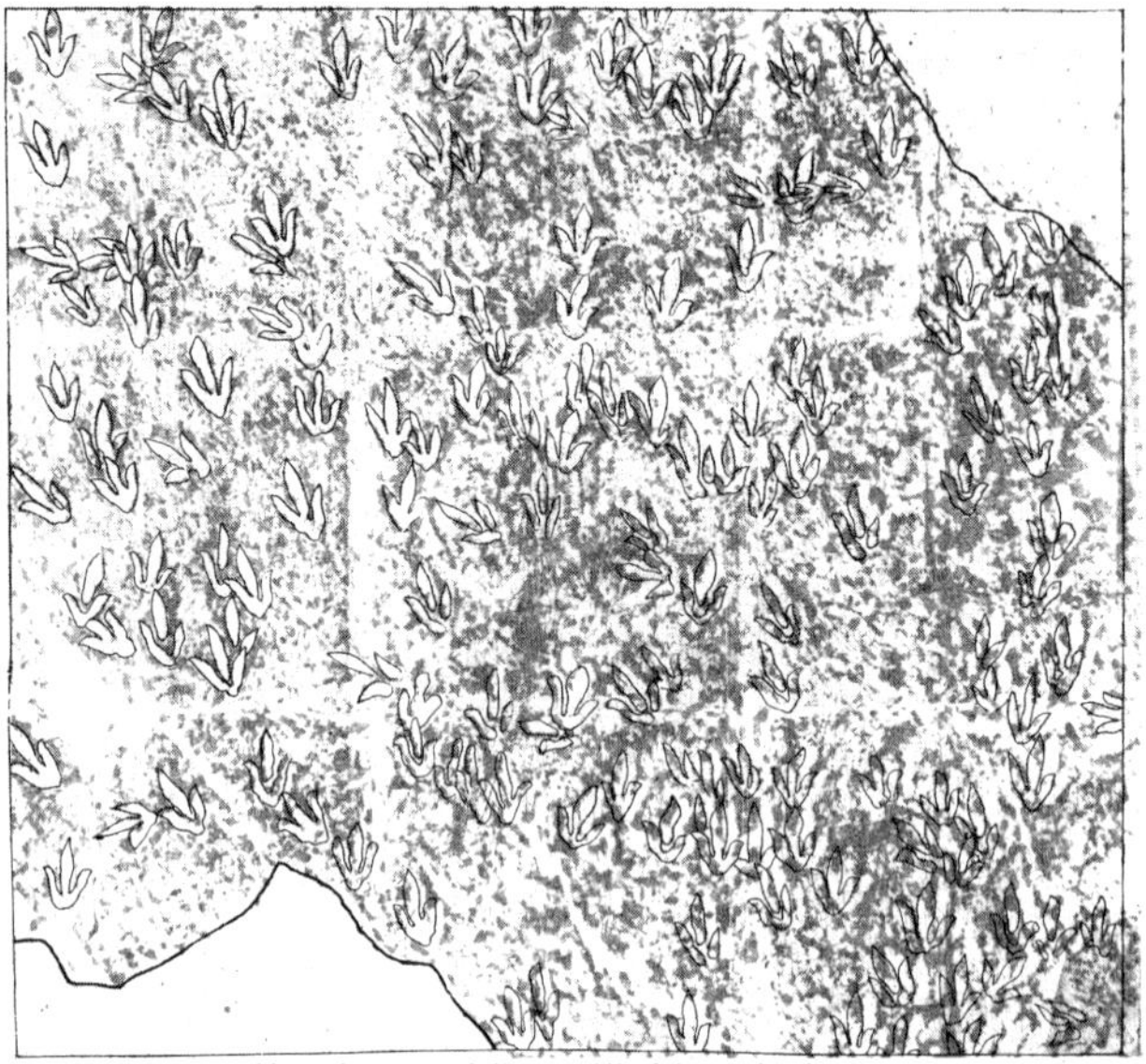

図５　熱河竜の足跡化石（集合）の拓本・トレース

ば、前節で見た熱河竜であった。それは、後方に一指、前方に三指の足跡で、尾の痕跡は認められていない。

原作では、この場面を次のように書いている。山根は、神経痛を理由に大戸島には行っていない。

怪物ゴジラの足跡、多数発見。その中のひとつに、奇妙な形の生物の死骸が落ちている。エビともカニともつかぬ舟虫を大きくしたようなもの（三葉虫《トリロバイト》）。[31]

映画では一列の足跡であったが、原作で足跡は「多数」となっている。「多数」の語の背景にも、「二五九平方米中に約四〇〇〇の足跡[32]」が推測された熱河竜の存在が感じられる（図５）。映画の四指は、作られたゴジラのぬいぐるみに由来したのであろう。

トリロバイト

そして、満洲国との有縁を示してあまりあるのが三葉虫である。一九五四年以前、一九三〇年代および一九四〇年代における日本人地質古生物学者で、古生代研究、三葉虫研究の第一人者のひとりに遠藤隆次がいた。

一八九二年生まれの遠藤は、一九二四年に東北帝国大学理学部地質学古生物学教室を出ると、満洲にわたって南満洲鉄道株式会社（以下、満鉄と称する）立の撫順中学校教諭となり、以後二十余年におよぶ満洲・中国生活を開始する。一九二七年に満洲教育専門学校教授、一九二九年四月から一九三一年六月までのスミソニアン・インスティテューション留学をはさんで、一九三三年には満鉄教育研究所教授となる。同所は、一九三七年十二月一日、満鉄附属地行政権の満洲国移譲によって地方部とともに廃止され、同所附属教育参考館も一九三八年五月一日に満洲国に移って、館長の遠藤はこれにともなった。同館は国立中央博物館籌備処となり、新京移転後の一九三九年一月一日に国立中央博物館官制が施行された。遠藤は、満洲国終焉まで同館自然科学部長の地位にあり、敗戦後は一九四六年八月から一九四八年六月まで留用されて奉天の東北大学教授を務めたのち、引き揚げている[33]。

遠藤の満洲古生代研究は、満鉄に所属した時代に集中しておこなわれた。これを含めた成果は、一九三七年に、スミソニアン・インスティテューションのチャールズ・エルマー・レッサーとの連名で、教育参考館の研究紀要第一巻すべてをあてた大部の一冊として著されている[34]。遠藤の化石コレクションは、最初、教育参考館[35]に、次に国立中央博物館[36]へと、遠藤その人とともに移っていった。

三葉虫は示準化石であり、発見例も多い。したがって、恐竜足跡化石のような化石それじたいの新規性、稀少性はない。注意されるのは、第一に遠藤が、満洲における震旦系およびカンブリア紀研究に長じていたこと。第二に、それがカンブリア紀研究の泰斗でスミソニアン・インスティテューション会長、米国地質調査所所長のチャールズ・ドリトル・ウォルコットのアシスタントだったレッサーとの二年間の研究に裏づけられたものであったことである。これらの点において、遠藤には卓越性があった。スミソニアン・インスティテューションでの留学を終えた遠藤は、満洲オルドビス紀研究の論文をまとめるが、それを学位請求論文にするようにと、指導教官の矢部長克が遠藤に指導したことからもうなずける。[37] ちなみに、レッサーとの共同は、当初ウォルコットが遠藤の指導をする予定だったものが、遠藤の渡米前にウォルコットが死去したことによるものであった。

ゴジラの足跡と三葉虫を前景化するこのシーンは、一瞬ではあったが、満洲国との有縁を暗示していたのである。[38]

四　地質古生物学者とゴジラ

鹿間時夫と尾崎博

さて、東宝の怪獣映画製作には、地質古生物学者の関与が知られている。鹿間時夫は、「ラドン撮影の時、古生物学者の研究室というものをどうしたら良いか、またラドンの模型をどうしたら良いか東宝からお座敷がかかり、円谷監督に会ったことがある」[39] と書いている。『空の大怪獣ラドン』は、一九五六年公開の映画であった。

東北帝国大学理学部地質学古生物学教室出身の鹿間は、戦前、新京工業大学教授を本務とし、一九四二年十月一日までは国立中央博物館の嘱託、それ以降同館兼任学芸官を務めた人である。熱河竜の足跡化石を師・矢部長克らと報告し、[40] 国立中央博物館学芸官・野田光雄とともに現地におもむき収集をおこなっている。[41]

やはり、東北帝国大学理学部地質学古生物学教室出身で、満鉄の地質調査所から満洲鉱山株式会社へと進み、一九四七年に引き揚げて一九五〇年から国立科学博物館地学課長を務めた尾崎博は、「映画のゴジラは、本館の恐竜の模型などを参考にして、つくられたものであるが、これも生物の進化に対する関心を高めたと思う[42]」と述べていた。一九六二年まで同館に在籍した尾崎は、一九五四年に理工学館が竣工し理工系の展示が移転したあとの本館一〇一号室を、「生物の進化——魚から哺乳類まで——」をテーマとする展示に更新する際[43]、地学分野の中心的な役割をになっている。地質時代各期の壁画と模型など展示更新は一気におこなわれたものではなかったらしく「ひととおり揃うまでに5年も7年もかかった[44]」と言うため、ゴジラの原作が書かれたころ、国立科学博物館の恐竜模型に何があったのかはさだかでない。上掲引用文中の「映画のゴジラ」とは、東宝の怪獣映画一般の意だったかもしれない。いずれにしても、当時国立科学博物館の尾崎を中心にして恐竜の復原が進められており、そうした状況が同時代の原作を規定していたであろうことはうなずけるところである。

さらに尾崎は、国立科学博物館が「生物の進化」展示をつくるころの、「ダーウィンの進化論や人類の起源と進化を主題にした展覧会が、デパートの企画として取り上げられ、しかも例外なく大衆を吸い寄せるようになり、恐竜が幼児の絵本にまでも頻々と現われるようになった[45]」社会現象を指摘していた。この文章に接するとき、山根のゴジラ定義を想い起こす。

> ゴジラは、侏羅紀《じゅらき》から、次の時代白亜紀にかけて、極めて稀《ま》れに生息していた、海棲爬虫類から、陸生獣類に進化しようとする過程にあった中間型の生物であったと見て差支えありますまい[46]。

ここには、尾崎が記した当時のブームとでも言うべき「ダーウィンの進化論や人類の起源と進化」が反映しているように見える。さらにことばの形態学からは、国立科学博物館の副題「魚から哺乳類」と、ゴジラの「海棲爬虫類から、陸生獣類」との類似も言いうる。

そして尾崎は、展示「生物の進化」の壁画の苦労に触れて、「爬虫類時代の最後は後期白亜紀にいたヘスペオルニスという翼のない鳥が泳いでいる湖の風景で、哺乳類時代の最初は、北アフリカのメリス湖から、最古の象メリテリウムが上がってくるところになっていた」[47]と書いてもいた。ここにあるのは、海（湖）から陸へ、である。このように、尾崎および国立科学博物館と香山は、よく同期するのであった。

遠藤隆次

ところで、尾崎博と鹿間時夫の先輩の遠藤隆次は、ゴジラにかかわっていなかったのだろうか。先の二項でみた満洲国の恐竜、同じく三項の三葉虫および古生代は、場所性、時間性において遠藤の研究とほぼ重なっている。両名に先行する遠藤であったから、かかわらない理由はなかったように思えてならない。遠藤は、熱河竜の足跡化石について、論文などの調査研究過程の前面にいなかったが、師・矢部長克と後輩・鹿間の後方の国立中央博物館にあって不離一体であった。戦後の著書『原人発掘——一古生物学者の満州25年』（春秋社、一九六五年）の表紙装丁に、熱河竜足跡化石のイラストレーションを使っていたことにも、熱河竜と遠藤との浅からぬ関係が感じられる。

単刀直入に言うと、原作における山根とは、遠藤その人がモデルだったのではないか、と思うのである。山根の属性のうち元北京大学教授は、外地の大学教授という点で、留用ながら遠藤の東北大学教授と通じ、古生物学者はそのままに等しかった。一九五四年の時点での山根の年齢五十五歳が、遠藤より七歳若い点にへだたりを感じるが、娘・恵美子をはじめ、ほかの登場人物の年齢設定との関係からとも思われる。

引き揚げ後の遠藤は、一九四八年七月からGHQ内の地質調査所に職を得、一九四九年六月に埼玉大学教授、一九五三年八月に同大学文理学部長、一九五四年八月には同大学学長に就いた。[48]映画『ゴジラ』が製作された一九五四年、遠藤は新制国立大学の大学行政にたずさわるようになり、多忙であったことは容易に想像されるし、本人もそのように書いていた。[49]しかし、映画製作への関与に長時間拘束されなければ、まったく不可能ではなかったであろう。後輩にゆだねたのかもしれない。後輩の研究者も、遠藤にうかがいを立てながらの関与だったと思えなくもない。

ことほどさように筆者は、ゴジラと遠藤の有縁を想像するわけだが、意識するしないとにかかわらず、山根は、香山滋から満洲国の地質古生物学（者）に向けられたオマージュだったのではないか。映画製作にかかわった尾崎と鹿間からは、先輩に向けられたそれだったのではないか。実体としてではなくても、遠藤はオマージュの向けられた先にあることでゴジラにかかわっていた、と考えられはしないだろうか。

ところで、映画『ゴジラ』の山根の容貌が、遠藤に似ることを指摘したのは、岸雅裕であった（付記参照）。岸にしたがい想像をたくましくすると、遠藤に有縁の人たちは、映画を観ながら親しみをこめて、「エンドウ豆先生だ」[50]と心中快哉を叫んでいたようにも、筆者は妄想するのである。

五　ゴジラの構造

明暗の構造

さて、ゴジラの原作から、以上のような理解を導き出すことができたところで、つぎにゴジラの構造をめぐり、注意にのぼったことがらについて触れておきたい。

わが国の博物館の戦後を分析したときに筆者は、一九四九年に設立された鳥取県立科学博物館（現在の鳥取県立博物館）と一九五四年開館の横須賀市博物館の所論とを対照して、横須賀市博物館の節を執筆した羽根田弥太の望むところが、「鳥取県立科学博物館に見られたような未来の「いつの日か」の「希望の光輝く時」ではなく、羽根田がパラオ熱帯生物研究所から昭南博物館へと移り、軍の兵器開発にも関与してきた一九四五年以前の「希望の光輝く時」「いつの日か」でしかなかったと言うべきであろう(51)」と書いたことがある。戦後の博物館論は、「未来の栄光＝明」と「過去の栄光＝明」という、「二重の栄光＝明」をはらんでいたのであった。

これと似た構造を、ゴジラの原作にも看てとることができる。原作は、一九三〇年代から一九四〇年代前半満洲国における日本人地質古生物学の「栄光」のうちにあった。それは、満鉄地質研究所が設立された一九〇七年頃からの、満洲・満洲国における日本の植民地科学、その最終段階の「栄光」であり、これが「過去の栄光＝明」となる。それに対し、ゴジラが死滅したのち船団からあがる「歓声(52)」が、「未来の栄光＝明」に相当する。

では、原作の「暗」は何だったか。水爆実験、ゴジラの出現、東京破壊が「暗」であることは、言わずもがなである。そして、ゴジラは闘争に負けて消滅し、水爆実験も「太平洋上で行うべき水爆実験は、すべて完了した旨の発表を正式に公表いたしました(53)」と終結が明示されて災禍の原因はなくなり、船団の「歓声」すなわち「明」に収斂した。

ほかにはどうか。芹沢の片目失明と顔面の傷の理由が、原作、映画ともに戦争によるものでなかったことは先に見たが、だからと言ってそれがただちに「明」となるわけではない。原作で芹沢の負傷は、「狼におそわれた」ことを理由にしていた。狼に襲われて片目を失い、顔半面ひどい傷を負うとは、いったいどのような状況だったのであろうか。事故は想像を超えることがあるとすれば、あり得たのかもしれない。しかし、当時の社会状況を考慮しつつ想像すると、「狼」とは匪賊の喩えだったのではないかと思われるのである。鹿間時夫は、熱河竜足跡化石発掘現場について、「14年（一九三九年のこと――引用者注）頃までは匪状悪しく調査不能の地であつたとか聞いてゐる」[54]と書いていた。山根と芹沢がでかけた熱河省の場所がどこであったかにもよるが、「化石採集にゆこう」「はい」と言って、ただいまたとえば岐阜県の瑞浪や金生山にでかけるのとはわけがちがう。一九四一年、熱河竜の足跡化石を国立中央博物館が収集するため、同館学芸官・野田光雄と同館嘱託・鹿間たちが、現地を往復したときの記録にある困難をみればあきらかである。[55]鹿間が回顧した、ことばの問題もあった。[56]当時満洲国において、関係機関に連絡調整をとりながら、軍や警察の護衛のもと調査がおこなわれることは珍しくなく、一九三二年には、遠藤の後輩になる東北帝国大学理学部出身の外山四郎のような死者も出ている。[57]そうした植民地科学の現実からすると、山根と芹沢の熱河省化石採集旅行は、牧歌的なものではなかったはずである。

惟うに、匪賊に襲われた山根と芹沢だったが、山根が用意していた銃によって、芹沢の生命は守られた。しかし、片目を失い顔面に傷を負った、というのが原作までの香山滋の構想だったのではないだろうか。それが、原作の時点で隠されて、一九三〇年代から一九四〇年代前半満洲国における日本人地質古生物学の「栄光」のみを背景とするにいたった、と。隠された理由は気になるが、主題は化石にあったため、捨て去られたと解しておきたい。

あるいは、理由は問わず、芹沢の片目失明と顔面の傷があればよかっただけなのかもしれない。芹沢の顔面のようすは、たんに「醜い」ことにおいて動員されていたようにも感じられるからである。それは、前掲引用文の当該語だけでなく、その直後の「巨躯だが、風采はあがらず、醜怪な顔」[58]として、原作でくりかえされていたことによって知ることができる。それ以前の箇所で、恵美子がつくった一個の目玉焼きを前にして、「「さては独眼竜かな。おい恵美子、わしだからいいが、芹沢がやってきたとき、こんなものを出すとひがむぞ、奴はこれだからな」／片目をつぶって、片目をむいてみせる」[59]と、芹沢を揶揄するくだりもくわえてよい。醜さの動員は、香山の作品に常套であったから、小説の技法以外の意味はなかったと言えなくもない。であるならばそれが、あからさまな、身も蓋もない、身体の障害に対する差別であるがゆえに、それすらも「明」の延長にあったように思えてくるのである。

山根の明暗

明暗の構造は、山根にも見られる。山根は、原作から東京編まで共通して、ゴジラを殺すことに反対する人として描かれていた。しかし、微妙に異っている。原作の山根は、「あれは、この地球上にただひとつ生き残った最後の一匹だ。かけがえのない研究資料だ[60]」「離せッ、わ、わしは、ゴジラを殺したくない。あれはかけがえのない貴重な研究資料だ[61]」とくりかえし叫ぶ、「研究のこととなると半気狂とおもわれるほど偏執的」な研究資料至上主義者であった。この傾向は、映画で弱まる。そして東京編では、殺さない理由を説明するとき、「——幸いに、この絶好のチャンスが……」「——日本に与えられたのだ。世界中の人々に迷惑をかけた日本人として、この研究を完成させることこそが、そのつぐないをすることのできる唯一の道なのだ[62]」と、「日本」「日本人」をもちだす。さらに、「迷惑」と「つぐない」の指すところがこの文から直接にはわからないが——おそらく日本軍国主義の侵略戦争のことであろう——、倫理的な意味もくわわる。これらを有さない原作の山根は、形而下に無邪気な研究者であった。資料のことだけを思うという意味において山根は、一点の曇りもない明白さのうちにあったのである。

しかし、山根のこの「明」は最後に失われる。ゴジラとの闘争シーンで、サルベージ作業船かもめ号に乗らず信州に行っていた山根は――東京編で信州は戦時中恵美子の疎開先であったから、ゴジラ禍下に山根は疎開していたのであろう――、ゴジラ死後に避難先から東京へもどってくる群衆のなかにいた。その「おもやつれした姿」[64]とは、古生物学研究のかけがえのない資料を手に入れ損ねた失意のそれであり、本章の課題に照らせば、一九三〇年代から一九四〇年代前半満洲国における日本人地質古生物学の「栄光」の挫折として読みとることができる。

そう言えば、満洲国崩壊によって、在満時代の数万個[65]あるいは約一〇〇トン[66]という、貴重な標本を含む、膨大な化石コレクションを失う遠藤隆次がいた。遠藤の名をつけた遠藤獣 *Endotherium niinomii* 化石の報告の機会を、徴兵によって失われ、戦後までまたなければならない鹿間時夫もいた[67]。

顧みると、原作で山根は、サルベージ作業船に乗っていないのである。ゴジラに勝利する側のサルベージ作業船に山根がいないということは、勝利する側から山根が排除されていたことになる。しかも、「わが国古生物学の権威山根恭平博士[68]」であったにもかかわらず、群衆のひとりでしかなくなっていた。この落差は大きい。一九三〇年代から一九四〇年代前半満洲国における日本人地質古生物学の「栄光」は、勝利の「歓声」にとってかえらることが約束されていたかのようなのだ。芹沢もいない。元北京大学教授で、熱河省化石採集の助手として山根にともなった、もう一つの「栄光」も消滅したのである。

満洲国と戦後

このとき、原作において戦後が開始されたのかもしれない。それは、戦前の「明」(満洲国熱河省、山根、芹沢)から、水爆実験およびゴジラの「暗」との闘争と勝利を経て、戦後の「明」(歓声、恵美子、尾形)への転換としておこなわれた。これが原作の要諦である。

原作でゴジラは、「最後の一匹」であった。ゴジラは唯一無二の資料であり、それゆえゴジラの生死は山根に切実な問題であった。しかし『怪獣ゴジラ』で、「第二のゴジラがいつ又現れて来るかもわからない……」[69]と、死んだ芹沢に向けて尾形が話しかけ、映画と同様に東京編では「あのゴジラが、最後の一匹だとは思えない」[70]と山根がつぶやいて、原作での一回性のゴジラは否定され、永続性のゴジラとなった。『怪獣ゴジラ』の尾形は、上のことばに続け、「僕達は、君の生命にかけて再びそれと戦うだろう……有難う、芹沢……」[71]と言い、永続闘争を示唆してもいた。

原作では、ゴジラと水爆実験の「暗」が消失し、これとともに満洲国の「明」も失われ、「歓声」の「明」が独立自存した。しかし、『怪獣ゴジラ』以降、ゴジラと水爆実験の「暗」は継続され、満洲国の「明」は「歓声」の「明」とともに継続する。ここに、ゴジラ映画とゴジラ論の継続してゆく下地ができたのであり、東京編で明示された日本、日本人、倫理性が理念的にこれを支えてゆく。原作で、満洲国を切断した戦後が、『怪獣ゴジラ』以降、満洲国をひきずる戦後に変わるのであった。

ところで、二十一世紀になって熱河竜の足跡化石現場を調査した人たちは、「約60年前、先学の方々がこの「廟」を横にみながら、目標にする恐竜足跡現場は今少しだとここを歩いたのだろうと思うと感慨無量であった」、ならびに「60年以上前に活動した日本人研究者たちの感動や苦労などを露頭から感じ取ることができた。また、鹿間教授らの先駆的な恐竜足跡化石研究に感動も覚えた次第である」[72]という文章を、その報告に挿入していた。一九五四年の原作に見られた「過去の栄光＝明」が、半世紀をへだてた二〇〇四年の日本人研究者の、一点のかげりのない「明」とつながるのを、期せずして発見するのである。

おわりに

最初から可愛いゴジラ

加藤典洋は、映画製作関係者による反水爆、反戦の目的に沿って語られる世のゴジラ論に不満を唱え、ゴジラが人びとに支持され、長く続いてきた理由を、第二次世界大戦の日本人死者の亡霊にもとめて所論を展開した。果たしてそうだろうか。

加藤は、ゴジラ映画の製作回数や観客動員数を分析したが、数以外の観客の反応にまではおよばなかった。この点について、香山滋はつぎのように書きとどめている。

> 本来なら、原水爆を象徴する恐怖の姿だから、こわがってもらいたいところ、逆に近親感を生むという不思議な現象をもたらしてしまった。
>
> 『ゴジラ』が出てくると、観客は笑うのである。声を出して笑わないまでも、クスリと微苦笑するのである。
>
> つまり、漫画的愛嬌をたたえた『ゴジラ』が可愛いくおもえ、どんなに乱暴をはたらいても決して憎めないのである。(73)

「漫画的」というのは、観客の行動に接しておこなわれた香山のゴジラ理解の調整であるため、必ずしもこれにとらわれる必要はなく、観客の深刻でなかったようすが踏まえられれば、ここでは十分である。そうした現実を受けて香山は、「ぼくとしては、原水爆禁止運動の一助にもと、小説の形式を籍りて参加したつもりであったが、これでは全く惨敗に近い(74)」と書いていたのは、印象的であった。これは、映画が封切られた翌年、一九五五年当時の弁である。

しかし、それから六十年後の私たちは、それが決して「惨敗」ではなかったことを知っている。加藤や、加藤が引用した川本三郎、武田徹、赤坂憲雄、そして以上四名を引いた笠井潔たちの批評こそが、香山の敗北の「惨敗」でなかったことの証左である。と言うのは、観客は香山を惨敗に追い込んだが、批評家たちは香山らの意図に応答しつつ議論していたのだから――。「その意味じゃ大人用の娯楽映画として確かに成功している(75)」のであった。

ゴジラ論外部の観客において、ゴジラは最初から「可愛いく」、したがって「グッバイ・ゴジラ、ハロー・キティ(76)」はありうべくもなかったのである。

亡霊、台風

ここで、観客の「明」とゴジラ論の「暗」という二項が立ちあがるのを見る。そして、加藤典洋の言う戦死者の亡霊と、観客の「明」とが接続して、ゴジラ映画の人気が成ったということも。しかし、亡霊は明るいのだろうか。

加藤は、「ゴジラは、なぜ南太平洋の海底深く眠る彼の居場所から、何度も、何度も、日本にだけ、やってくるのか」と問い、「その理由は、ゴジラは、亡霊だからである(77)」と続けた。戦死者の亡霊が日本に向かうということについては、映画『キングコング対ゴジラ』で重沢博士が、記者に向かって言った帰巣本能――「そう。動物がみんなもってる帰巣本能。つまり、生まれた巣は忘れないっていう本能だよ」――に還元できる。

亡霊も日本にもどるのであり、概念的には既出であった。しかし、その帰巣本能は、ゴジラ映画三作目にはじめて登場するもので、「生まれた巣」が日本であることを原作と二作目は言っていない。亡霊の再来性の根拠は、もともとはなかったのである。

では、再度「ゴジラは、なぜ南太平洋の海底深く眠る彼の居場所から、何度も、何度も、日本にだけ、やってくるのか」。加藤のこの問いを眺めながら筆者は、「その理由は、ゴジラは、台風だからである」とつねづね思ってきた。

有史以前より日本列島に棲息してきた人間の経験にとり、南方からくりかえしておとずれるものは台風である。弥生時代の日本列島におとずれた台風の証拠、花粉化石も知られている[78]。台風を考慮して、日本列島の住民はその家屋敷を構築してもきた。

毎年おとずれては、猛威をふるい、じきに去る台風は、ゴジラの来襲に相応しい。人びとは、台風で倒れた木々や散乱した瓦礫を処理し、傷んだ家屋を修理して、日常を再開する。この景色は、ゴジラの去ったあとのそれに重なる。台風一過とゴジラ一過とは、たいへんよく似ている。では、私たちの経験において、亡霊一過という現象はあるだろうか。亡霊ならば、四六時中私たちのまわりに滞在してよいし、亡霊の側に立てばむしろそうありたい。決して、一過性のことではない。

それでいて加藤の言う亡霊は、一九四五年前後のいっときの体験に過ぎなかった。ものやことがらは、人びとの経験のうちに累重して、意識無意識にはたらきかける。南方からのゴジラの再来性は、人びとの台風の経験のうちに宿っていたのである。

そして、台風の被害がどれだけ甚大で、どれほど悲嘆に暮れたとしても、人びとは日常に戻る。それを、幾度も幾世代も繰りかえして、注意、警戒しながら台風が過ぎるのを待つ。そうした台風の処方を知るがゆえに、人びとは達観している。それは、ゴジラ東京襲撃を体験した山根の諦念に近い[79]。ここに、観客の「明」が通じると考えても、大過はないと思う。

一九四八年、民俗学・考古学・歴史学研究者の栗山一夫は、「まず私達の周囲を包んでいる自然的環境をよく視、よく知ること、これから地域研究の第一歩を始めたい[80]」と書いた。「まず地質学的・地理学的な研究から初め、次いで民俗学的・歴史学的な調査に及び、そして経済学的・社会学的な把握に達するという順序で、この地域研究を進行させたい[81]」とも。主題は地域研究にあるが、日本および日本人の現象としてゴジラが存在する以上、ゴジラは「地域」と言える。然れば、自然環境の考察から進むのは理の当然であった。

さらに、ゴジラ論が3・11で再燃したことをふりかえれば、批評もまた、地震と津波、すなわち栗山の言う自然的環境に、正しく囚われていたのである。

植民地主義の忘却

物質（生物）のゴジラも、精神（小説・映画・批評）のゴジラも、「自然史の存在」であった。これを、「存在としてのゴジラ」と言うならば、作者・香山滋の願った、一九五四年当時の原水爆禁止運動への寄与とは、「当為としてのゴジラ」と言いうる。加藤典洋の亡霊論も、靖国神社破壊[82]に収斂してゆく「当為としてのゴジラ」であった。

原水禁に寄与せんとしたゴジラは、まがりなりにも国際的であり「暗」から「明」への希求があったが、亡霊論のゴジラは一国的様相を帯び、出口なしの「暗」に籠もっていった観が否めない。上に書いた「地域」としてのゴジラとは、物質的に精神的に日本に幽閉することと同義でない。栗山一夫も、「私のいう地域研究とは、日本を構成する一部分としての郷土、更には世界の一断片としての郷土、それを日本、または世界との有機的な連関に於て捉えようというのだ」[83]と書いていた。出口なしの「暗」の突破口が、靖国神社破壊だったのかもしれないが、そこに原水禁のかわりや国際性への入り口を託していたとすれば、辺境の土俗宗教を、アジア、世界におよぼそうとした植民地主義の、裏返しの再演をそこに観るのは困難でない。

五項に書いたことをくりかえそう。「原作で、満洲国を切断した戦後が、『怪獣ゴジラ』以降、満洲国をひきずる戦後に変わるのであった」とは、ゴジラ映画とゴジラ論の双方が、植民地主義を自覚せず、等閑に付して継続させたことの別の謂いである。[84]それは、敗者の前史を忘れた、当然の帰結なのであった。

ゴジラは、満洲国における日本人の植民地科学、その有力な中心たる地質古生物学の「栄光」に内在して誕生し、原作の直後に熱河省のくだりが削除されて、この起源は不可視となる。それゆえ、ゴジラに内在して密かに生きることになった。それはまるで、海底洞窟にひそんだゴジラやトリロバイトのように——。以後のゴジラ映画、ゴジラ論が、「南」を突出させて可視化したことも、不可視の満洲国を無傷で生き続けさせる陽動として機能したのであろう。そしてそれが、植民地主義を隠蔽することになっていたならば、南島イデオロギー[85]圏内の事態を知ることにもなるのである。

香山滋の「南」と「北」

香山滋は、「南への憧れ」[86]を隠さない人であったが、ゴジラに「北」を忘れることはしなかった。一作目で香山は、「南」の大戸島から来たゴジラを、東京湾で抹殺する。二作目では、「南」の岩戸島から来たゴジラを、「北」の神子島で抹殺する。[87]両作品を通して香山の意を詮索するならば、二匹のゴジラをして「南」と「北」とを統一せしめ、自身のゴジラをまっとうしたということになるだろうか。

このように、ゴジラが「南」だけのものでなかったことは、香山の二作品にあきらかだった。ちなみに、ゴジラ映画三作目の『キングコング対ゴジラ』は香山の作でないが、「北」の氷山からゴジラがあらわれる。香山作の前作ラストシーンを受けたのであろう。数は少なくても、ゴジラは「南」から来るばかりではなかったのである。

香山においては、「南」と「北」がパラレルにあったにちがいない。だからこそ、「南」ではない熱河省を原作でとりあげることもできた。それは香山が、自然史と歴史とに平衡する作家だったからではないかと考えられる。

ところで、香山が書いた二作目の「ゴジラの逆襲」は、「雪崩はいつ果てるともなく崩壊をつづけ乍ら、自然の勝利を謳歌しているようである(88)」と結んでいた。それは、戦闘機のロケット弾攻撃によって引き起こされた人工の雪崩だったが、ゴジラが自然から出立し自然に帰還する――ゴジラ論がものする当為つまり多端な歴史を挿入しながら――という、文字どおり「自然史の存在」としての完全をあらわしていたようにも思えるのである。

ゴジラは、「北」を起源に、「南」からあらわれ、「北」に消えたのであった。

注

（1） おもな成果については、犬塚康博『反博物館論序説――二〇世紀日本の博物館精神史』、株式会社共同文化社、二〇一五年、同『藤山一雄の博物館芸術――満洲国国立中央博物館副館長の夢』、株式会社共同文化社、二〇一六年、を参照されたい。

（2） 本章における引用は、旧字体から新字体への改変にとどめ、かなづかい、拗促音、句読点、地名、誤脱字などは原文のままとした。年号表記は西暦年でおこない、人名、組織名の敬称は省略し、字体は統一しなかった。地名、学名は当時のものを使用した。また、一九四五年八月十五日を境に戦前、戦後と表記して、戦中の語は用いなかった。

（3）香山滋『香山滋全集』別巻（評論・年譜他）、株式会社三一書房、一九九七年、四二八頁。

（4）笠井潔「3・11とゴジラ／大和／原子力 〝ニッポン〟イデオロギー批判」笠井潔・巽孝之監修、海老原豊・藤田直哉編集『3・11の未来 日本・SF・創造力』、株式会社作品社、二〇一一年、一一-二四頁、参照。

（5）笠井潔・巽孝之・山田正紀「［鼎談］3・11とSF的想像力」、笠井潔・巽孝之監修、海老原豊・藤田直哉編集、前掲書、三〇-三一頁、参照。

（6）笠井潔、前掲論文、一一頁。

（7）髙橋敏夫「ゴジラ・怪獣たちの戦後 立ちあがる〝過去〟」『多様性の秩序 批評の現在』、一九八五年、株式会社亜紀書房、六七-七二頁、『ゴジラが来る夜に』、廣済堂出版、一九九三年、「ゴジラ的嫌悪について」『嫌悪のレッスン』、株式会社三一書房、一九九四年、六-八頁、同『ゴジラの謎――怪獣神話と日本人』、株式会社講談社、一九九八年、同『ゴジラが来る夜に「思考をせまる怪獣」の現代史』（集英社文庫）、株式会社集英社、一九九九年、参照。

（8）同『ゴジラが来る夜に』、二二七頁。

（9）竹内博「解説 香山滋と東宝特撮映画」香山滋『ゴジラ』（ちくま文庫）、株式会社筑摩書房、二〇〇四年、四四六頁。

（10）香山滋『香山滋全集』第一一巻（ペット・ショップ・R）、株式会社三一書房、一九九七年、四一九頁。

（11）同『香山滋全集』第七巻（怪獣ゴジラ）、株式会社三一書房、一九九四年、三八二頁、参照。

（12）同『香山滋全集』第一四巻（魔空要塞）、株式会社三一書房、一九九六年、一三九頁、参照。

（13）遠藤隆次『改訂増補 満洲の地質及鉱産』、株式会社三省堂、一九三九年、一五一-一六六頁、同『原人発掘――一古生物学者の満州25年』、春秋社、一九六五年、三四-三七頁、参照。

（14）Cf. Endo, Riuji, and Shikama, Tokio, "Mesozoic Reptilian Fauna in the Jehol Mountainland, Manchoukuo", *Bulletin of the Central National Museum of Manchoukuo*, 3, 1942, pp. 1-19.

（15）Cf. Shikama, Tokio, "Footprints from Chinchou, Manchoukuo, of Jeholosauripus, the Eo-Mesozoic Dino-saur", *Bulletin of the*

Central National Museum of Manchoukuo, 3, 1942, pp. 21-31.

(16) 香山滋『香山滋全集』別巻（評論・年譜他）、三四〇頁、参照。

(17) たとえば、鹿間時夫「熱河恐龍足跡化石発掘記」日本砿物趣味の会編『我等の砿物』第一〇巻第九号、日本砿物趣味の会、一九四一年、三七五-三八七頁、野田光雄・鹿間時夫「熱河恐龍の足跡化石に就いて」『科学』第一一巻第一二号、株式会社岩波書店、一九四一年、四七四-四七八頁、がある。

(18) 香山滋『香山滋全集』別巻（評論・年譜他）、四四一頁。

(19) 同書、四四二頁。

(20) 同書、四一三頁。

(21) 同書、四一三頁。

(22) 同『香山滋全集』第一一巻（ペット・ショップ・R）、四〇四頁、参照。

(23) 同書、四一四頁。

(24) 同『香山滋全集』第七巻（怪獣ゴジラ）、三四一頁。

(25) 同『香山滋全集』第一四巻（魔空要塞）、一三二頁。

(26) 同『香山滋全集』第一一巻（ペット・ショップ・R）、四〇七頁。

(27) 同書、四〇七-四〇八頁。

(28) 同書、四〇八頁。

(29) 同書、四〇五頁。

(30) このシーンは、海岸を俯瞰し、ゴジラが進んでいった方向を後方から見ていたが、映画『ゴジラ』の二年後に刊行された*All About Strange Beasts of the Past*が、アメリカ自然史博物館に展示されるThe Glen Rose Trackwayの恐竜足跡化石のイラストレーションを、やはり後方から描いており、足跡を見せる定型が知れる。Cf. Andrews, Roy Chapman, *All About Strange Beasts of the Past*, Vol. 17, Random House, 1956, p. 21.

(31) 香山滋『香山滋全集』第一一巻（ペット・ショップ・R）、四一二頁。

(32) 鹿間時夫「錦州省内に於て発見されたる古期中生代恐龍 *Jeholosauripus* の足跡に就いて」『満洲帝国国立中央博物

館論叢』第三号、満洲帝国国立中央博物館、一九四二年、三一頁。

（33）土田定次郎編（代表）『窮亦楽通亦楽　遠藤隆次思い出の記』、遠藤律、一九七〇年、参照。

（34）Cf. Endo, Riuji, and Resser, Charles Elmer, "The Sinian and Cambrian Formations and Fossils of Southern Manchoukuo", *Manchurian Science Museum Bulletin*, I, 1937.

（35）遠藤隆次編『教育参考館陳列品目録（昭和十一年十二月十五日現在）』、南満洲鉄道株式会社教育研究所、一九三七年、参照。同書「節足動物／三葉虫類」（二七-六二頁）は本文二一六頁のうちの一六パーセントを占めている。すべて、遠藤隆次の寄託品である。

（36）木場一夫編『国立中央博物館大経路展示場第一次列品目録』、国立中央博物館、一九四〇年、参照。

（37）土田定次郎編（代表）、前掲書、一四七-一四八頁、参照。

（38）おなじシーンに登場するもうひとつの話題「ビフルカタス層の赤色粘土」（香山滋『香山滋全集』第一一巻（ペット・ショップ・R）、四一七頁）については、次の記事に接した。ムラカミ・ヒロミ「黄色い部屋の片隅で（ミステリ・アーカイヴ）第九回　香山滋と横山又次郎」（Ｗｅｂ冊子「定有堂ジャーナル」）http://homepage2.nifty.com/teiyu/journal/mura_0409.html（二〇一二年四月二十六日閲覧）。ビフルカタス層は、「粘土」のほかに「岩滓」「砂」という表記もおこなわれている。粘土と砂は分類学的に異なり、香山の意を知ることができないが、恐竜足跡化石、赤色、岩滓、砂の四つのキイワードに着目すると、熱河竜の報告が参考に掲げた、類似する足跡化石が山西省と陝西省の赤色砂岩層（三畳系乃至侏羅系）から見つかっているとする記述に注意が向く。香山はこのくだりに触れていたのではないだろうか。鹿間時夫「熱河恐龍足跡化石発掘記」、三八七頁、野田光雄・鹿間時夫「熱河恐龍の足跡化石に就いて」、四七八頁、参照。

（39）鹿間時夫『石になったものの記録』（角川新書一四七）、角川書店、一九六〇年、二二一頁。

（40）矢部長克、稲井豊、鹿間時夫「満洲国錦州省羊山より発見されたる中生代恐龍の足痕化石」『地質学雑誌』第四七巻第五五九号、日本地質学会、一九四〇年、一六九-一七〇頁。https://www.jstage.jst.go.jp/article/prpsj1935/1940/17/1940_17_27/_pdf（二〇一六年四月九日閲覧）、参照。

（41）野田光雄・鹿間時夫「羊山産恐龍足跡発掘経過報告」『国立中央博物館時報』第一二号、国立中央博物館、一九四一年、八‐一九頁、鹿間時夫「熱河恐龍足跡化石発掘記」、三七五‐三八七頁、野田光雄・鹿間時夫「熱河恐龍の足跡化石に就いて」、四七四‐四七八頁、鹿間時夫、前掲書、一八〇‐一八一頁、参照。

(42) 尾崎博「私のたどった博物館歴／「生物の進化」の展示が生まれるまでのメモ」国立科学博物館編『自然科学と博物館』第37巻第11～12号、国立科学博物館、一九七〇年、二四一頁。

(43) 国立科学博物館編『国立科学博物館百年史』、国立科学博物館、一九七七年、五一八頁。

(44) 尾崎博、前掲論文、二四七頁。

(45) 同論文、二四一頁。

(46) 香山滋『香山滋全集』第一一巻（ペット・ショップ・R）、四二一頁。

(47) 尾崎博、前掲論文、二四六頁。

(48) 土田定次郎編（代表）、前掲書、参照。

(49) 同書、一六七頁、参照。

(50) 犬塚康博・大森直樹「元日本語教師が語る「満洲・満洲国」教育の実態——山田弥貴氏へのインタビュー記録——」「満洲国」教育史研究会編『「満洲国」教育史研究』第二号、東海教育研究所、一九九四年、一二〇頁、参照。

(51) 犬塚康博『反博物館論序説——二〇世紀日本の博物館精神史』、一七七頁。

(52) 香山滋『香山滋全集』第一一巻（ペット・ショップ・R）、四三五頁。

(53) 同書、四三五頁。

(54) 鹿間時夫「熱河恐龍足跡化石発掘記」、三七五頁。

(55) 野田光雄・鹿間時夫「羊山産恐龍足跡発掘経過報告」、八‐一九頁、参照。

(56) 鹿間時夫、前掲書、一八〇‐一八一頁、参照。

(57) 遠藤隆次『改訂増補　満洲の地質及鉱産』、一三六‐一三七頁、参照。

(58) 香山滋『香山滋全集』第一一巻（ペット・ショップ・R）、四一九頁。

(59) 同書、四一五頁。

(60) 同書、四二六頁。
(61) 同書、四二七頁。
(62) 同『香山滋全集』第一四巻(魔空要塞)、一五七頁。
(63) 同書、一二一頁、参照。
(64) 同『香山滋全集』第一一巻(ペット・ショップ・R)、四三五頁。
(65) 遠藤隆次『科学者の視野』、満洲帝国教育会、一九四二年、九二頁、参照。
(66) 同『原人発掘――一古生物学者の満州25年』、(まえがき)一頁、参照。
(67) 鹿間時夫、前掲書、九一一六頁、参照。
(68) 香山滋『香山滋全集』第一一巻(ペット・ショップ・R)、四二〇頁。
(69) 『香山滋全集』第七巻(怪獣ゴジラ)、四四一―四四二頁。
(70) 同『香山滋全集』第一四巻(魔空要塞)、一八四頁。
(71) 同『香山滋全集』第七巻(怪獣ゴジラ)、四四二頁。
(72) 東洋一・藤田将人「中国遼寧省朝陽県羊山の恐竜足跡化石産地探訪記」『福井県立恐竜博物館紀要』四号、二〇〇五年、四八頁。https://www.dinosaur.pref.fukui.jp/archive/memoir/memoir004-045.pdf(二〇一六年四月八日閲覧)。
(73) 香山滋『香山滋全集』別巻(評論・年譜他)、四三四―四三五頁。
(74) 同書、四三五頁。
(75) 城昌幸・渡辺啓助・高木彬光・香山滋「探偵作家の座談会/科学空想映画「ゴジラ」を観て」香山滋『ゴジラ』(ちくま文庫)、二六一頁。
(76) 加藤典洋『さようなら、ゴジラたち――戦後から遠く離れて』、株式会社岩波書店、二〇一〇年、一八三―二〇七頁。
(77) 同書、一四八頁。
(78) 那須孝悌「弥生時代の台風――シダ植物 *Stenochlaena* の胞子化石」大阪市立自然史博物館編『Nature Study』Vol. 23 No. 10(通巻二八一号)、大阪市立自然史博物館友の会、一九七七年、一一〇―一一二頁、参照。
(79) 香山滋『香山滋全集』第一四巻(魔空要塞)、一九一―一九四頁、参照。

（80）栗山一夫「地域研究のすすめ」民主主義科学者協会編『歴史評論』第三巻第四号、歴史評論社、一九四八年、四二頁。
（81）同論文、四五頁。
（82）加藤典洋、前掲書、一七三頁、参照。
（83）栗山一夫、前掲論文、四〇頁。
（84）加藤は、大日本帝国によるアジア諸国の蹂躙を言っているが、映画のシーンに関して「何となく」と書くように、具体的な根拠からの帰納と言うよりは、その想像力からの演繹として評価される。加藤典洋、前掲書、一五七頁、参照。
（85）村井紀『新版　南島イデオロギーの発生』（岩波現代文庫　学術一二二）、株式会社岩波書店、二〇〇四年、参照。
（86）香山滋『香山滋全集』別巻（評論・年譜他）、三六二―三六四頁。
（87）映画の台詞は、神子島上空を北緯五三度東経一四八度と言う。現実の、ロシア連邦サハリン州ネフチェゴルスク東方約三三八㎞のオホーツク海上にあたる。興味深いのは、大阪をあとにしたゴジラが北方の海にあらわれたとの報せを受け、月岡機がゴジラを捜索するシーンである。機の現在地が「北緯五〇度東経一四七度三〇分」と無線で告げられると、北海道支社で交信するオペレータの秀美は「もうすぐよその国じゃないの」と言う。東経はさて措き、北緯五〇度とは戦前の日本とソ連との国境線であり、このくだりはゆえなきものではなかったのである。映画を小説化した「ゴジラの逆襲」は、経緯度の数値を記さずに「〇〇」であらわし、原作も散逸したらしいため、香山の意は不明だが、ゴジラの戦前的自明がここまでおよんでいたのかもしれない。
（88）香山滋『香山滋全集』第一四巻（魔空要塞）、一二八頁。

図表説明

図1　文珠竜
「爬虫類鞘歯目に属する化石」『国立中央博物館照片／第二輯／化石』、国立中央博物館、（一九四〇年頃）、八枚のうちの一枚を改変して筆者作成。

図2　東洋吻嘴竜

図3　矢部竜
Endo, Riuji, and Shikama, Tokio, "Mesozoic Reptilian Fauna in the Jehol Mountainland, Manchoukuo", *Bulletin of the Central National Museum of Manchoukuo*, 3, 1942, pp. 1-19. /Pl. I” を改変して筆者作成。

図4　熱河竜の足跡化石（単体）
Shikama, Tokio, "Footprints from Chinchou, Manchoukuo, of Jeholosauripus, the Eo-Mesozoic Dino-saur", *Bulletin of the Central National Museum of Manchoukuo*, 3, 1942, pp. 21-31. /Pl. X” を改変して筆者作成。

図5　熱河竜の足跡化石（集合）の拓本・トレース
Shikama, Tokio, "Footprints from Chinchou, Manchoukuo, of Jeholosauripus, the Eo-Mesozoic Dino-saur", *Bulletin of the Central National Museum of Manchoukuo*, 3, 1942, pp. 21-31. / Pl. X / Pl. XV” を改変して筆者作成。

付記

筆者のゴジラ体験は、三作目の『キングコング対ゴジラ』（一九六二年）からである。二作目『ゴジラの逆襲』（一九五五年）のときは生まれていない。その『キングコング対ゴジラ』は、本文で書いたように北方から始まっていた。氷山からあらわれるゴジラが、筆者の原体験である。こののちのゴジラはほぼ一貫して南方の存在であり、それに親しんでもきたが、氷山のゴジラが筆者の脳裏から消えることはなかった。南方の海ではないゴジラが、本章の動機である。

二〇〇四年夏、一作目の『ゴジラ』を衛星テレビでみた。くだんのシーンが注目されることとなり、その感想を岸雅裕氏に電子メールで伝えた。岸氏は、名古屋市博物館、愛知文教大学での筆者の上司であり、古事記・日本書紀研究をプライマリな専門とし、さらに近世の出版文化研究へと進んで、地質古生物学にも通じる多才な研究者であった。このとき氏は、即座に書簡を届けられ、遠藤隆次（撮影一九四〇年七月十五日、当時四十八歳）と志村喬扮する山根恭平（撮影一九五四年、当時五十五歳）の相貌の類似と、映画に出てくる三葉虫がレドリキア・シネンシス（*Chinensis*）を参考にしたのではないかと教示された。

そして、二〇一一年三月十一日以後、再燃するゴジラ論に接して、筆者も考えを進めるべく二〇一二年二月から文献調査をおこなった。そして、その年の十二月になって、岸氏が三月三十日に六十三歳の若さで亡くなられたことを知らされる。筆者が、ゴジラの調査に着手していたちょうどそのころ、岸氏は病と闘い、逝去されていたのであった。調査は中断し、こんにちにいたってしまった。

岸雅裕氏に受けた学恩と、本章執筆に際していただいた岸正子氏のご高配に、心から感謝申し上げます。

補記

本章における「竜」と「恐竜」の呼称は任意だが、概して行文中は「恐竜」、標本の名称は「竜」である。

略奪文物返還問題備忘録

はじめに

本章は、筆者が運営するウエブサイト「博物館風景」[1]で、略奪文物返還問題およびそれに関連することがらについて折々に投稿した記事を蒐め、ひとつの備忘録にしたものである。

略奪文物返還問題に関する筆者の体験は一九七〇年代にさかのぼり、以降それは、日本の近現代史すなわち日本帝国主義の問題としてあり続けてきた。[2]「博物館風景」に略奪文物の語が単純に登場するのは二〇二〇年十一月十五日が最初で、話題はベニンブロンズである。近年の流行現象への応答だったのであろう。

本章では、略奪文物という言葉を、〈政治・経済・文化的権力が偏在する状態における、中枢と衛星とのあいだの不等価交換[3]〉という意味に還元して、断想的記事から該当するものを選んだ。任意にカテゴライズし、簡単な解説を付した。

〔凡例〕

- カテゴリの順序は任意で、カテゴリ内の記事は時間昇順である。

・各記事は、タイトル（投稿日時、脚注に記事のＵＲＬ）、本文（引用文、引用先ＵＲＬ、コメント）の順に統一した。
・タイトルは、引用先から引いたものを「」に括り、筆者によるものをそのままとした。
・本文中の引用文と引用先ＵＲＬは二字下げし、筆者のコメントは先頭に（コメント）を付した。引用とコメントのあいだは一行あけた。
・引用先ＵＲＬの閲覧日は投稿日と等しい。
・引用の外国語は機械翻訳を使用し、文体等を整えた。筆者の文章も、当初の主旨が変わらぬ限りで、文体を整えたものがある。
・本文中の画像は削除し、必要のあるときはテキストに置き換えた。
・投稿を予定しながら下書き状態の記事がある。必要に応じて掲載した。
・二〇二二年十二月三十一日までの記事である。

ベニンブロンズ、スミソニアン

〔解説〕　七件の記事は、共通してベニンブロンズの話題である。２から６は個別スミソニアンに関し、１と６は筆者の意見のメモで、７は下書きであった。

１は略奪文物返還から帰納される、原理的な博物館問題である。たとえば日本の博物館研究において伊藤寿朗は、収集・保管、調査・研究、公開・教育を博物館に内在する機能として整理し、時代と場所に応じた政治・経済・文化的機能を外在するものと定義した(4)。しかし、収集・保管、調査・研究、公開・教育が、時代と場所に応じた政治・経済・文化の産物であることが、内在／外在の二項図式からは見失われる。現代博物館が、帝国主義、略奪文物とともに成立したことを見失うのである。その帝国主義の博物館で帝国主義化した略奪文物を故地に返還することは、故地に帝国主義を罹患させることを意味する。帝国主義の博物館で帝国主義化した略奪文物は、帝国主義ではない「場所」で、帝国主義でない「文物」となってはじめて、略奪文物返還の全過程が終了すると筆者は原理的に考える。その「場所」は、デウス・エクス・マキナのごとき博物館でも[5]、できあいの博物館でもない[6]。

6は、略奪文物返還問題に接して得た課題のプロットである。第一項は従来の認識であるが、それ以外は現在および未来の課題である。第二項の事態は、7から読み取れる。第三項は、NATO諸国の軍事戦略・戦術に、文物（文化財、文化遺産）、博物館が位置づけられていることと通じる[7]。

7は、書きかけにしていたもので、展示に「正しい方法」があると前提するところに、展示や博物館の帝国主義への過程が見てとれる。なお旧聞に属すが、筆者は、国立民族学博物館教授（当時）森田恒之の「途上国が求める博物館協力」論[8]を批判したことがある[9]。

1　略奪文物も返還文物も（二〇二〇年十一月十五日[10]）

何十年もの間、略奪されたベニンの青銅器がナイジェリアに返還され、新しい美術館に収蔵されることを求める声が上がっていた。金曜日に、エド西アフリカ美術館の最初の画像が公開され、希望が現実に近づいた。

https://twitter.com/nytimes/status/1327521680999276544

（コメント）　略奪文物返還と博物館との接続はむかしからある話で、それにアメリカのコミュニティ・ミュージアム論が現代風に敷かれている模様。興味深いけれども問いは、文物は、略奪によっても、返還によっても、博物館にゆく、という「構造」に対しておこなわれるべきであろう。

2　「ワシントンDCにあるスミソニアン国立アフリカ美術館はベニンブロンズを展示から外し、一八九七年にイギリス人によって略奪された遺物を返還することを計画しています」（二〇二一年十一月六日[11]）
https://twitter.com/TheArtNewspaper/status/1456563843715448839

3　「なぜスミソニアンは略奪文物の撤去から収集へとアプローチを変えるのか」（二〇二二年一月八日[12]）
Why the Smithsonian is changing its approach to collecting, starting with the removal of looted Benin treasures
https://www.washingtonpost.com/entertainment/museums/smithsonian-collecting-policy-overhaul/2022/01/05/36998dd8-6819-11ec-b0a7-13dd3af4f70f_story.html

4　博物館は略奪のテンプルでありかつフォーラムである：「スミソニアン博物館が略奪文物を返還する可能性」（二〇二二年五月四日[13]）
米国に本拠を置くスミソニアン博物館ネットワークは、そのコレクションの多くが非倫理的な手段で入手されたものであることを公式に認めた。火曜日、美術館は「収集における倫理規範と最良の実践は、特に個人とコミュニティからの文化遺産の収集に関して変化した」と述べ、多くの作品が本質的に略奪によって得られたものであることを認めている。

スミソニアン・ネットワークは現在、遺物を元の所有者に返すか、共有することを視野に入れた「倫理的返品政策」を適用している。また、略奪やそれに類する行為は「私たちの今後の交流や収集に一切関わってはならない」と主張している。スミソニアンに〝略奪部門〟があると思っている人がいるかもしれないので念のため。

https://www.instagram.com/p/CdIZbwqsYdc/

（コメント）博物館は略奪のテンプルでありかつフォーラムである。その歴史と構造を隠蔽して、現代の博物館が成り立っている、という言わずもがなの話。

5　帝国主義博物館の欺瞞（二〇二二年七月二十八日）[14]

人骨、盗まれた美術品：スミソニアン、「問題」コレクションに挑む／スミソニアン博物館が二十年ぶりに更新したコレクション・ポリシーは、倫理的な返還と共有所有権を提案している。しかし、それは変革をもたらしてくれるのだろうか？

https://www.washingtonpost.com/arts-entertainment/2022/07/27/smithsonian-collection-policy-update/

（コメント）「倫理的な返還と共有所有権を提案」？盗っ人猛々しいとはこのこと。「問題」コレクション？いいえ、問題博物館。「盗まれた美術品」ではなく盗んだ美術品であるように、欺瞞に満ちたテクストである。略奪文物返還というテーマは古い。いまこの時期に、帝国主義博物館はなにをたくらむのか。

6

承前＊帝国主義博物館に関するメモ（二〇二二年七月二十八日）[15]

- 博物館史において後発だった米国の博物館の、同史で先行したヨーロッパの博物館に対する闘争。
- 略奪した相手の国、地域の博物館に対する、略奪した国による略奪文物を介した支配。人、物、金の融通。すなわち帝国主義的博物館支配。
- 略奪した相手の国、地域（おおむねＡＡＬＡ諸国諸地域と言ってよいであろう）における、略奪した国による反中国、反ロシアのマヌーバーとしての略奪文物、博物館。

7

'the right way to display it'（二〇二二年八月二十四日）

As more looted art is returned to Africa, countries have wrestled with the right way to display it. In Benin, an exhibition of recovered artifacts, displayed alongside work by contemporary artists, has drawn huge crowds.

https://twitter.com/nytimes/status/1561669547312222213

https://www.nytimes.com/2022/08/21/world/africa/benin-art-restitution-exhibition.html

略奪された美術品がアフリカに返還されるにつれ、各国はそれを展示する正しい方法に取り組んできました。ベナンでは、現代アーティストの作品と並んで展示された、回収されたアーティファクトの展示会が大勢の人を集めました。

アメリカ自然史博物館

〔解説〕ニューヨークのアメリカ自然史博物館に関する四件の記事は、セオドア・ルーズベルト像の差別主義を批判して、像を撤去するのに先立つ一連のツイートやホームページの記事に触れて投稿したもの。意見募集があったため、10のとおり送信した。翌年、同像は撤去された。この博物館は、敗戦前後を問わず日本の自然史博物館のモデルのようにしてあった。そうした博物館が、セオドア・ルーズベルトの像を撤去した目的は、直接に同像の差別主義の除去にあったが、差別主義の理由であるところの自然史学の植民地主義にまではおよばなかった。予定調和的に、像すなわちモニュメントというアクセサリーに対して断罪を執行したにとどまり、館の中心的な専門分野の自然史を撤去したわけではなかったのである。

8　a symbol of colonialism（二〇二〇年六月二十二日）[16]

https://twitter.com/nytimes/status/1274816919250636801

（コメント）　自然史博物館じたいが植民地主義の象徴ではないのかな？

https://twitter.com/ore_nest/status/1274868427128102912

9　museum's own colonialism（二〇二〇年六月二十二日）[17]

https://www.amnh.org/exhibitions/addressing-the-theodore-roosevelt-statue

（コメント）　分節化して見えにくくなることがあります。It may become segmented and difficult to see.

https://twitter.com/ore_nest/status/1275065256386031621

10　アメリカの植民地主義を記録し記憶する博物館（二〇二〇年六月二十三日）[18]

Addressing the Statue (https://www.amnh.org/exhibitions/addressing-the-theodore-roosevelt-statue) の What do you think? Share your views. (https://www.amnh.org/exhibitions/addressing-the-theodore-roosevelt-statue/what-do-you-think) に以下を送りました。

＊

自然史は植民地主義科学のシンボルです。ルーズベルトの像を撤去することは、自然史の撤去でなければなりません。自然史博物館も廃止されるべきです。そうでなければ自家撞着です。新しい博物館を創設して、現在の自然史博物館とルーズベルト像を収蔵展示し、植民地主義を反省する研究と教育の場となることを期待します。それは、アメリカの植民地主義を記録し記憶する博物館です。

＊

（スクリーンショット）

150YEARS AMERICAN MUSEUM
OF NATURAL HISTORY

Thank you

ADDRESSING THE STATUE

SHARE　COLLECT

Thank you for taking the time to submit
your comments.

11　「ニューヨーク自然史博物館はセオドア・ルーズベルト像を静かに撤去し始めた」（二〇二二年一月二十一日）[19]

https://www.instagram.com/p/CY9rY0osMxz/

アメリカの黒人

〔解説〕　アメリカ自然史博物館のセオドア・ルーズベルト像は、騎乗の主人公の両側の地上に黒人と先住民を置いていた。黒人の遺産、遺品、遺骨に関する植民地主義的差別的取り扱いは、博物館の中枢と周縁の権力関係をよくあらわしていた。

12は博物館ではないが、占領期、ＧＨＱや米本国からの使節団に支えられて成立した国立国会図書館法（一九四八年）をめぐる羽仁五郎の「図書館の論理」[20]が、黒人差別のアメリカの図書館に支えられていたことの備忘である。博物館はどうであっただろう。セオドア・Ｌ・ローの『社会的道具としての博物館』[21]（一九四二年）、それを複製した木場一夫の『新しい博物館――その機能と教育活動――』[22]（一九四九年）、事実上の木場の後継、鶴田総一郎の「博物館学総論」[23]（一九五一年）の戦後博物館論に黒人は居たのであろうか。木場、鶴田ともにレッドパージのうえに成り立つ博物館論であったから、想像に難くない。

13は、警察国家、戦争国家の面目躍如と言えるニュースである。謝罪しても、警察国家、戦争国家であることは不変のため、これから何度でも謝罪するであろう。14は、同じ問題の別の記事であるが、長文を省略してＵＲＬのみ掲げた。15は、引用先の末尾近く「Although tracing human remains can be…」以降を訳して載せるつもりであった下書きである。いずれも、ＵＲＬの先で全文を読んで欲しい。

12　図書館は「白人専用」だった（二〇二〇年七月十八日）[24]

ジョン・ルイスは涙ながらに全米図書賞を受賞した。彼は一九五六年に図書館カードを手に入れることができなかったが、その理由は図書館が「白人専用」だからであった。

https://twitter.com/yashar/status/820668950035959810

（コメント）　羽仁五郎らが、米国指導の下で国立国会図書館法をつくった十年後ぐらいの、米国の図書館の話。

13　「プリンストン大学とペンシルベニア大学の人類学者たちが、子どもたちのひとりの骨を家族たちに知られずに持っていたことが、二〇二一年四月、明らかになった。」（二〇二一年五月十四日）[25]

一九八五年五月十三日のこの日、フィラデルフィア警察は、黒人解放・環境保護団体ＭＯＶＥの家を自動小銃で攻撃し、爆弾を投下、大人五人と子供六人が死亡、黒人が多く住む地区の六十一軒の家が破壊され、二五〇人がホームレスとなった。

約五〇〇人の警察官が、女性や子供でいっぱいのこの家に一万発以上の弾丸を撃ち込み、他の警察官は爆薬で壁に穴を開けた。そして、警察本部長はこの家を爆破するように命じ、ＦＢＩから渡されたＣ４で作った即席の装置を使って爆破した。

この爆発と火災で生き残ったのは二人だけであった。ラモーナ・アフリカとマイケル・ウォード（十三歳）である。職員は起訴されなかったが、ラモーナ・アフリカはその後、暴動と陰謀の罪で七年間収監された。この事件は、フィラデルフィア初の黒人市長である民主党のウィルソン・グッド氏の在任中に起きた。

殺された子どもたちの名前は、カトリシア・ドットソン（ツリー）、ネッタ、デリティア、フィル、トマサ・アフリカ、大人はロンダ、テレサ、フランク、CP、コンラッド、ジョン・アフリカであった。

二〇二一年四月、プリンストン大学とペンシルベニア大学の人類学者が、遺族に知られることなく、子どもの一人の骨を持っていたことが明らかにされた。

https://www.instagram.com/p/CO0K2nsgrYk/

14 「フィラデルフィア博物館は警察の爆撃で殺された黒人の子どもの骨を保管していた。数十年後謝罪する」（二〇二一年五月十四日）[26]
https://www.washingtonpost.com/nation/2021/04/30/philadelphia-move-bombing-bones-upenn/

15 「大学の骨コレクションに隠された秘密」（二〇二一年五月十四日）
The Grim Open Secret of College Bone Collections
https://slate.com/news-and-politics/2021/04/move-bombing-victims-princeton-penn-museum-history-anthropology.html
（略）
遺体の追跡は困難であるが、これは何世紀にもわたって白人の収集家たちが「標本」とみなした人々に人間性を与えなかった直接の結果である。これには最近の前例がある。一九九〇年に制定された「アメリカ先住民の墓地の保護と遺品の返還法」（NAGPRA）により、北米全域で何千もの先住民の遺骨や埋葬品が再埋葬されるようになった。例えば、二〇〇三年、シカゴのフィールド博物館は、ブリティッシュ・コロンビア州のクイーン・シャーロット諸島の埋葬地から盗まれたハイダ・グワイの先祖の遺骨一五〇体を返還した。ハイダ族は、アメリカ自然史博物館やスミソニアンなどの博物館からさらに何百もの遺骨を返還し、再び埋葬することを求め、この行動によってさらなる法廷闘争が始まった。彼らの戦いはまだ終わっていない。

アメリカ先住民に焦点を当てたNAGPRAは、全米の博物館や大学が所蔵する何千体もの黒人の遺骨の返還を管理するものではなく、二十世紀を通じて医師、人類学者、その他の科学者が収集した、障害者、貧困者、「犯罪者」の遺骨も対象としていない。ペン博物館（ペンシルベニア大学考古学・人類学博物館）の対岸にあるムター博物館のように、センセーショナルな展示で利益を得ながら、そのコレクションは現在進行中の科学研究に必要であるとして、返還を求める声には消極的な機関もある。さらに憂慮すべきことに、博物館という組織的な世界の外では、頭蓋骨やその他の人骨が、しばしば出所不明のまま個人のオークションにかけられ、無名の商品として購入されているのである。

（略）

ボリビア

〔解説〕16は、二〇一九年十一月から二〇二〇年十月までのクーデタ政権期、クーデタで追われた前大統領エボ・モラレスによるものである。クーデタ政権がおこなった文化政策と、クーデタ政権が失脚した後の文化政策の一端を知ることができる。19は、クーデタ以前に返還されていた略奪文物を博物館に受け入れる儀式の記事。ベニンブロンズの「正しい方法」と比べて何が読みとれるであろうか。本章の冒頭で提起した博物館批判は、現実的、段階的には欧米型博物館の使用が考慮されるが、博物館批判は、使用者の政治、経済、文化的権力のありかたで決まる。

16　「歴史のない国や記憶のない人々は簡単に支配されます」（二〇二〇年七月七日）(27)

歴史のない国や記憶のない人々は簡単に支配されます。そのため、この事実上の政府は文化省を排除し、文化的に多様な集団的アイデンティティの一部であるところの博物館を閉鎖します。――エボ・モラレス・アイマ

https://www.facebook.com/EvoMASFuturo/photos/a.412802799171751/1028803587571666/

17　Goethe Medal ‐ ゲーテメダル（二〇二〇年九月二日）(28)

ゲーテメダルを受賞したばかりのアイマラアーティスト兼研究者のエルビラ・エスペホ氏にお祝いを申し上げます。

彼女が賞を待っている間に、彼女が七年間保持した民族学と民俗学博物館（ＭＵＳＥＦ）のディレクターとしての彼女の交代は、人種差別の不可解な行為でした。

https://www.instagram.com/p/CEnAscYlaXv/

（コメント）　参考：https://www.goethe.de/en/uun/ver/gme/21842459.html

18　directora del MUSEF（二〇二一年二月二十日）(29)
正義の行為において、兄弟ルイス・アルセが議長を務める私たちの政府は、アニェスのクーデタ政府によって解任されたMUSEF（Museo Nacional de Etnografía y Folklore、国立民族学・民俗博物館）のディレクターとして、先住民の芸術家、姉妹エルビラ・エスペホ・アイカを任命しました。
https://twitter.com/evoespueblo/status/1362776678901104643

19　「国立考古学博物館でインカの少女ミイラの「スチヤキ」儀式」（二〇二一年八月十日）(30)
私たちの民族の歴史的アイデンティティを認め、二〇一九年にアメリカから帰国したインカ族の少女のミイラを、私たちは「スチヤキ」儀式に参加しました。それは私たちの先住民文化の偉大さを象徴しているので、私たちはそれをサフィ（ルート）と呼んでいます。

多民族国家の文化の象徴を再評価することは私たちの義務です。サフィの少女は私たちの祖先の記憶であり、私たちの象徴的かつ物質的な遺産の一部です。

https://www.instagram.com/p/CSXnmvyjlJr/

大英博物館

〔解説〕　大英博物館については多言を要しない。ここに掲げていない事項でも、ベニンブロンズ、ギリシア大理石彫刻の返還（不返還）問題など枚挙に暇がない。20はBP（旧称ブリティッシュ石油）および同社が後援する大英博物館の帝国主義に抗議するイベントの案内、21はいわゆる略奪文物の紹介である。22は、直接に略奪文物返還問題ではないが、略奪、盗難などを暗示する文物の移動という意味で、博物館の政治・軍事化が注意される。

20 「盗品ツアー：帝国での反撃」（二〇二一年八月四日）[31]

過去についての正直さ、現在の正義、そしてより安全な気候の未来を求める不従順なツアー。

このイベントについて

古代帝国。大英帝国。石油帝国。大英博物館は、盗まれた遺物を誇らしげに展示している場合でも、石油大手ＢＰが主催するネロの展示会を開催している場合でも、現在、帝国と帝国主義を祝うことに熱心なようです。

ライブストリーミングされた不従順なツアーに参加して、博物館のコレクション内のオブジェクト、大英帝国の歴史、そして今日の世界中の地球規模の正義と気候の正義のための闘いを結び付けて下さい。

特徴：

ジータ・ホルボーン、ＰＣＳユニオンのナショナルバイスプレジデント、Artists' Union England のナショナル共同議長、ＢＡＲＡＣ（Black Activists Rising Against Cuts）ＵＫのナショナルチェア

モナ・Ｍ：、イランの視覚芸術家および研究者

オニェカチ・ワンブ、アイコンの復活プログラムのプロジェクトディレクター、アフリカ開発財団（ＡＦＦＯＲＤ）

主催　活動家の劇団 **BP or not BP?**

シンガーソングライターヘレナ（hellenaofficial.com）からの特別寄付とその他TBC…

八月十四日土曜日の午後二時BSTに、美術館で争われている多くの遺物を訪問し、オブジェクトが展示されている国の講演者の話を聞きます。私たちは博物館の労働者と気候正義の運動家が参加して、これらの問題の間の点を結び付けます。

博物館は、BPの現代の汚染帝国を支えながら、大英帝国についての真実を隠しています。博物館にこの現代の植民地時代の行動を止めて、代わりにそれが所有する目的を持っている市民とコミュニティの利益のために行動し始めるように呼びかけるために私たちに参加して下さい。

https://www.eventbrite.co.uk/e/stolen-goods-tour-striking-back-at-the-empire-tickets-164381309923

（略）

21 「大英博物館がパレスチナから盗んだもの」（二〇二一年十一月三日）[32]

https://twitter.com/RiverToSea48/status/1455811487440773124

22 ウクライナ、キエフ、イギリス、大英博物館の不思議（二〇二二年五月三十一日）[33]

Last year, a package containing illegally exported Medieval Ukrainian jewellery was intercepted in the UK. Although it is unclear where they came from, the collection will now be exhibited @britishmuseum until it is safe to return them to Kyiv

https://twitter.com/TheArtNewspaper/status/1531581497626570753

昨年、不法に輸出された中世ウクライナのジュエリーが入った小包が英国で押収されました。どこから来たのかは不明ですが、このコレクションは、キエフに安全に送り返されるまでの間、ブリティッシュ・ミュージアムで展示される予定です。

〈コメント〉不思議な記事である。

固有名詞は、ウクライナ、英国、キエフ、ブリティッシュ・ミュージアム。国は、ウクライナとイギリス。これをロシアの「犯罪」につなげてゆくのであろうか。

そして大英博物館は、ウクライナの不幸（ジュエリーが国外流失したこと、戦闘状態であること）を肴に、ジュエリーを展示して集客、プロパガンダに加担するのか。「どこから来たのかは不明」なものを展示するのか、大英博物館が。

「どこから来たのかは」わかっているのであろう。それがロシアの所業なら、このように穏当な記事になるはずがない。

それと「キエフに安全に送り返される」とは、端的にただいまの戦闘状態におけるロシア敗北の含意があるであろうから、「送り返される」ことはしばらくない、と読んでおこう。

大英帝国の帝国主義と植民地主義の滲み出る記事タイトル、リードであった。博物館そのものが帝国主義、植民地主義の外延なのである。

フランス

〔解説〕フランスに関する記事は、三件目の記事「博物館、帝国主義」のように概括できる。問題処理は個人においてなされても、歴史的、構造的な問題である。24は、訳文を省略してＵＲＬのみ記した。

23　「略奪された古美術品：前代未聞の規模の往来で発覚」（二〇二二年五月二十八日）(34)

Antiquités pillées: révélations sur un trafic d'une ampleur inégalée

https://www.liberation.fr/societe/antiquites-pillees-revelations-sur-un-trafic-dune-ampleur-inegalee- 20220526_G67CBTSMZNCI5E6M4SXST2E4BE/

「マネーロンダリング」と「組織的詐欺への加担」でルーヴル美術館の前館長ジャン＝リュック・マルティネズが水曜日に起訴されたことを受け、『リベラシオン』は、美術界で前例のないスキャンダルの背景を明らかにした。その中には、ニューヨークのＭＥＴやアブダビのルーヴル美術館が五六〇〇万ユーロ以上で購入した違法出所の作品も十数点含まれている。

古美術品の略奪者、有名画廊のオーナー、一流のオークションハウス、国際的な主要美術館が一堂に会する、広大なイベントである。文化財産不正取引取締中央部（ＯＣＢＣ）の捜査官は、これらの秘密のネットワークを四年近く追跡しているが、いずれも「前例のない規模の密売」に関与しているという。彼らの調査の中心は、政治的に不安定な国、時には戦争や武力紛争の渦中にある国から略奪され、専門家、美術館学芸員、公共・民間機関の共謀のもと、偽の証明書をつけて美術品市場で転売されている数百点の品々である。このうち、二〇一三年から二〇一七年にかけてニューヨークのメトロポリタン美術館（ＭＥＴ）とアブダビのルーヴル美術館が五六〇〇万ユーロ以上で購入した、違法な出所を持つ一二点の例外的な作品がある。

最新の動きは、カナール・アンシェネとル・モンドが明らかにしたように、月曜日にルーヴル美術館の元責任者ジャン＝リュック・マルティネズが「マネーロンダリング」と「組織的詐欺への加担」で逮捕、水曜日に起訴されたことである。この事件は、これらの物品の売却の一部が、〝あるプロジェクトの資金調達に使われる可能性が高い〟という点で、より微妙なものとなっている。
（以下有料記事、略）

（コメント）前回に続き、博物館は略奪の殿堂でありフォーラムであるという話。ほかに記事がありそうですが、取り急ぎこれを。

24　「フランス人学芸員二名が古美術品売買の疑いで拘束される」（二〇二二年七月二十六日）[35]
https://www-leparisien-fr.cdn.ampproject.org/c/s/www.leparisien.fr/amp/faits-divers/louvre-abou-dhabi-deux-conservateurs-francais-en-garde-a-vue-pour-des-soupcons-de-trafic-dantiquites-25-07-2022-I424HHEM7NFCPNYHPX2G6VMDZI.php

25　博物館、帝国主義（二〇二二年七月二十七日）[36]
こういうニュースに驚かないのは、われわれが接する現代の博物館は、帝国主義と前後して成立した、泥棒を本質とする機関であることと、新古美術は、グローバリズムの時代のわが国でアートマネジメントが喧伝されたように、商売、投資を本質とする、やはり金融資本主義に親和的な分野だからと言える。

東京科学博物館、国立科学博物館

〔解説〕　東京科学博物館すなわち国立科学博物館に関する記事は、直接に略奪文物返還問題でないが、文物の取り扱い（略奪、移動、収蔵、返還）とは、形而上は帝国主義や植民地主義、形而下は個人を最小単位とする行為であることの備忘である。そこでおこなわれた交換が、どのような権力関係のもとにあり、等価であったのか不等価であったのかが問われる。なお、この国では一時期、旧帝国大学等が保管する先住民族の遺骨の返還が国策として展開されたが、博物館が保管するそれらはどうだったのであろうか。26のように、個人からナショナルミュージアムへの寄贈が公になっているのであるから、受贈側は適切に処したのであろうが、寡聞にして知らない。

26　東京教育博物館の「北海道旧土人頭骨」（二〇一〇年二月十五日[37]）
『文部省第十二年報附録（明治十七年分）』に収録された「東京教育博物館第八年報」の「寄贈及交換物品ノ件」の項に、「本年中寄贈ノ物品ハ其ノ数多カラスト雖青森県下平民斎藤主ヨリ献納セシ北海道旧土人頭骨ノ如キハ学術上最貴重ノ標品ナリ」（六〇五丁〔三六四コマ〕、http://kindai.ndl.go.jp/BIImgFrame.php?JP_NUM=40038520&VOL_NUM=00015&KOMA=364&ITYPE=0）の記述あり。消息如何。

27　「明治22年以前の標本」（二〇一〇年二月十七日[38]）
承前「北海道旧土人頭骨」は明治十七年（一八八四）に寄贈されているため、『写真で見た国立科学博物館

120年の歩み』（財団法人科学博物館後援会、一九九八年）にある「明治22年以前の標本」（五七頁）のカテゴリに属する。おそらく、写真（――省略）の標本などとともに、明治二十二年に帝国博物館へ移管され、大正十三〜十五年に東京帝室博物館天産部から引き継がれて、もどってきているのではないだろうか。

28 「青森県下平民斎藤主」（二〇一〇年二月十八日）[39]

「斎藤主」をインターネットで検索したところ、「不識塔その2―斎藤主（つかさ）の生涯 - 続・カクレマショウ」（http://blog.goo.ne.jp/yappi27/e/897600ae7764e3d19271fd9ed9398167）がヒット。以下、関係する部分の引用。

斎藤主は、万延元（1860）年、西目屋村の隣に位置する弘前市に生まれました。父は弘前藩士でしたが、廃藩置県後、今別町で私塾を開いており、彼は母のもとで育てられました。12歳の時上京しようとして家出、秋田県大館で見つかり、家に連れ戻されるという事件を起こしています。

彼が東京行きを果たしたのは17歳の時。小さい頃からの特技を生かし、書家になるべく様々な職を転々としますが、結局、明治10（1874）《ママ》年に勃発した西南戦争に乗じる形で警察官に採用されています。しかしそれも長続きせず、彼は一旗揚げようと北海道に渡ります。各地で役人生活を送りながら、英語や測量学、天文学などを習い、その知識を生かして北海道の奥地から千島、国後などの調査・測量に従事しました。

明治18（1885）年、26歳の時に故郷の青森に戻り、青森県庁土木課に配属されるものの、2年後には会計長として大阪の土木会社に入社、西日本各地の土木工事に関わることになります。一時的に請われて香川県庁や兵庫県庁の土木担当を任されたりもします。またこの間、九州鉄道土木工事測量の時に知り合った下宿屋の娘ナヲと結婚しています。

斎藤が、「北海道旧土人頭骨」を東京教育博物館に寄贈したのは明治十七年であり、上記「明治18（1885）年、26歳の時に故郷の青森に戻」る前年のことになる。それ以前、「彼は一旗揚げようと北海道に渡り」「各地で役人生活を送りながら、英語や測量学、天文学などを習い、その知識を生かして北海道の奥地から千島、国後などの調査・測量に従事し」たとあるため、この時期に「北海道旧土人頭骨」を入手したのであろう。

29　国立科学博物館「エクアドル蛮人首剝製」のために（その1）（二〇二一年五月十一日）[40]

ジョージア州メーコンの研究者は、CTスキャンを使用して、南米の儀式用ツァンサ（頭部を縮めたものとしても知られる）の真正性を証明し、エクアドルへの返還に成功しました。

https://twitter.com/theartnewspaper/status/1391916092642234373

何十年ものあいだアメリカの大学によって持たれた儀式の干し首が、どのようにしてようやくエクアドルに返されたか。

https://www.theartnewspaper.com/news/how-a-ceremonial-shrunken-head-held-by-a-us-university-for-decades-was-finally-returned-to-ecuador

（コメント）上野の国立科学博物館にある「エクアドル蛮人首剝製」等のために。くわしくは次回に。

30　国立科学博物館「エクアドル蛮人首剥製」のために（その2）（二〇二一年五月十一日）[41]
国立科学博物館編『国立科学博物館百年史』、国立科学博物館、一九七七年、に見える記事（三二三頁（写真上――省略））と表（三二一頁（写真中――省略）、三二二頁（写真下――省略））。これによれば、国立科学博物館に三点あることになる。フェイクかどうかは調べればわかるであろう。また、精読・精査したわけではないため、ほかにあるかもしれない。

博物館長寄贈の一点をのぞく二点が個人寄贈である。大学・機関やそれに所属する職業研究者ばかりでなく、個人のあいだで流通し、やがて博物館などに寄贈されていったケースは少なくないものと思われる。東京教育博物館（いまの国立科学博物館）の「北海道旧土人頭骨」も然りである（RELATED POST 参照――省略）。

あたっていないが、同書編集にあたった椎名仙卓氏の著書にもおそらく取り上げられていることと思う。

注

（1）「博物館風景」は、一九九八年四月二十日に筆者が開設した、博物館をテーマにするウエブサイトである。当初は複数のコンテンツを有していたが、二〇一八年六月十二日以後、ブログのみとし、更新を続けてきた。SNSを介して時事に触れ、感興を惹くことがあったときに、ソースのタイトル、抄訳、要約、URLのほか、若干のコメントを添えた備忘録である。

（2）丸西博「皇国史観に貫かれた「地方」文化収奪の拠点／東博の存在構造／東博に関わる諸問題」『プロレタリア考古』第四号、『プロレタリア考古』編集局、一九七三年九月一日、四面、岡本俊朗「略奪文物を各国人民に返還しよう！」岡本俊朗追悼集刊行会編『岡本俊朗遺稿追悼集　見晴台のおっちゃん奮闘記――日本考古学の変革と実践的精神――』、岡本俊朗追悼集刊行会、一九八五年、二一七－二一九頁、「帝国陸軍・日本考古学の「犯科帳」翻訳に参加しませんか?」同書、一三〇-一三三頁、小原博樹「韓国、朝鮮問題、差別撤廃運動と岡本さん」同書、一七九-一八〇頁、参照。

(3) 花崎皋平「アルジリ・エマニュエル『不等価交換』——国家間の経済的諸関係における諸敵対関係についての試論——」「連帯」編集部編『新帝国主義論争』、株式会社亜紀書房、一九七三年、二九-七七頁、武藤一羊「ガンダー・フランク『資本主義とラテン・アメリカにおける低開発』」同書、七九-一二三頁、参照。

(4) 伊藤寿朗「博物館の概念」伊藤寿朗・森田恒之編『博物館概論』、株式会社学苑社、一九八一年(三版、一九七八年初版)、七-八・一二-一三頁、参照。

(5) このくだりは、フランツ・ファノン『フランツ・ファノン著作集』三(地に呪われたる者)、鈴木道彦・浦野衣子訳、株式会社みすず書房、一九七〇年(第二刷、一九六九年第一刷)、一一三-一一四頁、参照。

(6) このくだりは、マルクス『フランスの内乱』、木下半治訳、株式会社岩波書店(岩波文庫、白一〇七、四六七五-四六七七)、一九六五年(第八刷、一九五二年第一刷)、九〇頁、参照。

(7) Cf. Clack, Timothy and Dunkley, Mark, ed., *Cultural Heritage in Modern Conflict: Past, Propaganda, Parade, (Routledge Advances in Defence Studies) (p.iii)*, Taylor and Francis. Kindle版, 2023.

(8) 森田恒之「いま博物館は」『月刊社会教育』第三八巻第三号、国土社、一九九四年、七-一五頁、参照。

(9) 「要約すれば、「途上国」は、博物館のコンセプト作りを含めた博物館作りのノウハウを求めているから、日本はそうした援助をすべきだと、著者は言うのである。しかし、ほんとうに、そうすべきなのだろうか。/今から五〇年以前の、日本のアジア侵略を想い起こしたい。中国大陸への欧米列強の干渉を排除するとして、さらに大東亜の共栄を掲げておこなわれたこの侵略は、政治、軍事、経済、文化のあらゆる分野にわたった。そして、日本人のさまざまな意識がこれを支え担っていたのである。それは、例えば池田浩士が示したように、一方で矢澤邦彦『興亜少年』の主人公・忠雄の軍事侵略の道=国粋主義であり、他方で石森延男『咲きだす少年群——もんくーふおん』の啓二の平和と援助と文化の道=国際主義でもあり、これを両極としてさまざまな思いが動員されていた。であるからこそ、現在の「国際援助」にかかわる喧噪に、往時のそれとの差異を見いだすことは難しいし、もちろん歴史は同じ形では繰り返さないという意味においてもである。著者の博物館国際援助論に、博物館国際侵略論への歯止めはあるのだろうか」（犬塚康博『博物館問題は、どう扱われてはならないか——森田恒之「いま博物館は」に関する覚え書き——』、（犬塚康博）、一九九四年、一四頁）。

（10）https://museumscape.kustos.ac/?p=671
（11）https://museumscape.kustos.ac/?p=726
（12）https://museumscape.kustos.ac/?p=732
（13）https://museumscape.kustos.ac/?p=742
（14）https://museumscape.kustos.ac/?p=755
（15）https://museumscape.kustos.ac/?p=758
（16）https://museumscape.kustos.ac/?p=610
（17）https://museumscape.kustos.ac/?p=612
（18）https://museumscape.kustos.ac/?p=613
（19）https://museumscape.kustos.ac/?p=735
（20）羽仁五郎『図書館の論理——羽仁五郎の発言』、日外アソシエーツ株式会社、一九八一年、参照。
（21）Cf. Low, Theodore L., *The Museum as a Social Instrument*, The Metropolitan Museum of Art, 1942.
（22）木場一夫『新しい博物館——その機能と教育活動——』、日本教育出版社、一九四九年、参照。
（23）鶴田総一郎「博物館学総論」日本博物館協会編『博物館学入門』、株式会社理想社、一九五六年、参照。
（24）https://museumscape.kustos.ac/?p=632
（25）https://museumscape.kustos.ac/?p=707
（26）https://museumscape.kustos.ac/?p=708
（27）https://museumscape.kustos.ac/?p=625
（28）https://museumscape.kustos.ac/?p=655
（29）https://museumscape.kustos.ac/?p=690
（30）https://museumscape.kustos.ac/?p=719

(31) https://museumscape.kustos.ac/?p=716

(32) https://museumscape.kustos.ac/?p=725

(33) https://museumscape.kustos.ac/?p=748

(34) https://museumscape.kustos.ac/?p=744

(35) https://museumscape.kustos.ac/?p=752

(36) https://museumscape.kustos.ac/?p=754

(37) https://museumscape.kustos.ac/?p=209

(38) https://museumscape.kustos.ac/?p=217

(39) https://museumscape.kustos.ac/?p=232

(40) https://museumscape.kustos.ac/?p=702

(41) https://museumscape.kustos.ac/?p=703

補遺　博物館法二〇二二年改定の意味

文化観光

二〇二二年、博物館法が改定されて、第一条に文化芸術、第三条に文化観光が加わった。第一条は法の目的を定義し、法の対象の意味を定義する条項である。「博物館とは何か」と問うとき、これまでは「博物館は社会教育である」と還元していたものが、「博物館は社会教育と文化芸術である」になった。

文化観光の根拠法は「文化観光拠点施設を中核とした地域における文化観光の推進に関する法律」(以下、文化観光推進法と称する)であり、この法律は「文化芸術基本法」第二条十項の「観光」に対応したものと考えられる。これは、文化芸術基本法の「観光、まちづくり、国際交流、福祉、教育、産業その他」(傍点は引用者による。以下同じ)という排列が、文化観光推進法第一条の「文化及び観光の振興並びに個性豊かで活力に満ちた地域社会の実現を図る」という排列に対応することから導かれる理解である。

加えて、文化観光推進法第一条の条文について文化庁は、「文化観光推進法は、文化の振興を、観光の振興と地域の活性化につなげ、これによる経済効果が文化の振興に再投資される好循環を創出することを目的とするもの(1)」と説明する。第一条の条文じたいは、文化、観光、地域社会の三項を「及び」と「並びに」で接続して並列関係にあるが、文化庁は観光と地域は並列して文化を別立てしている。この違いは別に検討される必要があるが、ここでは観光、地域の排列と並列が、文化芸術基本法の「観光、まちづくり」の排列と並列とに対応することが確認できればよい。

このように文化観光推進法第一条は文化芸術基本法第三条十項と通じており、事実上文化観光が第一条にのぼっているとみなすことができる。先の「博物館とは社会教育と文化芸術である」は、「博物館は社会教育と文化観光である」となる。

歴史的に見ると、これは一九五一年二月九日成案および同年四月三日成案の博物館法案第一条に盛りこまれながら最終的に削除された「あわせて産業の振興に資すること」の「産業」が、[2]「国民の教育、学術及び文化の発展に寄与すること」の「文化」と合わせられて復活したことを意味する。

なお、この事態を受けて、大阪の講演で述べた「戦後に未発の産業振興を主題にする。逆説的に主題化する[3]」の未発、逆説は、ともに失われたように見えるが、次節で見る大文字の産業がそこにはなかったから、主旨に変更はない。

国策観光

観光は、博物館の古くからのテーマである。原理的には、博物館の展示・公開の機能が、観光に対応している。したがって、博物館が観光にどう処するのかという問題は、法改定ではなく現状の改良、改善で済む性格のものである。しかしそうでなかったのは、異なる観光が求められたことを意味する。それが文化観光、すなわち「国策観光」である。然り、「文化芸術立国[4]」であった。

文化庁の前出の説明を参照すると、これは博物館が観光を振興する〈普通〉を超えて、国策観光が博物館を振興し、振興された博物館が観光を振興するという「好循環」が期待されていることになる。「好循環」の「博物館が観光を振興する」と、〈普通〉の「博物館が観光を振興する」とは、現象において大きな違いはないであろう。実践する当事者の質も量も劇的に変わるわけではない。違いは、「国策観光が博物館を振興する」ところにある。

国策観光が博物館を振興するとは、どういうことか。博物館の機能において見ると、仮に観光と対応関係をもつ博物館の展示や公開機能を、観光が振興するとしよう。しかし博物館は、展示や公開機能だけで成り立っているわけでない。この振興は博物館の機能全体のなかに偏りをもたらし、博物館を振興することにはならない。博物館を見世物小屋にすることになる。そうではなく観光が、博物館の収集・保管、調査・研究、教育の機能をも振興するとしよう。しかしその場合の観光は、事実上の博物館である。前者ならば博物館が観光になり、後者ならば観光が博物館になることを意味するという、既存の枠組みを変えるような気配が、国策観光には感じられるのである。

ところで、法体系上、「基本法」という名称から、文化芸術基本法と平行するのは教育基本法と考えられる。しかし博物館法第一条で、文化芸術基本法は社会教育法と並置されていた。ランクの異なる法律を並べる不自然さに、将来の変更を予感させるものがある。社会教育に平行させるとすれば文化観光推進法となるであろうが、前述のようにこれは実質的におこなわれていた。文化芸術基本法に平行させるとすれば、教育基本法となる。これは、社会教育法の後退を意味する。社会教育が、博物館からなくなるのであろうか。法の体系と組織との対応を考慮すると、博物館に関する事務は、すでに文部科学省本省から文化庁に移管されている。組織上の博物館は、すでに社会教育ではない。

ちなみに、博物館法一九九六年改定を批判した際、「博物館、そして博物館の専門的職員たる学芸員は、「社会教育解体の使徒」と形容されてしかるべき存在なのかも知れない」[5]と書いたが、事態は国家規模で進んでいたことになる。内田洋隆は、一九二九年、世界恐慌後の商工省による産業合理化政策の合理化カルテルからの類推で文化観光政策と博物館法改定とをとらえた[6]。これを参照すると、恐慌後に博物館の外部へ進出して支援を求めるミュージアム・エクステンションを展開したアメリカの博物館史の再演を見ていることにもなる。これを筆者は、危機型博物館論[7]と呼んだことがある。このときは博物館界内の危機対応であったが、現在のそれは国家対応であり、深刻なようすが伝わってくる。

戦争動員

さて、国策観光が博物館を振興すると考えることができるのであれば、戦争が博物館を振興すると考えることは容易い。これは飛躍ではない。卑近の出来事を参照しているに過ぎない。国策観光をめぐる倒錯は、博物館のメタ・レベルに戦争を呼び込む布石となるであろう。このことを、「収容所の博物館、占領期の博物館（博物館と主権に関するノート）」で「その第一条に記されるところの博物館のメタ・レベルは、初期に「社会教育」が置かれ、近時に「文化芸術」、第三条に「観光」が加わり、近未来に「戦争」が訪れるであろう」[8]と敢言したのであった。

では、戦争のどの過程に博物館が関与するのか。一九四二年、日米開戦の翌年のアメリカでセオドア・L・ローは、「戦時下における博物館の価値は、必然的に士気の維持に限定されなければならない」、および「戦争に勝つのは陸海軍である。博物館の仕事は、来るべき平和への準備にある」[9]と書いていた。これは、後方における役割論である。前回の戦争で、わが国ではさまざまな形で博物館の動員がおこなわれた。東京科学博物館の学芸官井尻正二たちの団体研究に見られた戦争動員の性格は、ナショナル・ミュージアムとしては無論のこと、世界史的に稀有な博物館実践が担ったそれとしても、特筆すべき象徴的なものである[10]。また、南方で戦う皇軍兵士を賞揚、支援して、南天の星空を投影する大阪市立電気科学館天象館のそれも、素朴な戦争プロパガンダであった[11]。このような事例は、枚挙に暇がない。

以上は、既体験であるところの博物館の戦争動員である。国策観光に励む博物館は、きっと戦争にも励むことであろう。〈後方〉は無論のこと、〈前線〉をも志向することと思われる。筆者の目下の関心は、〈後方〉における動員から進んで、〈前線〉に寄与する博物館、さらには博物館の戦争産業化にある。あるいは、〈後方〉から〈前線〉にいたる過程での、博物館の有用性の如何である。あらためて考える機会があると思うが、略奪文物返還問題で果たす博物館の役割が出発点になるように思われる。「略奪文物返還問題備忘録」でプロットした項目の一部を再掲する。

・略奪した相手の国、地域の博物館に対する、略奪した国による略奪文物を介した支配。人、物、金の融通。すなわち帝国主義的博物館支配。
・略奪した相手の国、地域（おおむねＡＡＬＡ諸国諸地域と言ってよいであろう）における、略奪した国による反中国、反ロシアのマヌーバーとしての略奪文物、博物館[12]。

「いいえ、戦前とは異なりいまは反省があり、平和をテーマにする博物館ができていることでもあるし、博物館が戦争へ進むことはないはずである」。そうであろうか。私たちの道徳感が戦争動員を拒否すると考える人が、現在の博物館界にいるのかどうか寡聞にして知らないが、念のため付言すると、侵略戦争、植民地支配に関する罪の意識の政治は、この国では稀薄であった。その政治がもっとも濃厚に見え、世界から厚い信頼を得たかに見えたドイツが、ウクライナに対するロシアの特別軍事行動、イスラエルによるパレスチナ人集団虐殺に直面してファシズムに加担し、頽落したばかりである。「負の」という形容が醸す文芸的、道徳的雰囲気は、ファシズムをヴェールで覆い曖昧にしただけであった。この国では言わずもがなである。

新自由主義

明治から大正期にかけた産業振興の博物館は、わが国の帝国主義化に同行し、そこから駆動力を得て脱博物館化した。この動向から落伍したのが教育や文化財保護の博物館、つまり文部省系の博物館である。落伍して旧態を保存し、戦後、博物館法で定義されてゆく。その際、先に成立していた文化財保護法との不調和が、国立博物館とそれ以外とにおいて、博物館相当施設と登録博物館の転倒をもたらしたが、悲願だった博物館法制定を博物館関係者は祝した。

かくして文部省は、城内平和的に博物館を行政してゆく。一九七〇年代には全国に多くの博物館が設けられた。一九九〇年代になると博物館の大衆文化化、サブカルチャー化が進み、脱博物館法を標榜する公立シンボル館もあらわれてくる。企業博物館やミュージアム・マネジメントが喧伝されて、かつて差別した商業や投資が侵入し、前景化し、古典的な経済的自由を新自由主義が上書きした。この地平に国策観光がある。前述の「既存の枠組みを変えるような気配」の因って来たるところが、新自由主義である。

ここで、網走市にあった北方少数民族資料館ジャッカ・ドフニを一瞥しよう。ウイルタ民族の文化を守ることを中心テーマにして、一九七八年にできたこの独立系博物館は、入館料と図書や作品等の売上げ、寄付などに支えられ、運営されていた。親団体のウィルタ協会の有志ほかが開館業務を担い、変則的開館や長期休館もあったが、続いてゆく。しかし、ウイルタ民族出身であることを日本で公にしていた資料館館長が二〇〇七年に他界し、諸事情も考慮されて二〇一二年閉館、二〇一三年解体撤去された。新自由主義の時代、国策観光に追従して国策博物館に化すことなく終焉し、ジャッカ・ドフニは記憶と記録の途に就いたのである。

公共性や持続可能性は、新自由主義のスローガンであろう。公共性や持続可能性の有無にかかわらず、尤もらしい計画を創作し、このスローガンを掲げることで投資の対象となり、公共と化し持続する。これを参照すると、たとえば略奪文物返還も、道徳の問題のように見えながら、ＥＳＧ投資におけるネガティブスクリーニングの回避策と言える。ジャッカ・ドフニは、公共性や持続可能性をセールスポイントにしなかった。それらの術語とイデオロギーのない時代に設立されたという経緯はあるが、国策や行政施策ではなく、北方少数民族の人権と文化を守ることを求めたコミュニティより生まれた博物館であったから、「公共性」を取って付ける必要もなかったのである。

さて、新自由主義の国策観光により、博物館でなくなる博物館の現れることが予想される。されば、日本の博物館の歴史で二度目の脱博物館化のおとずれとなる。所蔵資料は売却や寄贈などによって他館に移したり、市場に流通すればよいというのが市場の論理である。普通博物館の永久保存幻想はそこにない。常勤、非常勤を問わず学芸員などの職員も市場に流通すればよい、となる。博物館の概念じたいの変更も生じるであろう。

市民結婚式場

かつて、名古屋市教育委員会の社会教育の事業・施設に結婚式場があった。正式名称は、市民結婚式場と言う。目的は「市民の生活改善に寄与するため」（名古屋市結婚式場条例第一条）であった。一九四七年に徳川園（同市東区）に設けられ、これがたいへん盛況であったため一九五四年、中村公園（同市中村区）にもできる。「敗戦後の住宅事情を始めとした極端に市民生活の困難な復興期、それに次ぐ昭和三〇年代の大規模な若年労働者を中心にした人口流入の時期を通じて、簡素かつ低料金で使用できたこれらの結婚式場は多くの市民に利用された[13]」。いわゆる貸施設で、外部の法人が施設の使用許可を得て運営し、市からは主事と業務士などが配属され施設を管理していた。

しかし、結婚式場の社会教育としての方針を教育委員会当局がもっていたわけではなく、結婚式場の専門職もおらず、利用者の増減や建物の経年劣化などに左右されながら続いた。やがて、民間の結婚式場やブライダル産業におされてゆく。市民結婚式場は役割を終え、一九九六年に条例は廃止され、それらが公園に立地していたこともあったため公園行政に移っていった。

結婚式場と博物館とを単純に比較できないことは承知した上で、博物館の行く末を考えるとき、この結婚式場のことが比喩的にいつも思い起こされてきた。博物館「の健全な発達を図」（博物館法第一条）るために法が制定、施行され、いつか健全な発達が達成されたと評価されて、法はなくなるか、別のものになるのであろう。そのとき、占領期ＧＨＱ主権の博物館三項の遺る一つが失効し、占領期すなわち博物館の例外状況が終わるのかもしれない。しかしそれでよいのであろうか。そのときまでにやることがあるのではないか。新自由主義や国策観光ではなく、である。

一九五二年から二〇二二年までの七十年間、社会教育の初期形博物館法のもとで展開した博物館の風景がなくなるときの来ることが、リアルに感じられるこのたびの法改定であった。ここでも敢言すれば、文芸のレトリックとしてではなく、戦後の終わりと戦前の始まりが、博物館の世界で告げられた画期と仮説してもよい。戦後博物館法から戦前博物館法へ。

戦後博物館は、死滅した国家のように「紡ぎ車や青銅の斧と並べて、考古博物館へ」「移しかえ」[14]られるのであれば、その博物館はどこかに遺っていて欲しい。

注

（1）「文化観光―文化庁」、https://www.bunka.go.jp/seisaku/bunka_gyosei/bunkakanko/index.html（二〇二三年一二月七日閲覧）。

（2）犬塚康博「制度における学芸員概念――形成過程と問題構造――」『名古屋市博物館研究紀要』第一九巻、名古屋市博物館、一九九六年、三九‐五八頁、参照。改稿して、「第四章第一節　博物館法の博物館論」『反博物館論序説――二〇世紀日本の博物館精神史』、共同文化社、二〇一五年、一三八‐一六五頁、に収録した。

（3）同「博物館史から見る橋下府政の博物館論」『大阪民衆史研究』第六四号、大阪民衆史研究会、二〇一〇年、一九頁。本書一一四頁。

（4）「文化芸術の振興に関する基本的な方針―文化芸術資源で未来をつくる―（第四次基本方針）（平成二七年五月二二日閣議決定）―文化庁」、https://www.bunka.go.jp/seisaku/bunka_gyosei/hoshin/kihon_hoshin_4ji/index.html（二〇二三年一二月八日閲覧）、参照。

（5）犬塚康博「藤山一雄の学芸員観　補論――博物館制度一九九六年改定批判」『名古屋市博物館研究紀要』第二〇巻、名古屋市博物館、一九九七年、九五（一八）頁。

(6) 内田洋隆「観光による博物館の「産業合理化政策」とどう対峙するか」LOCI編『地域世界』7、LOCI、二〇二四年、二一-二六頁、参照。

(7) 犬塚康博「再び満洲国の博物館に学ぶ——危機における博物館の運動論」『美術館教育研究』Vol.8 No.1、美術館教育研究会、一九九七年、七頁。

(8) 同「収容所の博物館、占領期の博物館（博物館と主権に関するノート）」LOCI編『地域世界』7、LOCI、二〇二四年、四八頁。本書二〇八頁。

(9) Low, Theodore L., *The Museum as a Social Instrument*, The Metropolitan Museum of Art, 1942, p.16.

(10) 犬塚康博「一九四〇年代前半東京科学博物館の団体研究と「開放された大学」」LOCI編『地域世界』3、LOCI、二〇二二年、四一-六六頁、参照。本書一二一-一四六頁、参照。

(11)『大阪天象館月報』第七七号、大阪市立電気科学館、一九四四年、参照。

(12) 犬塚康博「略奪文物返還問題備忘録」LOCI編『地域世界』5、LOCI、二〇二三年、三八頁。本書二三四頁。

(13)「徳川園・中村公園結婚式場の見直しのために〈職場討議資料〉」、（自治労）名古屋市職員労働組合教育委員会事務局支部、一九八三年、二頁。

(14) エンゲルス『家族・私有財産・国家の起源』、戸原四郎訳、岩波文庫三四-一二八-八、株式会社岩波書店、一九八一年（第一九刷、一九六五年第一刷）、二三〇頁。

あとがき

本書は、筆者の博物館史研究に関する三冊目の著作集である。二〇〇九年以降に書いたものを基本にして、収録した。以下は、若干の次第である。

タイトルの「博物館のアルケオロジー」は、武藤直路氏（元ラジオたんぱエグゼグティブ・プロデューサー）と内田洋隆氏（考古学研究者）のレベレーションに拠っている。筆者の、考古学以外の作品について武藤氏はいつも、「考古学ですね」と言った。真意はもうわからないが、氏の『スタイリストになるには』（株式会社ぺりかん社、二〇〇〇年）などの主張が脳裏を過る。内田氏の意見は、「カテゴリーの再構成」であった。

筆者は考古学を専攻したが、就職先の考古学は発掘調査をしなかった。掘らない考古学を告げて書いたのが、『戸山屋敷銅鐸考』（尾張地域の考古資料に関する文献資料調査(1)、名古屋市博物館、一九九一年）である。本書でも掘っていないが、考古学の拠って立つ層位学と形態学がそれぞれ意味するところの〈時間〉と〈構造〉を念頭に置き、博物館の現象を考えたというほどのアルケオロジーであればと念う。

「〈学芸員〉は〈キュレーター〉ではなかった!!」は、本書に収めた中で最も古いエッセイである。博物館の現場に就いて十五年、博物館の歴史に学ぶようになって五年ほどした頃に書いた。それから三十年が経つ。主題の学芸員論は、その年度のうちに整理した（「制度における学芸員概念――形成過程と問題構造――」『名古屋市博物館研究紀要』第一九巻、名古屋市博物館、一九九六年）。また、この成果に基づいて、博物館法一九九六年度改定を批判してもいる（「藤山一雄の学芸員観　補論――博物館制度一九九六年改定批判」『名古屋市博物館研究紀要』第二〇巻、名古屋市博物館、一九九七年）。

ところで、このほかここに登場する人物や事項を見ると、棚橋源太郎氏は「落伍」、木場一夫氏、アメリカ型が「従属」、東京科学博物館は同館井尻正二氏の「追放」とその博物館論の不正使用、そしてこのエッセイが来ったところの展覧会テーマ、満洲国の博物館が「植民地」博物館である。といった具合にこの小文は、本書の原像とでも言うべきものであった。振り返ってそう思い、序にかえた。

Ⅰ　落伍

むかし博物館は、産業振興のためにあった。まず明治前期に、いまの都道府県レベルに相当する各地の中心地に設けられた。しかし、ほとんどが早期に挫折する。そののち、物産や商品の陳列所が興り、日本資本主義の帝国主義化に呼応するかのようにして全国に展開した。一九二〇年に道府県市立商品陳列所規程を定め、脱博物館化して一大勢力を形成したのである。

産業振興ではない教育系の博物館は、商品陳列所を「変態」と名指し、差別化して自立しようとした。自己を正態とする博物館優越のイデオロギーは、あからさまな権力志向であった。商品陳列所を乗っ取る改造論は挫折し、逆に商品陳列所の動向から取り残され「落伍」する。その博物館では、個々の博物館を整える博物館全体のシステムを構想するが、これも画餅に終わる。なお、このシステムを筆者は「博物館外部システム論」と呼んだが、世の博物館学には登場しない用語である。

さて、日本の帝国主義の完成につれて、植民地博物館が海外にできてゆく。ただし、帝国主義博物館なき植民地博物館である。帝国の博物館はあったが、帝国主義本国の中枢となる博物館はなかった。システムがなければ中枢のあるはずもない。やがて大東亜博物館構想が現れる。これも変則とみなす博物館界であったが、帝国主義博物館として大東亜博物館は、〈中枢‐本国〉と〈周縁‐植民地〉を貫く、博物館外部システム生成の契機になりそうな気配があった。その頃、戦前版博物館法である博物館令等制定の準備も整う。しかし、敗戦で潰える。

落伍した博物館の後進性はこんにちに続き、大阪府の博物館問題はこれを突いて現れたかたちに筆者には思えた。外部システムなきスプロール現象下の博物館が、「秩序」の前に動揺するのは当然である。秩序とはこの場合、スクラップ・アンド・ビルドであった。

Ⅱ　追放・従属

一九四〇年代論は前二書（『反博物館論序説――二〇世紀日本の博物館精神史』、株式会社共同文化社、二〇一五年、『藤山一雄の博物館芸術――満洲国国立中央博物館副館長の夢』、同、二〇一六年）でおこなったが、この部はその続編である。この時期の東京科学博物館、同館学芸官だった井尻正二氏たちの理論と実践は、戦後博物館からまったく追放されている。同じ時期に文部省で井尻氏たちと所属を同じくしていた、戦時は科学局、戦後は科学教育局の木場一夫氏は、アメリカの博物館理論・実践を複製して戦後博物館論を開始する。複製の中心の一つであったセオドア・L・ロー氏の『社会的道具としての博物館』が、一九四二年アメリカの、アメリカン・ウェイ・オブ・ライフのための博物館論であったのは当然としても、それを戦後日本で複製し普及したのは〈対米従属社会的道具としての博物館〉であった。この複製学術のいっぽう博物館界では、井尻氏の理論の不正使用がおこなわれていたのである。

そして、博物館史研究の成果を踏まえて、「収容所の博物館、占領期の博物館（博物館と主権に関するノート）」で、例外状況における博物館と主権を考えてみた。

Ⅲ　未発

『興業意見』の陳列所・博物館論」を未発の部に置いたのは、名古屋市守山区吉根（きっこ）の区画整理に際して体験された資料館の議論の意味を理解する際に有益であったことに因んでいる。『興業意見』の陳列所・博物館論は、明治中期の政治経済状況に固有の所論である。しかし、近代日本が誕生してまもない時期のそれは、必ずや後進の個人、団体の、数えきれない博物館体験に、繰り返し生きられていることと思われた。私たちの背後に控えて、見守り、支えている原石のような陳列所・博物館論と言えるであろうか。原論は、出発していても、未発の妖しさをもつ。およそ百年の時間を超え、また国と地域を等し並みに扱ったが、『興業意見』と吉根の体験の対比はリアルであった。

名古屋の在野の考古学者、吉田富夫氏の博物館論も原形的である。本文に書いたように、浜田青陵氏が『博物館』を著したときに吉田氏は、浜田氏のもとで考古学を学んでいた。きっと新刊の同書から当時最新の知識を得、その後の経験を踏まえておこなわれたであろう博物館論は、商売や投資を美徳とするいまの時代には未発であるに違いない。総じて、本書の中でこの部には、未来があるように感じている。

Ⅳ　植民地

わが国の植民地博物館の一つに、満洲国国立中央博物館がある。これについては、前二書を参照いただきたい。新京特別市立動植物園も、日本人の植民地博物館体験である。「全国主要動物園一覧表」（『博物館研究』第一一巻第二号、日本博物館協会、一九三八年、六頁。これを改変したものは本書二八〇頁、参照）によると、新京動植物園ができる前の一九三八年当時の日本に動物園は十七園あり、北から仙台、緯度で一度ほど南の京城、帝都（二園）、甲府、名古屋、西日本（十園）、台湾であった。近・現代日本の動物園のテーマ「北方馴化」に即してこれを眺めると、仙台、新京、戦後の北海道へと展開してゆくその舞台は、日本の旧・新植民地の東北北部、満洲、北海道である。時間はかけ離れていても場所は同じであり、時間を超えた場所の生きられようについての示唆がある。その気候、土地、人民、産物などを収めて、動物園は発達した。

ゴジラも植民地科学の精華、その通俗化、大衆化である。とうに植民地科学の影はあとかたもないが、彼の地の自然、人文を収めた植民地科学のもとに、ゴジラはあった。そのゴジラや東宝の怪獣映画制作に協力した国立科学博物館の尾崎博氏は、井尻正二氏がレッドパージされたあと空席だった同館地学部長のポストに就いた人である。満洲体験のなかった井尻氏と、満洲帰りの尾崎氏は好対照であった。「ゴジラ起源考」で見た明暗が、二人の明暗に重なる。

略奪文物返還問題のノートは植民地主義、帝国主義の問題であり、この章に置いた。発展途上国、第三世界、南北問題の南、グローバルサウスなどと移り変わる呼称の指示する先も、略奪文物が返還されようとする先も、不等価交換が構造化された低開発の世界である。収奪した風土総体のうち、「文物は返還する」と宣り給う新手の植民地主義に、博物館は貢献している。

最後に博物館の現在論として、二〇二二年の博物館法改定に関する小考を補遺に加えた。本書に収録した複数の論文の成果に基づく応用編である。

さて、本書冒頭の「〈学芸員〉は〈キュレーター〉ではなかった!!」に関する現在の所感を記して、本書を締め括ろうと思う。*Bill for Museum Law* で学芸員をキュレーターとしなかったことについて、二十八年前は棚橋源太郎氏を引用して解釈した。しかし、「収容所の博物館、占領期の博物館（博物館と主権に関するノート）」で瞥見した占領期ＧＨＱ主権の例外状況を考慮するとき、別の理由があったのではないかと考えるようになっている。つまり、日本の博物館学芸員が、当時およびそれ以前は無論のこと、その未来においてもキュレーターとみなされなかった可能性を推測するのである。みなさなかったのは主権者ＧＨＱであり、主権者ＧＨＱを内面化した政府、議会となる。先述のセオドア・Ｌ・ロー氏に見られたように、アメリカではキュレーターは研究者と同義であったが、日本の博物館に学位をもつ研究者は少なく、その現実がキュレーターの語の選択を妨げ、研究者なき日本の博物館の現実をしてアート・オフィシャルになったとしても不思議ではない。占領期の例外状況を自覚するいま、日本の博物館の低開発化だったのではないかと思う。この思想が荒唐無稽にすぎるとしても、である。

＊

各論文を本書へ収録するに際しては、誤記の訂正、表記の改変、脚注の簡素化、補記ならびに図の若干の追加をおこなったが、内容は変えていない。可変の数量や文章は、すべて執筆時点のものである。注、図表の番号は、論文ごとに付した。

巻末ではありますが、本書に掲載した論文等でお名前をあげた方々に、あらためて御礼申し上げます。そして、本書を成すにあたり、内田洋隆氏、笹倉いる美氏、図書出版みぎわの堀郁夫氏にいただいたお力添えに、心から感謝申し上げます。ありがとうございました。

二〇二四年　小雪

犬塚康博

初出一覧

〈学芸員〉は〈キュレーター〉ではなかった!!
『名古屋市博物館だより』第一〇六号、名古屋市博物館、一九九五年

I　落伍

反商品の教育主義――博物館の自意識に関する考察
『千葉大学人文社会科学研究』第二〇号、千葉大学大学院人文社会科学研究科、二〇一〇年

商品陳列所改造論
『千葉大学日本文化論叢』第一一号、千葉大学文学部日本文化学会、二〇一〇年

博物館外部システム論
『千葉大学人文社会科学研究』第一九号、千葉大学大学院人文社会科学研究科、二〇〇九年

博物館史から見る橋下府政の博物館論
『大阪民衆史研究』第六四号、大阪民衆史研究会、二〇一〇年

II　追放・従属

一九四〇年代前半東京科学博物館の団体研究と「開放された大学」
『地域世界』3、LOCI、二〇二二年

木場一夫『新しい博物館――その機能と教育活動――』の研究
『地域世界』4、LOCI、二〇二三年

井尻正二の「大学的研究と博物館的研究」をめぐる博物館研究の史的検討
『地域世界』3、LOCI、二〇二二年

収容所の博物館、占領期の博物館（博物館と主権に関するノート）
『地域世界』7、LOCI、二〇二四年

Ⅲ　未発

『興業意見』の陳列所・博物館論
『千葉大学人文社会科学研究』第二一号、千葉大学大学院人文社会科学研究科、二〇一〇年
未発の資料館——名古屋市守山区吉根の区画整理と博物館体験——
『地域世界』3、LOCI、二〇二二年
吉田富夫の遺跡公園論と博物館論
『地域世界』2、LOCI、二〇二一年

Ⅳ　植民地

新京動植物園考
『千葉大学人文社会科学研究』第一八号、千葉大学大学院人文社会科学研究科、二〇〇九年
ゴジラ起源考
『千葉大学人文社会科学研究』第三三号、千葉大学大学院人文社会科学研究科、二〇一六年
略奪文物返還問題備忘録
『地域世界』5、LOCI、二〇二三年
補遺　博物館法二〇二二年改定の意味
書き下ろし

索　引

- 索引語は、本文、図表のキャプション、付記、補記から採った。
- 索引語のページ数記載は、本文、図表のキャプション、付記、補記についておこなった。
- 図表の中、注、図表説明では索引語を採らず、図表の中、注、図表の説明に本文等で採った索引語があってもページ数を記載しなかった。上をまとめると下表のとおりである。

	索引語採取	ページ数記載
本文	○	○
図表のキャプション	○	○
図表の中	―	―
注	―	―
図表説明のキャプションと説明文	―	―
付記	○	○
補記	○	○

- 索引のカテゴリを「人名」「館園名」「組織・団体名」「地名」「事項」「文献」とした。
- かな、カナの分類はせず、索引語の読みの順序で排列した。語の先頭が数字またはアルファベットになる語は別にした。
- 索引語の、略称、略記（姓のみ、名のみ、など）、別表記、補足説明を〔　〕内に記し、補足説明には＊を付した。
- （）の表記は本文から引き継いだ。
- 「も参照」を「→索引カテゴリ名：」であらわした。
- カテゴリ固有の凡例は、各カラムの冒頭に記した。

人名索引

【アルファベット】

【あ行】

【か行】

【さ行】

【た行】

【な行】

【は行】

【ま行】

【や行】

【ら行】

【わ行】

館園名索引

同じ館園の別名でも、時期が異なる場合は別項にした。

【あ行】

【か行】

【さ行】

【た行】

【な行】

【は行】

【ま行】

【や行】

【ら行】

組織・団体名索引

【か行】

【さ行】

【た行】

【な行】

【は行】

【ま行】

【や行】

地名索引

国・行政区・遺跡・地理の名称など。地名か行政体名か不明な場合は地名にした。また、地名を冠していても、ほかのカテゴリに属するのが妥当な場合はここに含んでいない。

【か行】

【さ行】

【た行】

【な行】

【は行】

【ま行】

【や行】

【ら行】

【わ行】

事項索引

【数字・アルファベット】

【あ行】

【か行】

【た行】

【な行】

【は行】

【ま行】

【や行】

【ら行】

ラドン 306
陸軍大将 132
理工系の科学博物館 35, 223
『リベラシオン』 346
略奪文物返還問題 248, 329, 331, 343, 348, 359, 370
理論的研究 126, 180, 185 →事項：論理的研究
理論的方法 180, 182, 183, 185 →事項：論理的方法
臨時教育会議答申 22
ル・モンド 346
例外状況 197, 204, 205, 208, 212, 362, 368, 370, 371
歴史学 31, 318
歴史博物館 31, 66, 102
レッドパージ 134, 135, 137, 140, 147, 191, 192, 200, 202, 205, 206, 207, 337, 369
レドリキア・シネンシス〔*Chinensis*〕 327
労働組合 192
盧溝橋事件 301
ロシア人 299
路傍博物館 164
論理的研究 126, 180, 185 →事項：理論的研究
論理的方法 180, 182, 185 →事項：理論的方法

文献索引

本文、付記、補記で明示した文献を、編著者名または発行者名のもと、年代順に排列した。各文献の詳細は、当該ページおよび脚注を参照されたい。

【アルファベット】

T
1933 「学術博物館」 132, 135

【あ行】

井尻正二
1942 「地質学の実地指導案内／山中地溝帯及其の周縁地域の地質調査並地質図製作に就いて」〔「地質学の実地指導案内」〕 122, 123, 125, 127, 129, 132, 135
1949 『古生物学論』 122, 125, 126, 129, 130, 179, 186
1954 『科学論』 186
1982〜1983 『井尻正二選集』 121
井尻正二・小川賢之輔・岩本寿一
1942 「秩父盆地西縁の第三系に就いて」〔演旨*〕 127, 129
井尻正二・小川賢之輔・高沢松逸・和田信
1950 「秩父盆地の第三系」 128, 129
井尻正二・小川賢之輔・山崎純夫・武藤勇
1944 「相良・焼津間の天然ガス──特に天然ガスと地質構造との関係──」 134
井尻正二・杉山隆二・小川賢之輔・岩井四郎・和田信・渡辺善雄・木村正
1944 「関東山地に於ける推し被せ構造の再検討」 128, 129, 130
井尻正二・和田信
1949 「初夏の筑波山（地学見学旅行）の手引き」 134
伊藤寿朗
1978 「日本博物館発達史」 148, 151
1986 「地域博物館論」 162
1991 『ひらけ、博物館』 139, 263

伊藤寿朗・森田恒之
1978　『博物館概論』　85, 190
犬塚康博
1991　『戸山屋敷銅鐸考』　365
1994　「新京の博物館」　277
1995　「〈学芸員〉は〈キュレーター〉ではなかった!!」　366, 370
1996　「新京動植物園のライオン」　277
1996　「制度における学芸員概念――形成過程と問題構造――」　366
1997　「藤山一雄の学芸員観　補論――博物館制度一九九六年改定批判」　366
2009　「博物館外部システム論」　117
2010　「『興業意見』の陳列所・博物館論」　368
2015　『反博物館論序説――二〇世紀日本の博物館精神史』　367
2016　「ゴジラ起源考」　370
2016　『藤山一雄の博物館芸術――満洲国国立中央博物館副館長の夢』　367
2024　「収容所の博物館、占領期の博物館（博物館と主権に関するノート）」　358, 368, 370
遠藤隆次
1965　『原人発掘――一古生物学者の満州25年』　308
大阪府改革プロジェクトチーム
2008　『「大阪維新」プログラム（案）／財政再建プログラム（案）』　86
2008　『財政再建プログラム試案』　86
大堀哲
1997　『博物館学教程』　190
大渡忠太郎
1934　「わが博物館の再検討（承前）」　31
小原亀太郎
1934　「商業博物館を尋ねて」　31, 57

【か行】

片山千鶴子
1985　「こわれたら、くっつければいい」　263, 264, 266
加藤典洋
2010　「グッバイ・ゴジラ、ハロー・キティ」　316
香山滋
1947　『オラン・ペンデク〔の復讐*〕』　301
1954　『怪獣ゴジラ』　298, 302, 303, 314, 319
1954　G作品検討用台本〔原作〕　298, 299, 300, 301, 302, 303, 304, 307, 308, 309, 310, 311, 312, 313, 314, 317, 319, 320
1955　『ゴジラ』〔東京編〕　298, 302, 312, 313, 314
1955　「ゴジラの逆襲」〔『ゴジラ』大阪編*〕　320
吉根区画整理協議会
1982　「吉根特定土地区画整理について」　238
吉根土地区画整理組合設立発起人会
1982　「区画整理促進の要望」〔「都市計画決定を促進する為の同意署名」〕　239
倉内史郎・伊藤寿朗・小川剛・森田恒之
1981　『日本博物館沿革要覧』　14
倉田公裕
1979　『博物館学』　191
倉田公裕・矢島國雄
1997　『新編　博物館学』　191
古賀忠道
1946　「動物園将来の諸施設と子供動物園に就て」〔演題*〕
1948　「子供動物園の構想」〔演題*〕
1963　「動物と私」　277
国立科学博物館
1977　『国立科学博物館百年史』　135, 137, 351
越沢明
1988　『満州国の首都計画』　277
木場一夫
1949　『新しい博物館――その機能と教育活動――』〔『新しい博物館』〕　147, 148, 149, 150, 151, 153, 154, 155, 156, 157, 158, 162, 163, 164, 165, 166, 167, 168, 169, 170, 172, 173, 186, 200, 201,

202, 203, 205, 206, 207, 337
1952 「博物館教育」 168

【さ行】

佐藤昌
1985 『満洲造園史』 277
椎名仙卓
1988 『日本博物館発達史』 24
志段味地区まちづくり研究班
1980 『志段味地区まちづくり基本構想』 236
〔十一団体*〕
1982 「志段味地区特定土地区画整理に伴う文化財の保護・保存と公開・活用について――質問と要望」 242
〔素人連*〕
1942 「秩父盆地西縁の地質に就いて」〔演題*〕 126

【た行】

高碕達之助
1953 『満州の終焉』 277
棚橋源太郎
1930 『眼に訴へる教育機関』 50, 70, 199
1932 『郷土博物館』 70, 71, 74
1947 『世界の博物館』 148, 149
1949 『博物館』 76, 148, 149,
1950 『博物館学綱要』 79, 82, 148, 149
1953 『博物館教育』 81, 82
1957 『博物館・美術館史』 189
鶴田総一郎
1956 「博物館学総論」 149, 163, 186, 187, 189, 337
東京都
1982 『上野動物園百年史』 277
トレーナー，ケン
2015 「人生が私たちを導くところ」 198

【な行】

長浜功
1986 『現代社会教育の課題と展望』 162
中俣充志
1940 「新京動植物園の建設計画」 277, 279
名古屋市教育委員会
1980 『名古屋市遺跡分布図（守山区）』 237
名古屋市文化財調査委員会
1981 『志段味地区文化財の取り扱いについて』〔提言〕 237, 238, 242, 245, 246
ニコル，ローデス
2018 「ほろ苦い旅」 198
日本博物館協会
1932 『全国博物館案内』 30, 33, 51, 52
1942 『郷土博物館建設に関する調査』 69, 71, 74
1943 『大学専門学校等に於ける現存設備の博物館的公開利用の提唱』 74
1945 『再建日本の博物館対策』 69, 72
1946 「博物館並類似施設に関する法律案要綱」 74, 82, 101
1946 「本邦博物館、動物園及び水族館施設に関する方針案」 73, 74, 82, 101
1947 『観光外客と博物館並に同種施設の整備充実』 69, 75, 76, 83
1947 『地方博物館建設の指針』 69, 74, 76, 83
1956 『博物館学入門』〔「博物館学入門」〕 96, 149, 162, 184, 186, 187, 189
〔日本博物館協会*〕
1938 「全国主要動物園一覧表」 369
農商務省
1884 『興業意見』 215, 216, 217, 222, 224, 226, 227, 228, 248, 249, 368

【は行】

バーンズ，ネッド・J

1941 "Field Manual for Museums"〔博物館の野外手引〕〔『博物館の現場マニュアル』〕 163, 164
1976 "Manual for Museums"〔『博物館のマニュアル』〕 164
〔博物館関係者 *〕
1950 「博物館、動物園及び植物園法草案」 80, 82
博物館事業促進会
1928 「本邦ニ建設スヘキ博物館ノ種類及配置案」〔「配置案」〕 45, 65, 66, 67, 68, 69, 70, 72, 74, 76, 84, 89, 99, 100
1929 「地方博物館并類似施設ノ促進完成ニ関スル方案」 44, 46
〔博物館事業促進会 *〕
1929 「商業博物館問題」 42, 43
博物館事業博物館事業促進会会長
1929 「博物館並類似施設審議機関設置ニ関スル建議」 48, 49, 53
浜田青陵
1928 『博物館』 262, 369
春山行夫
1944 『満洲の文化』 294
廣瀬鎮
1972 『博物館は生きている』 262
富士川金二
1968 『博物館学』 189
1971 『改訂増補　博物館学』 189
藤山一雄
1939 「満洲国内に於ける博物館事業の現況」〔演題 *〕 277
〔法案作成者に近いところ *〕
1951 *Bill for Museum Law*〔『博物館法案』〕 3, 370

【ま行】

満洲国史編纂刊行会
1971 『満洲国史』 277
武藤直路
2000 『スタイリストになるには』 365
文部省科学局総務課
1944 『昭和十九年八月　各国主要博物館の概況』 164, 172
文部省
1931～1943 『教育的観覧施設一覧』 14
文部省社会教育局
1931 『常置観覧施設一覧』 14
1953 『学芸員講習講義要綱』 149
文部省普通学務局
1917 『常置教育的観覧施設状況』 13, 15, 21, 22, 23

【や行】

吉田富夫
1970 「埋蔵文化財のはなし──歴史のなぞとその解明──」 258, 260

【ら行】

ルーカス，フレデリック・A
1911 「博物館における教育的精神の発展」 170
ロー，セオドア・L
1942 "*The Museum as a Social Instrument*"〔『社会的道具としての博物館 』〕 150, 153, 154, 155, 156, 157, 158, 159, 160, 161, 164, 168, 171, 172, 173, 203, 206, 337, 368

【著者略歴】

犬塚康博（いぬづか・やすひろ）

1956年生。関西大学文学部史学科卒業。千葉大学大学院人文社会科学研究科博士後期課程修了。博士（文学）。考古学、博物館史研究。主な著作に、『戸山屋敷銅鐸考』（名古屋市博物館、1992年）、『反博物館論序説――二〇世紀日本の博物館精神史』（共同文化社、2015年）、『藤山一雄の博物館芸術――満洲国国立中央博物館副館長の夢』（共同文化社、2016年）がある。

博物館《はくぶつかん》のアルケオロジー

落伍《らくご》・追放《ついほう》・従属《じゅうぞく》・未発《みはつ》・植民地《しょくみんち》

2024年12月30日　初版第1刷　発行

著　者　犬塚康博

発行者　堀 郁夫

発行所　図書出版みぎわ
〒270-0119
千葉県流山市おおたかの森北3-1-7-207
電話　090-9378-9120
FAX　047-413-0625
https://tosho-migiwa.com/

装　丁　犬塚康博

印刷・製本　精文堂印刷 株式会社

ISBN978-4-911029-13-8　C1000

The Archaeology of Museum: Dropout, Purge, Dependency, Unbegun, Colony